·公共管理研究文库·

国家社会科学基金一般项目“基层政府推行权责清单制的限权功能生成机制研究（项目编号：16BSH079）”研究成果



# 依单制权

## 地方政府权力清单制度的实践逻辑

付光伟 著

中国经济出版社
CHINA ECONOMIC PUBLISHING HOUSE
·北 京·

图书在版编目（CIP）数据

依单制权：地方政府权力清单制度的实践逻辑 / 付光伟著. —北京：中国经济出版社，2022.7
ISBN 978-7-5136-6991-7

Ⅰ. ①依… Ⅱ. ①付… Ⅲ. ①地方政府-行政权力-研究-中国 Ⅳ. ①D625

中国版本图书馆 CIP 数据核字（2022）第 120705 号

组稿编辑 崔姜薇
责任编辑 夏军城
责任印制 马小宾
封面设计 任燕飞

出版发行 中国经济出版社
印 刷 者 北京力信诚印刷有限公司
经 销 者 各地新华书店
开　　本 710mm×1000mm 1/16
印　　张 14.75
字　　数 242 千字
版　　次 2022 年 7 月第 1 版
印　　次 2022 年 7 月第 1 次
定　　价 88.00 元
广告经营许可证 京西工商广字第 8179 号

中国经济出版社 网址 www.economyph.com 社址 北京市东城区安定门外大街 58 号 邮编 100011
本版图书如存在印装质量问题，请与本社销售中心联系调换（联系电话：010-57512564）

# 序言 Preface

新时代背景下，依靠社会力量监督行政权力的运行，成为行政权力制约的新方向。

在此背景下，以建设“人民满意的政府”为目标，以问题为导向，党和国家致力于推进国家治理体系和治理能力现代化。权力清单制度，在建设法治政府、推进全过程民主、建设具有中国特色的监督式民主中具有重要意义，具有鲜明的中国特色。因此，对权力清单制度进行系统的阐述和研究，具有重要的理论意义。

2016 年，笔者以“基层政府推行权责清单制的限权功能生成机制研究”为题申请国家社会科学基金项目，有幸获得批准立项。在着手研究这个课题时才发现，权力清单制度牵涉政府体系中的所有层级、所有部门，同时各级政府部门与人民群众之间形成一种变动不居的互动关系，而该项制度本身又处在不断发展之中。

经过深入思考和理论研究，在几位同事和老师的启发和帮助之下，笔者搭建了一个理解中国基层政府权力清单制度运行的历史制度主义分析框架，从结构、历史和行动三个维度，进行综合性的切入。把历史分析放置在“体”的位置，将结构分析和行动分析置于“两翼”的位置，可称之为“一体两翼”式分析架构。透过这个分析架构审视基层政府的权力清单制度的执行情况，可整体性理解权力清单制度，避免了现有文献孤立化的解释逻辑。

本书通过系统的政策文件收集，明晰了权力清单制度产生的时间链条。历史地看，权力清单制度是简政放权的“必然”结果，与长期以来的“目录管理”存在历史渊源。通过对问卷调查和行政案例进行剖析，本书展现了基层公务员在权力清单制度背景下的依法行政行为。在宏观与微观视角的转换中，实现对权力清单制度的“穿梭式”理解。

在本书付梓之时，衷心感谢各位专家给出的中肯修改意见，使笔者有机会对书稿进行补充和完善。囿于水平及时间，书中难免疏漏，敬请读者朋友批评指正。

最后，感谢家人的陪伴和鼓励，这是我前进的最大动力。

付光伟

2022 年 6 月于开封

# 目录
# Contents

第一章

# 导　论

行政权的监督与制约，是一个古老而又常新的话题。在西式三权分立制度暴露出诸多弊端和危机之时，中国共产党提出了建设中国特色社会主义民主政治制度的战略主张。在推进国家治理体系和治理能力现代化的实践中，中国共产党通过权力清单实现对行政权力的监督和制约，开启了中国特色行政权力制约的探索之路。对权力清单制度的研究，既具有重大的理论意义，也具有很高的实践指导价值。

## 第一节　研究背景

《荀子·王制篇》写道："人，力不如牛，走不若马，而牛马为用何也？曰：人能群，彼不能群也。"人是一种群体性动物，群体生活是社会生活最本质的属性，但是群体生活需要一定限度的秩序，而要维持群体秩序，往往需要存在支配性关系。特别是，对于国家这样的超大型社会群体而言，如果没有支配性的命令服从关系，那么连最低限度的社会秩序都有可能无法实现。在支配性关系中，各成员对权力的占有是不均衡的，支配者拥有较多的权力，是发号施令者；被支配者不拥有权力或者拥有较少权力，是命令的接受者和服从者。拥有权力的社会成员，可以依照自己的意志影响甚至左右不拥有权力或者拥有较少权力社会成员的行为，即使在他们不愿意或者反对的情况下，拥有权力的社会成员的意志仍然能够得到贯彻。

因此，在人类社会发展的各个阶段，权力都是一种稀缺的资源，是人们争相竞逐的对象。在很多情况下，权力对人类的诱惑比物质的诱惑更大，因为人在拥有权力之后可以通过权力获得想要的物质资源，而拥有物质资源却并不一定总能获得相应的权力资源。特别是，在权力高度集中和缺乏有效制约的情况下，人拥有了权力就意味着拥有了一切。汉语中常用“生杀予夺”“呼风唤雨”等词汇来形容权力的威力。英国哲学家罗素认为，占有欲、权力欲和创造欲是人类的三大天性，不可简约。而且，在这三大天性中，权力欲的能力最大，影响也更深远。权力应成为社会学科研究的基本概念，它的重要性就像能在物理学中的地位一样。

以权力为纽带的社会整合为人类社会创造了其他物种难以企及的物质财富和精神财富。但是，权力内生的巨大能量，犹如洪水一般，如果不加以限制，就可能带来巨大的破坏性。因此，如何制约权力，防止使用者的不当使用，成为古今中外政治学研究的永恒主题。自从国家出现以后，全社会的暴力使用权被国家所垄断，国家成为权力的最大占有者。因此，有关权力制约的理论思考主要围绕如何限制国家权力的不当使用而展开。在西方国家，从亚里士多德开始，分权制衡成为限制国家权力的主流政治学理论。19 世纪至 20 世纪初，在人民主权理论影响下，欧美国家以立法—行政—司法三权分立为基本框架，将民主选举和政党政治相结合，普遍建立起现代民主制度体系。这一制度体系在一定程度上驯服了公权力的肆意性，在公共领域与私人领域截然分立的理念指引下，保障了公民的基本权益不受公权力的任意侵害。“二战”以后，亚非拉一些殖民地国家纷纷取得独立，它们大多仿效欧美国家建立起以三权分立为主要特征的民主政治制度。在此背景下，美国学者弗朗西斯·福山提出了所谓的“历史的终结论”，该理论把西式民主标榜为“世界上最好且唯一的”现代民主政治道路，认为最后的历史就是自由民主的历史，在自由民主阶段，人类获得了平等的认可，历史也就终结了。

但是，进入 21 世纪以来，以欧美国家为代表的西式宪政民主制度的危机日益显现。托马斯·卡罗瑟斯在《民主转型范式的终结》一文中指出，在全球范围内，只有不到 20 个国家和地区的政府建立起了较好的民主制度，其余的七八十个国家和地区都走向了既不负责任又无效率可言的多元政治困境，政府的形式变成了介于民主与威权之间的混合物；同时，又因治理失灵而变成了彻头彻尾的“失败国家”。不仅如此，自 2008 年美国次贷危机发生以来，即使在所谓较好的民主制国家里，也发生了严重的国家治理危机，如英国脱欧、欧洲国家的主权债务危机、美国新冠肺炎疫情防控不力等，都反映了西式宪政民主制度带来国家治理能力弱化的深刻危机。

以马克思主义理论为根本指导的执政大党——中国共产党以民主集中制为根本组织原则，探索以人民为主体的权力监督和制约体系。2006年，在反思李友灿巨贪案的基础上，河北省邯郸市首晒“市长权力清单”，开始了国内政府行政权力清单化公开运行的实践探索。2009年，中纪委、中组部在江苏省徐州市睢宁县、河北省邯郸市成安县和四川省成都市武侯区开展“县委权力公开透明运行”试点，要求试点地区的县级政府公布所属职能部门“权力清单”，为后来的全面推行权力清单制度提供了宝贵的试点经验和充足的准备工作。

党的十八大以来，中国共产党立足本国国情，放眼世界，在坚持基本政治制度不变的前提下，在“四个自信”的基础上，积极探索公权力制约的新途径、新方法。2013年，党的十八届三中全会通过的《中共中央关于全面深化改革若干重大问题的决定》提出，推行地方各级政府及其工作部门权力清单制度，依法公开权力运行流程。2014年，党的十八届四中全会又两次提到权力清单。同年，国务院首“晒”各职能部门的行政审批权力清单，并要求各级地方政府加快建立权力清单、责任清单和负面清单制度，权力清单制度开始在全国范围广泛推行。权力清单制度是强化行政权约束、保障简政放权改革成效的重要制度创新。那么，基层政府在推行权责清单制的实践中，宏观制度环境发生了哪些新变化，相关行动者的行动逻辑是什么，该制度的限权功能生成机制又是什么，成为本书关注的核心问题。

## 第二节　研究意义

### 一、理论意义

建立一个对人民负责的政府是现代国家建构的基本问题。为了实现这一宏伟目标，需要解决两个最具基础意义的问题，一是谁来使用权力，二是如何使用权力，选举制度是解决前一问题相对较好的制度。但是，选举出一个大多数人都满意的政治领导人，并不能完全保证其合法、合理、有效地使用权力。在西方国家，对总统的不信任案或弹劾案时有发生，就说明了人民选举出来的领导人并不一定能够让人民满意。卢梭认为，在实施了选举制度之后，资本主义国家的公民只掌握了权力的所有权，并没有掌握权力的行使权，仍然是不自由的。“英国人民自以为是自由的，他们简直是大错特错了。实际上，他们只有在选举国会议员的期间是自由的，议员一旦选出之后，他们就是奴隶。”美国在立国之初就建立起了选举总统的选举人制度，以解决谁来使用权力的问题。但这一民主选举制度并没有解决美国的权力使用问题。19 世纪后半叶，政党分肥，腐败横生的美国政府在一系列危机的倒逼下实行全面的“进步主义”改革。至此，以现代公共财政制度建设为标志，美国建立起较为有效的权力运行制约体系。

“二战”后，欧美国家在反思法西斯极权主义统治形成原因的基础上认识到，要想阻止个人权力的专断问题，政府应该从传统秘密型政府转向现代公开透明型的政府，政府信息应该向社会公开，让人民知情，接受人民的监督。由此引发了美国 20 世纪 50—60 年代的“知情权运动”。“知情权运动”促使美国国会于 1966 年通过了《信息自由法》，将社会大众对政府相关信息的知情权视为公民的一项基本权利，应该受到国家法律的保护。1976 年，美国联邦政府又通过了《阳光下的政府法》，进一步完善了保障公民对政府信息知情权的法律体系。随后，其他国家陆续引进了信息公开法和知情权的概念，有力地促进了政府从传统秘密型向现代公开透明型的转变。

中西方政治制度存在根本差异。如果说西方的政治模式是代议制民主，那么中国的政治模式则是以民主集中制为典型特征。改革开放以来，在中国共产党的坚强领导下，以民主集中制为根本原则，通过构建公开透明型政府的方式，将政府权力运行的各个环节置于社会公众的全面监督之下，以确保合理、合法、高效地使用权力，发挥权力为人民服务的最大功效。

改革开放以来，党和政府高度重视政府信息公开工作。尤其是在经过 2003 年的“非典”疫情后，政府信息公开在政府公共危机管理中的重要意义得到政府和社会各界的高度重视及普遍认可。2008 年 5 月 1 日，《中华人民共和国政府信息公开条例》正式实施，标志着我国政府的政务公开工作进入了法制化、常态化轨道。权力清单制度延续了政务公开的理念并将之精细化，使得社会公众的权力监督更具有可操作性。

由上述分析可以看出，中国实施的权力清单制度，在顶层政治制度设计上与欧美国家存在明显不同。在社会层面，欧美国家政府的政务公开行为是在社会运动的“逼迫”下进行的，而中国政府通过公开权力清单加强社会监督的行为，是党和政府向社会赋权的主动作为。此外，中国通过权力清单加强权力运行制约的行为，是在信息技术高度发达的新时代背景下展开的，其明显的后发优势也是欧美国家无可比拟的。因此，在探讨中国的权力清单制度如何通过公开实现社会监督功能时，需要把研究问题放置在中国特有的政治、社会和技术背景下进行完整性思考，可提出有别于西方政治学权力制约理论的新概念，以此丰富权力制约和权力监督的理论内涵。

## 二、实践意义

解决行政权力的监督和制约问题，对于推进国家治理体系和治理能力现代化具有至关重要的意义。因此，权力清单制度改革是党的十八大以来，党中央探索行政权力制约的重要制度创新，是全面深化改革的重要组成部分，对于促进国家治理现代化具有基础性作用。但是，由于存在观念、制度和社会三方面的难题，权力清单制度在实施过程中仍存在一些问题。特别是，权力制约功能弱化问题严重影响了该制度预期的实施效果。由此可以看出，权力清单制度推动下的责任政府建设是一项长期事业，需要在实践中不断地探索和完善。通过研究欧美国家权力公开与制约的历史也可以看出，它是一项历史性工程，比单纯的经济发展和社会改善难度要大得多，需要从历史发展的视角去审视它。本书在全面掌握地方政府权力清单制度推行逻辑的基础上，针对权力清单制度实施中存在的问题，分析其背后的原因，尝试提出完善和解决权力清单制度的有关政策及建议。

从实践层面来看，权力清单制度的实施是牵一发而动全身的政府改革工程。从政府系统内部来看，权力清单制度的推行牵涉上下级政府之间、同级政府不同职能部门之间、同一职能部门不同科室之间错综复杂的权力划分。从国家与社会关系的角度来看，从秘密型政府走向公开透明型政府，将深远改变国家与社会大众之间的权力格局，在多个层面重塑新型政民关系。本书通过全面、深入的实地调研，针对具体的政府部门和当事人，理解相关行动者在实施权力清单制度过程中的目标函数、约束条件、策略选择，并在此基础上，针对地方政府如何更加有效地实施权力清单制度，向相关部门提出具有针对性、建设性的政策建议，此为本书的应用价值。

第二章

# 文献综述

以权力清单作为监督和制约行政权力的工具，是中国特色行政权力制约的重要实践探索，有关权力制约的理论观点对于理解中国特色的依单制权实践具有重要的启发意义。因此，要研究权力清单制度，离不开对国内外相关研究成果的梳理和借鉴。

## 第一节　国外文献回顾

西方国家虽然没有明确提出“权力清单”这一概念，但是通过全面公开政府信息来约束行政权力的实践和理论研究则颇为长久。尤其是“二战”后，随着国家行政权力的快速扩张，议会和司法审查对于行政权力的制约日显无力，西方国家的行政权力制约由国家权力之间的相互制约发展成公民社会对国家权力的制约。围绕权力公开和权力的社会制约，学术界提出了诸多新的理论观点，丰富和发展了民主的新实践。

### 一、有关政府信息公开的研究

#### （一）开放政府理论

1957 年，Park 首次提出“开放政府”的概念，认为人民有知情的权力，政府信息的公开和可取得性，是开放政府的要件，能够增强公民对政府的可问责性。伊斯顿的政治体系理论从政治学角度论证了开放政府的意义，他认为政治系统是一个开放性体系，各部分之间相互影响，系统的正常运转关键在于政府的透明。开放政府的概念呼应了当时美国社会爆发的知情权运动，并助推美国国会于 1976 年制定了《阳光下的政府法》。但是受制于技术等方面的原因，开放政府的实践和学术研究并没有得到过多的关注。进入21世纪，随着互联网的广泛使用，世界各国政府通过互联网向社会开放信息，开放政府才真正成为现实。2007年，国务院颁发《中华人民共和国政府信息公开条例》，以提高政府工作的透明度。2009年，美国总统奥巴马推出《开放政府指令》，要求政府所有数据以计算机可读形式向公众和企业开放。

与此同时，有关开放政府的学术研究重新成为一个热点。与Park重视开放政府的社会问责功能不同，新一轮的开放政府研究，更多地放置在民主治理话语系统之中展开，这与全球化背景下政府治理危机密切相关。开放政府的核心特征是透明和公众参与，以透明为手段，通过公众的合作性参与提升政府的治理效能。梅杰、科廷和希尔布兰德认为，开放型政府的主要任务在于"实现透明性和参与性的有机联系"。OECD将开放政府界定为透明性、可得性和回应性。Vviec-Diniec和Stoimenow认为，开放政府的核心思想包括开放数据、数据透明、政府透明、公众参与、多元合作。Paryeck则说得更明确："所谓的开放政府代表一种现代治理方法，它为开放、透明以及政府与公民之间的持续性对话提供新的空间。"Meijer、Lips和Chen提出开放治理的新范式，认为其应包括完全开放、以人民为中心、智能互联、数字利他主义、众包协商五个核心要素。从理论上来说，开放政府对于改善治理具有多方面的积极意义，但是实践很复杂。Andrew的研究表明，政府信息公开对行政机关的工作质量有积极影响，从长期来看，政务信息公开对于地方投资和公共财政也有明显的正向影响。科萨克的研究表明，开放政府的实践，有的效果确实很好，但有些则效果不明显，主要原因是遭遇了集体行动困境，受到政治阻力和长执行链阻碍。

### （二）知情权理论

知情权理论主要从公民权利角度论证政府信息公开的意义。知情权（Right to Know）由美国记者肯特·库珀于1945年首次提出，提出此概念主要着眼于同出版自由的概念进行区别，意指公民有权知道其应该知道的事情，国家有义务保障公民知道的权利，对美国政府的新闻审查和宣传制度进行抨击，希望用公众的知情权对抗政府的秘密主义行为。罗尔德·克洛斯于1950年出版《国民知情权——进入公共记录及审议过程的法律权利》，自此"知情权"概念在美国社会被广泛使用并逐渐付诸法律实践，并由此引了发美国20世纪50—60年代的"知情权运动"。莫斯认为，信息自由是言论自由、集会自由等民主权利的基石。威金斯认为，知情权至少有四个积极功能：是公民行使一切民主自由权利的基本前提；是现代国家民主宪政的基础要素；作为公众的一项社会权利和政治权利，是信息化社会的必然选择；是防止出现问题的必要条件。美国参议院的司法委员会对知情权提出了新的解释。他们认为，人民拥有的知识是避免无知最有利的武器，而信息作为一种知识，是民众所追求的东西，人民选出的政府，有义务将这些知识赋予人民。

### （三）政治文化理论

政府信息公开涉及的是政府与社会的互动关系，最终目的是实现民主行政。正如列宁所说，“广泛民主原则”包括两个必要条件：第一，完全的公开性；第二，一切经过选举。没有公开性就谈民主制是很可笑的。但是如何解释近代各国的民主实践，无论是发展路径还是社会后果都表现出极大的差异性？有学者从社会文化的角度进行了解释。

阿尔蒙德和鲍威尔认为，政治文化是一个民族在特定时期流行的一套政治态度、信仰和感情，它是每个政治体系背后镶嵌的特定政治行为取向。根据社会成员对政治体系及其输入端、输出端的认知、情感和评价的不同，将政治文化区分为村民型、臣民型和公民型。其中，村民型文化和臣民型文化是一种秘密文化，村民对政治体系各方面都缺乏认知，臣民在认知上趋向于政治输出，即只知道求助而不知道要求。公民型文化是一种公开的政治参与文化，公民对政治体系各方面及自身都有良好的认知。亨廷顿认为，在“冷战”结束之后，文明成为全球政治冲突的主要因素。基于东亚发展奇迹，他指出：就解释政治经济发展的不同模式而言，关键性的独立变项是文化。

从实证研究的角度来看，阿尔蒙德的政治文化研究仍显粗糙。英格尔哈特通过对全球 43 个国家的实证研究，认为经济发展推动人们的价值观从物质主义走向后物质主义。后物质主义价值观通过以下三个理由促进民主政治：一是它们更加强调对政治的参与和自我表现；二是把民主政治本身当作目的，而不只是手段；三是后物质主义者更倾向于认可和尊重基本的民主规则。

舒德森在考察美国 20 世纪六七十年代的政府透明化改革时，认为很多变革者并未把提升民主治理的透明度或可参与性作为自己的主要目标，而是在特定的“时代精神”和“舆论气候”中生成的，是一场深刻的文化变革，让社会开放成为人们的一种“文化权利”。对于透明的支持或对知情权的文化期待，把很多不同的价值观混合在了一起。这种混合的价值观认为，开放优于隐私和秘密，会表达优于讲礼貌，“草根”主义、平等主义和民主主义优于精英主义，个人经验优于专业知识，天然优于加工的，直白优于深奥，自由优于约束。总之，原来被认为是秘密的东西，被全社会期待为一种需要“公之于众”的“不是秘密”的东西。

## 二、有关权力社会制约的研究

### （一）托克维尔的社会制约权力理论

19世纪，欧美国家的现代民主政治制度处在改革与完善的阶段，以权力制约权力的“三权分立”学说成为主导性理论范式。但托克维尔已经敏锐地观察到了议会民主制度内在的局限性。在《论美国的民主》一书中，托克维尔表达了一个在当时看来极为新奇的观点，即民主国家对自由的威胁甚至大于君主制和贵族制对人民自由的威胁，主要原因是民主国家很容易产生所谓的“多数人的暴政”。托克维尔认为，要解决这一问题，仅依靠制度性的力量是不够的，因为制度性的力量不能提供个人抗衡国家力量所需的各种平台，以致“中央政权摧毁了所有中间政权机构，因而在中央政权和个人之间，只存在广阔空旷的空间，因此在个人眼中，中央政府成为社会机器的唯一动力，成为公共生活所必须的唯一代理人”，必须通过国家之外的市民社会来制约国家的权力。在这方面，美国是一个典型：促成美国自由民主的另一个重要因素在于美国拥有一个独立于国家之外的、具有一定自主权的多元社会，这对权力产生了“社会制衡”作用。

### （二）达尔的多元民主理论

20世纪上半叶，两次世界大战的爆发，法西斯主义极权统治的出现，从实践的角度宣示了以权力制约权力的议会民主制度的脆弱性。罗伯特·达尔以行为主义经验政治学的方法，基于对美国纽黑文市城市重建、公共教育和在职人员提名三项公共议题决策运行机制的过程进行分析发现，城市公共议题的政治参与者并不具有广泛性，而是有很明显的选择性，某项议题的主要参与者是市政府的某些部门、有关利益集团和公民中的一批活跃分子。基于此，达尔认为，社会权力制约的主体是独立的社会组织。与托克维尔的观点一致，达尔也认为，社会制衡对民主的保障作用比宪法制衡的作用更大，一个国家要想维系民主，就必须有各种各样的独立社团和组织。一个政体的民主性质和实际运作既不是古典主义民主所说的“人民的统治”，也不是“多数人的统治”或政治精英的“少数人统治”，而是由多重的集团或少数人来完成的，即多重少数人的统治。在达尔看来，多数人是极少控制特定的政治事务的；相反，少数人几乎总是在政治体系中处于主导地位。但少数人属于不同的组织和团体，是多重的少数，且这些组织和团体都有各自的目标和利益。

### （三）基恩的监督式民主理论

针对“二战”后欧美国家议会之外的社会力量参政日益普遍和深入，以选举为主要特征的议会民主理论已经无法解释新出现的民主实践。约翰·基恩将弥散于社会各个领域的公共权力制约机制称为“监督式民主”，以区别于城邦制下的“大会民主”和近代以来的代议制民主。基恩认为，监督式民主是民主历史上的新品种，它包含了许多正在迅速成长的“后议会制”政体，其核心是各种在议会之外严格审查权力的机制。古代城邦政治中的大会民主，仍然是少数精英参与的部分民主，而监督式民主是一种真正通过普通大众得到运作的民主，更加符合民主的本意。同时，监督式民主打破了多数票原则一统天下的惯例，不再像代议制民主那样一味地崇拜选票的数量。监督式民主最显著的特点之一是，它将权力监督机制带进“民主之手”无法触及的社会领域——基层社会，甚至穿越领土国家的疆界，在全世界激发起对“公民社会”的热情。基恩认为，监督式民主并不是代议制民主的对立面，其发展依赖代议制民主，而且监督式民主的发展与新媒体技术密切相关。

### （四）舒德森“监督的公民”理论

权力的社会制约离不开公民的积极参与。有关公民参与的理论研究众多，但大多囿于传统民主理论和实践的框架，未能很好地解释快速变动的民主实践。舒德森（Sohudson）批判传播学界把“民主放置在哲学而非社会学基础上”。在《好公民——美国公共生活史》一书中，Sohudson 认为美国民主史上出现过三种“好公民”的形象：第一种是“同意的公民”，主要发生在美国建国之初，公民要做的就是对绅士的统治表示“同意”；

第二种是“基于党派从属的公民”，公民要做的就是对其所属政党的效忠，而不管政党有何主张；第三种是“知情权的公民”，发生在19世纪晚期，政党对选举的影响逐渐减小，公民要做的是不依附于政党而独立地做出理性的判断。Sohudson认为，知情的公民只是一种进步主义的政治理想，对现实世界的公民提出了不切实际的期待。在透明化的政治环境中，一个好公民的定位应该是“监督的公民”，其就像社区游泳池边看护游泳小孩的父母。他们密切监视现场而非全面收集信息和时刻行动。“即便他们正在做其他的事情，监督的公民并非缺席的公民，而是警惕的公民。”

## 第二节　国内文献回顾

自2005年河北省邯郸市首次公布市长权力清单之后，国内学术界关于权力清单的研究文献开始出现并逐渐增多，至2016年达到历史最高值，全国范围的权力清单制度工作已经广泛开展。综览国内学者的研究文献，研究重点主要包括以下几个方面。

### 一、有关权力清单内涵和属性的研究

权力清单是一个新生事物，要研究权力清单，首先要把权力清单是什么、有什么特点这两个基础性问题搞清楚。由于权力清单制度在实施的不同阶段和不同地区的表现形式存在差异，在实践中出现了“两单制”“三单制”“四单一网”“两单两表制”等形态。但由于其本质功能和构成要素的相似性，学术界并没有对此做出分类化处理，而是统称为“权力清单制”，主要从本质规定性上给予其学理上的分析和界定。

程文浩认为，权力清单就是对各级政府及其各个部门权力的数量、种类、运行程序、适用条件、行使边界等予以详细统计，形成目录清单，为权力划定清晰界限。麻宝斌和贾茹认为，权力清单具有可视、清晰、客观三个表征，意图使公众看得见、看得清、做得来。罗亚苍认为，权力清单通过行政层级的内部管理方式进行梳理汇总并分类公布，具有“示范性、规范性、公示性、工具性、变动性”等特性。

陈向芳和邓薇提出，权力清单是指权力主体采用清单的模式，整理并发布其所享有的各项行政职权及实施依据，核心在于限制政府权力。权力

清单改革包含了四方面要素：第一，其主体为地方政府及其部门；第二，每一项行政权力的要素包括名称、依据、实施主体以及流程等；第三，清权的过程，普遍伴随着减权；第四，清单向社会公开。

权力清单的制定依据是国家的各项法律法规，那么权力清单对于政府职能部门来说，有没有法律意义上的约束力？对此，法学界的研究有不同的观点。林孝文认为，权力清单是地方行政机关制定的规范性法律文件，具有明显的法律属性。王春业认为，权力清单本质上是对行政法律法规的细化和整合。关保英也持此种观点，认为权力清单既清理了行政主体改变行政相对人利益关系的行为，也清理了在这个改变过程中行政主体所采用的手段和方式，从这个角度来看，权力清单必然是实体性的，把它理解成实体法的构成是顺理成章的。

但是有学者认为，在构建权力清单制度的过程中，出现了“各部门不得在公布的清单外实施其他行政审批”和“清单之外无权力”等规定和认识，此类规定和认识使权力清单的定位僭越了法律，这不仅有违依法治国的基本方略，也会导致迟延法律生效等问题。权力清单不是行政规范性文件，而是政府主动公开的信息，当权力清单与法律规范不一致时，应当以法律为准。秦德君认为，权力清单从其本质上讲不具有法律约束力，它是一种规定性文件，只是公布了政府应有的权力，但不对政府的权力做出根本上的改变。蒋德海认为，权力清单是我国党政机构的自我限权措施，但由党政自身开列权力清单，有越权之嫌。莫于川也认为，行政权力清单一般是由各个行政机关自行梳理之后向全社会公开公布的，其性质类似于一种办事指南、行政规程或行政程序手册，它们合法有据、简明醒目，方便使用。

前述争论只是理论上的，在实践过程中，从中央到地方，鲜有对权力清单的法律属性进行明确认定的法律法规，这导致了权力清单制度在实践中的混乱和模糊。张希在中国裁判文书网上搜索到以“权力清单”为行政案由的 81 个裁判案例，通过研读这些案例文书发现，在司法实践中，行政机关、行政相对人和人民法院，对权力清单法律效力的理解存在很大争议。有的行政机关对于自己制定的权力清单制度是严格遵守的，认为权力清单具有严肃的法律属性，并以此作为其是否应该履行相应职责的标准。有的行政机关认为自己制定的权力清单并不会成为其行政职权的来源，坚持其职权来自法律规定。行政相对人对于政府部门公布的权力清单基本都是采取认可的态度，认为权力清单具有法律属性，自公布之日就应该被政府部门严格遵守。只有极个别法院把权力清单认定为法律依据，大部分法院对权力清单的法律性质与效力采取的态度是不予说明。

## 二、有关权力清单功能的研究

权力清单对于国家治理具有多方面的功能，综览文献不难发现，学者对权力清单制度功能的研究主要集中在权力监督和制约方面。李丽萍认为，权力清单制是一种新型的权力制约制度，它具有透明性、具体性、可操作性等特点，具有划定权力边界、规范权力运行流程和约束权力行使方式的限权功能。麻宝斌和贾茹认为，权力清单制度涉及两种类型的权力制约：公权力的自我制约、权利对公权力的制约。关保英认为，权力清单对行政权力的控制主要表现在：使控权对象明确化、使控权方式具体化、使控权过程严格化。权力清单对行政权力的控制主要体现在对羁束性行政权力的控制上。廖业扬和李丽萍认为，权力清单对于公权力的监督具有明显优势：一是监督主体广泛，有利于形成监督合力；二是监督内容明确，更加突出监督针对性；三是监督途径多样，全方位彰显监督有效性；四是具有制度化刚性监督优势，进而加大监督力度。

上述研究只是将权力清单看作一个整体来思考其功能，而没有考虑权力清单类型的不同可能导致其功能的差异。付建军认为，以适应主体为标准将现有的各类清单分为科层清单、市场清单、服务清单和社区清单四种类型，认为不同类型的权力清单具有不同的制度功能。具体而言，科层清单的功能有二：一是通过对官僚科层权责体系的梳理和再制度化，使政府庞杂的权力内容得以系统化和清晰化；二是使地方政府间以及政府内部各部门间对各自权力的边界范围协调机制进行重新认识与构建。服务清单在国家治理转型中的功能坐标是提高公共服务的针对性和有效性。市场清单的转型逻辑在于实现投资自由化、贸易便利化、金融市场化和行政透明化，进而为释放市场活力提供制度基础。社区清单的转型逻辑主要体现在国家与社会的边界管理方面。罗亚苍认为，权力清单实践中的“三单”逻辑起点都是限制行政权力，权力清单突出正向例举，侧重于打造阳光政府；责任清单注重中间兜底，彰显建设责任政府；负面清单进行反向限制，凸显司法自治，共同划定国家、社会和私人的治理领域。

由于权力清单制度是“自上而下”推行的，目前的研究很少注意到不同层级政府实施权力清单制度的功能差异。李卉、刘晓峰和余平平基于安徽省芜湖市繁昌区的调查发现，基层政府权力清单制度的实施对于调整县乡关系具有重要价值。目前，县乡政府间依然存在责权划分的匹配性矛盾、问责体系的向度性矛盾和条块分割的结构性矛盾三大矛盾，权力清单的实施通过厘清政府职权，明晰县乡政府权力边界和追踪权力运行优化层级间问责体系两大思路来调整县乡关系，但仍存在不少问题，需要进一步优化改革。

与大多数学者对权力清单的制度功能持积极乐观的态度不同，周庆智认为，县政“权力清单”的出台是在不触动基本权力结构的前提下做出的，“权力清单”只是政府功能性权力的范围和职责的调整。县政权力的规范必须在基本政治框架内和权力结构上做出制度性调整与结构性调适；否则，权力清单制度的推行不可能达到控制和规范政府行政权力的预期目标，成为政府“自己规范自己权力”的单方面举措。这与唐亚林的观点刚好相反，唐亚林将权力清单制度提升到构建中国特色权力运行机制的高度，认为它通过功能性权力制约模式的再造，带动结构性权力制约模式的再造，最终实现权力制约模式的中国式创新。

## 三、有关权力清单制度实践逻辑的研究

权力清单制度的实施主体是各级政府及其职能部门，那么在具体推行实践中他们是怎么做的，背后的行动逻辑是什么？这些问题对于权力清单制度的改革与优化具有重要的现实意义，但由于实证研究的难度较大，文献十分有限。

刘延海通过对典型案例的收集、编码发现，在权力清单构建中，地方政府与既得利益者的博弈是普遍存在的。在博弈过程中，地方政府受到压力、竞争与回应三种约束，而既得利益者依据是否存在成本做出策略选择；当推行权力清单的动力大于阻力时，地方政府趋向于选择“推行”。因此，建议上级政府对地方政府推行权力清单制度施加一定压力，引导同级政府间的良性竞争，培育社会力量，促使政府重视公民诉求，提高既得利益者阻止权力清单的成本。

孔卫拿和何云婷认为，面对非选举问责体制下的政治考核压力和分税

制以来的财政压力，中国地方政府在推行权力清单制度过程中表现出双重理性，即政治考核压力下的规避问责理性与财政压力下的预算扩张理性。基于安徽省县级政府权力清单制度推行情况的量化评估研究表明，地方政府规避问责理性程度越高，自由可支配财力越大，权力清单在线质量就越好；地方政府自我预算扩张理性越强，权力清单在线质量就越差。提升地方政府的权力清单建设水准，应主要从简政放权、完善监督与开放公民评议等基本路径展开。陈罡的研究表明，A市在实施权力清单制度中，下放到乡镇的行政权力中，行政审批类权限比例最低，存在明显的责任性权力事项远多于权力性权力事项的倾向。

国内各地区政府在推行权力清单制度的时间上存在明显差异，研究时间差异背后的原因可以窥视地方政府推行权力清单制度的行动逻辑。邹东升和陈思诗通过对全国31个省级政府权力清单政策文本的对比分析发现，权力清单制度扩散随着时间的推移呈现出明显的“S”形曲线增长趋势，空间上区域邻近效应显著，地缘相邻的省级政府权力清单公布往往前后相继，并且表现为“试点—推广”的经典范式，以及“职位权力—部门权力”和“权力—权责—服务”的扩散路径。清单内容的扩散是一个动态变迁的过程，体现在中央纵向行政指令下的强制性变迁和横向政府间竞争与压力下的诱致性变迁上，这种扩散兼具政策模仿和制度创新的双重特征。

权力清单制度的发展遵循了“地方试点—中央制度化—全国推行”的渐进式改革路径。张胜霞研究了在“中央制度化—全国推行”这一阶段，全国各省级政府推行权力清单制的扩散特征和机制，将邹东升和陈思涛的研究又推进了一步。研究分析显示，权力清单制度在省级政府的扩散呈现出“有起伏的坡状”趋势，在市级政府呈现“S”形趋势。在空间上，权力清单制度整体呈现出自东向西扩散的特点，表现出区域集中现象和近邻效应。在不同层级的扩散中，存在“自上而下”和“自下而上”两种扩散模式，以前者为主导。就扩散机制来看，权力清单制度的扩散包含多种发生机制，但以“自上而下”的强制机制为主导。就影响因素而言，权力清单制度的整体性扩散受制度性同形压力（中央压力和省级压力）的影响，也与城市的经济发展水平存在一定的关联性。从空间模型来看，中央压力并没有在东部地区的扩散过程中表现出显著性，省级政府压力未在西部地区表现出显著性，经济发展水平仅在中部地区的扩散过程中表现出正向影响力。从时间模型来看，在制度扩散的前半期，权力清单制度在各市级政府的扩散与省级政府压力、城市经济发展水平正相关，与城市级别负相关；在扩散的后半期，权力清单制度的扩散仅与省级政府压力正相关。

付建军比较了不同类型权力清单的实践扩展逻辑，科层清单和市场清单主要遵循“自上而下”的扩散路径，扩散的主要机制是“自上而下”的动员。服务清单和社区清单则遵循地方政府再生产逻辑，在水平政府间横向扩散，扩散的主要机制是学习与模仿。不同类型清单的扩散路径背后隐含了不同的政府行为逻辑。从水平角度来看，省级政府在接受“自上而下”的科层清单时出现了时间和制度结构方面的差异，部分东部省级政府制定权力清单和责任清单的时间周期更短，制度结构更合理，而中、西部省级政府制定权力清单和责任清单的时间周期普遍较长，且制度设计比较粗糙。从垂直角度来看，省级政府制定权力清单和责任清单的动力明显强于市级政府和县级政府。地方政府的差异化行为逻辑意味着清单制的扩散可能是效率逻辑与合法性逻辑的混合体，但是效率逻辑与合法性逻辑的强度在不同清单类型和政府层级上存在较明显的分化。

## 四、有关权力清单制度实施问题的研究

本着“经世致用”的治学传统，绝大多数研究文献将重点放在了权力清单制度运行中出现的问题及相应的解决对策上。与预期的功能定位和政策目标相比，权力清单制度在“自上而下”的实施过程中还存在不足和局限性，综览相关研究文献，概括起来可以归纳为以下三个方面。

第一，权力清单编制中的规范性问题。在同一体制下，国内同级、同类政府部门的行政职权应具有很强的同构性，但是在权力清单的编制上，无论是形式还是内容，各地都出现了很大的差异。首先，各地在编制权力清单时，编制主体和权力事项的数量都存在差异。截至 2016 年底，安徽省马鞍山市纳入权力清单的行政主体是 49 个市直单位，共列出行政权力事项 2142 项，而同省的巢湖市则将 48 个市直单位和 12 个驻芜垂直单位纳入权力清单主体，行政权力数量达到 2554 项。江苏省南通市的权力清单主体达到 65 个，行政权力数量为 6332 项。李海英通过对北京市档案局权力清单实施情况的分析发现，各地档案局公布的权力清单内容不一致，主要表现为权力分类不一致、权力数量差异较大。何炜通过对浙江省、安徽省和吉

林省三省的省级政府权力清单的对比分析发现，存在权力划分依据和标准不清晰的问题。不仅如此，在一些基层政府公布的权力清单中，甚至出现明显的违背行政法基本原则的行为。邱雨对 Y 县权力清单中的行政许可权进行研究发现，该县权力清单中列出的诸多行政许可权限完全没有《中华人民共和国行政许可法》中所规定的合法设定依据。例如，该县工贸局将大量带有"备案"字样的事项归为行政许可类；将应属监督检查的权力划归行政许可类权限，还出现了已经取消仍被列入的事项。夏海峰认为，权力分类事项需要进一步探讨，因为有些权力不好分类，再就是权力是一项项列举出来的，由于不能全都列出来，只好用其他权力来兜底，这样就显得不规范。张敏和刘海峰的研究表明，合肥市政府公布的权力清单中，其他权力事项达 341 项之多，占权力总数的 20.93%。

第二，权力清单实施中的法制化困境。从理论上来说，权力清单制度是一个非常好的改革举措。但是，当这一制度嵌入复杂的实践中时，就发生了制度与现实之间的不匹配问题。首先，理论上的法治属性与现实操作中的行政属性之间存在张力。赵敏通过对吉林省双辽市权力清单制度实施情况进行研究认为，权力清单在实践中由各职能部门自行编制，缺乏人大立法机构的确认，由于权力清单仍然停留在党的政策性文件层面，导致在执行中缺乏法律法规的保障。其次，在全面深化改革的背景下，行政部门面临复杂多变的社会，普遍遭遇法与单之间的张力。谭炎恒的研究表明，衡阳市在推行权力清单制的过程中存在依法行政与依单行政的矛盾。在权力清单不能完全涵盖政府法定职权，或者权力清单调整滞后于相关法律规定时，行政部门建立权力清单制度以后会形成"依据权力清单行政"和"依据法律行政"两个执行标准。在权力清单标准和法律规定发生冲突的情况下，会让行政机关产生依权力清单行政还是依法行政的困惑。杜敏认为，虽然权力清单是对法律、法规和规章进行整理形成的，但众所周知，在整理过程中，原行政执法项目有可能被暂停实施、取消、下放和整合，那么形成的权力清单就有可能和原法律法规相冲突，从而给具体行政执法部门带来执法依据的困惑。

第三，权力清单权力约束功能的弱化问题。权力清单的主要功能在于约束和限制行政权力，将"权力关进制度的笼子里"。但是，地方政府的实践表现却在很多方面弱化了权力清单制应有的功能。楼育诚的研究发现，贵阳市在推行权力清单制度的过程中，存在权力清单法律效力缺失、清单动态调整机制不完善、缺乏有效的监督机制等问题。郑俊田、郜媛莹和顾清认为，作为一项较新的制度实践，各地在建设过程中普遍存在过度以任务为导向、过度以简权为目的、梳理口径及权限划分不一致、责任主体及职责边界不清晰、动态调整与约束机制不完善等问题。沈建平的研究发现，浏阳市在权力清单实施过程中存在群众知晓度和参与度较低、权力清单“晒权”不够、权力清单缺少相应的配套制度及权力清单制度中监督规则的制定不够严谨等问题。赵敏基于吉林省双辽市的研究发现，权责清单在政府网站公布之后，仅仅是“晾晒”，没有一个专门的机构对各部门行使职权进行监督管理，即使出现对权责清单制度落实不到位甚至违反制度的行为，真正追究责任的也很少，最终沦为一种形式，没有发挥其实质作用。李海英认为，地方政府公布的责任清单内容不完善，没有追责情形和依据，更没有监督渠道，缺乏司法监督功能。近两年，已经有行政诉讼案件中的行政相对人以权力清单作为证据，行政主体具有或者不具有某项权力，并没有得到法院支持。权力清单在实施中还牵涉权力“自上而下”下放的问题，但是基层政府难以承接被下放的诸多权力事项。肖李玥在西昌市安宁镇的调研发现，2014 年，安宁镇作为权力下放试点镇，承接了住建、交通、农牧、卫计等 7 个上级部门下放的 60 项行政权力。但是，由于镇政府人员不足，专业能力欠缺，没有执法主体资格，难以承接如此多的行政权力，由于监督机制尚未完善，导致多数权责清单成为“一纸空文”。

## 第三节　文献述评

### 一、现有研究文献评价

国外在政府透明化改革和权力制约方面具有较长历史，理论研究的积累较为深厚，主要有三个方面的特点。第一，视野开阔，特别是在政府信息公开的研究中，视角多元，既有治理的视角又有社会的视角和文化的视角，理论分析由浅入深，逐渐从微观走向宏观，从横断面的静态分析走向纵向的历史长时段比较分析，具有宏大的视野和理论高度；第二，与时俱进，理论研究的目的在于解释现实，而现实的不断变化则需要理论上的推陈出新，在有关社会制约权力的研究中，针对“二战”后出现的民主发展的新形式和新问题，很多学者都敏锐地捕捉到了其中的变化，并以强烈的理论危机感不断提出新的概念工具，极大地丰富了当代民主治理理论；第三，脉络清晰，虽然新的概念被不断地提出，甚至达到了泛滥的地步，但是这些概念之间并不是分离的，而是有着比较清晰的发展脉络，体现了前后之间的继承和发展关系，有助于人们深化对政府透明化与权力制约实践的认识。

尽管如此，国外的研究仍存在明显的不足之处。第一，西方中心主义的文化立场。受到近代以来社会科学研究中“西方中心论”话语霸权的影响，国外有关权力制约和政府信息公开的理论研究，具有明显的西方中心主义文化倾向。一般的做法是，以欧美国家的民主运行机制作为标杆和样本，将世界上其他国家和地区的民主实践样态进行“贬损式”概念化。典型的如阿尔蒙德提出的公民文化、臣民文化和村民文化的概念。第二，毫无节制的理论外推倾向。科学研究的结论需要具有一定的普适性，但是当实践领域的差异极大、理论工具概括过于抽象时，很容易出现不适当的外推。目前，世界各地的民主实践呈现出极大的差异性，而国外的相关研究文献，总有一种将来自个别国家和地区的研究结论推广到世界其他地区的内在冲动，极易产生“张冠李戴”的问题。

从 2014 年至今，我国权力清单制的全面实施，时间较短，相关实践仍处在探索中，理论研究也处于起步阶段，主要存在以下三方面的不足。

第一，缺乏理论建构。与西方现代国家权力制约的漫长历史和通行做法相比，中国政府以清单的形式将政府行政权力悉数公布在各种数字平台上，主动接受人民群众的监督，这在全世界来看都具有首创性。各地方政府在推行权力清单制度的过程中，也在不断通过创新来强化其权力制约的功能。这些新颖的实践为理论创新提供了绝好的契机，如何概念化这种具有中国特色的权力制约模式，以及如何解释中国特色的权力制约实践，成为国内学者亟待思考的重大问题。但是，从这几年来的研究文献来看，研究进展与理论提升的期待之间仍然存在较大距离。绝大多数的研究仅仅停留在经验介绍和问题呈现阶段，主要以解决实际工作问题为目标，缺乏系统的、理论层面的解释性研究成果，对于构建中国特色的权力制约理论贡献甚小。正如付建军所说，目前的权力清单制度研究显得比较“局促”和“狭窄”，对负面清单和权力清单的研究停留在价值讨论和对策式的现象考察层面，对制度背后隐含的理论问题缺乏深度挖掘。

第二，缺乏行动分析。权力清单在“自上而下”的推行过程中，是由具体的政府职能部门和工作职员实施的，他们有自己的“知识”，在具体的约束环境下有自己的行动逻辑。有关权力清单制度的研究，从微观层面来讲，必须落实到具体的行动者身上，了解他们对权力清单制的理解及其背后的行动逻辑。但是反观目前的多数研究文献，都是把分析单位抽象地定位在“地方政府”，看不到地方政府这片树林下面的具体树木：部门和个人。导致研究结论“不接地气”，无法给予权力清单制的多元化实践以令人信服的理论解释。例如，为数不多的实证研究结论表明，地方政府在推行权力清单制度的过程中存在同级政府竞争的压力，但为什么在面对相同的竞争压力环境下，地方政府在发布权力清单的时间、编制权力清单的形式、完善权力清单配套措施上仍然存在明显的差异？对于这些问题，如果不从行动者视角进行分析，是无法给出满意的解释的。

第三，缺乏比较的视野。国内既有研究文献，在研究权力清单制度的时候缺乏比较视野。首先，由于研究缺乏理论上的概念化提升，理论层面的研究较少见到，大多数研究只是在低层次地呈现各地的经验和问题，自说自话的多，相互对话的少，导致研究进展陷入疲态，只见个体、不见整体，只见现象、不见本质。其次，没有将权力清单制度放置在全球背景下进行对话和比较，而且权力清单制度在各层级、各地区及各个时间段推行中的差异性没有得到应有的关注，使得研究成果不够丰富，无法为深层次理解权力清单制度提供有用的智力支撑。

## 二、未来研究趋势

笔者以“权力清单”为主题在中国知网进行搜索，一共搜索到 4942 条文献。如图 2-1 所示，从 2005 年河北省邯郸市首晒权力清单之后，有关权力清单的研究文献开始出现。2014 年权力清单制度在全国范围内实施后，文献数量出现大幅度增长。但是这种增长势头仅维持了两年，从 2016 年开始急剧减少。由此可以看出，国内学术界有关权力清单制的研究，似乎呈现出“昙花一现”的态势，在研究还没有进入深化阶段就有“草草收场”之势。

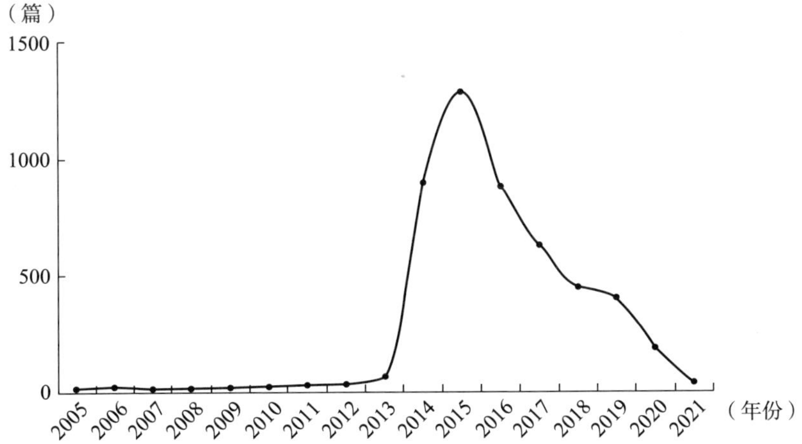


**图 2-1　2005—2021 年权力清单相关研究文献历年变动趋势**

细究背后的原因，无外乎实践和理论两个层面。首先，从实践层面来看，由于缺乏长效“硬”约束机制，各地政府的权责清单在网上晒出之后，没有再继续跟进和完善相关配套改革，在实践中表现出“偃旗息鼓”之势。另外，在全面深化改革的新时代，新的改革热点不断涌现，三大攻坚战紧锣密鼓地进行，不断出现更新的研究议题，特别是新冠肺炎疫情催生公共危机管理成为新的研究热点，在一定程度上分散了学者对权力清单制度研究的注意力。其次，从理论层面来看，国内的研究由于没有提出有理论挖掘空间的研究问题和概念工具，无法引导经验研究走向理论的深层轨道，沦为一种地方经验的碎片化积累，产生了一种研究的“天花板效应”，难以实现理论建构上的突破和升华。

要突破国内权力清单制研究的“天花板效应”，应该从以下几个方面努力。第一，要有历史的视野。权力清单是一项重要改革，对于提升国家治理能力和完善现代国家的治理体系具有重要意义。它的产生具有一定的历史原因，它的影响也需要放进历史长河中去认识。因此，有关权力清单制的研究，如果仍然纠结于当下的、具体而微小的细节，就难以突破理论提升的“天花板效应”。需要以宏大的历史视野来关照当下的实践，以历史理性克服实践理性的局限性。第二，要有全球视野。目前，国内有关权力清单制的研究，缺乏必要的国际对话。虽然政治制度、经济发展阶段和社会文化存在明显不同，但是可以有限度地借鉴欧美国家在政府透明化和权力制约方面的实践和理论研究成果，并根据中国的独特实践加以改造和创新，以此建构解释中国权力清单制度改革的理论体系。第三，重视技术的影响。以互联网为代表的信息技术被广泛应用到政府治理的各个环节，对权力制约的当代实践提供了全新支持，这是欧美国家近代以来的政府透明化改革不曾有过的新情况，中国在数字政府建设方面走在世界前列，更应该重视现代信息技术对权力制约的影响。国外学术界对于技术民主有密集的研究，中国政府对信息技术的接受和运用则更为积极、大胆，为此学术界更要关注技术与权力制约的关系。

# 第三章 分析思路与研究方法

有关权力清单制度的研究，之所以出现“速热速冷”的局面，主要是因为缺乏理论解释上的创新与突破，窒息了进一步研究的空间。要开展权力清单制度研究的理论创新，就需要有宏大的历史视野，要将其放在21世纪以来国家行政改革的历史脉络中进行审视。同时，权力清单制度的推进是由具体的组织和个人实施的，离开对行动者的分析，则会使理论分析创新缺乏微观根基而显得大而无当。

## 第一节 概念辨析

### 一、权力清单

从字面意思来看，“权力清单”是指政府部门将其拥有的全部行政权力一一列举而形成的一张单子，人民群众一看单子就会明白政府各部门手中掌握了哪些权力以及每项权力的行使流程。但是，究竟什么是权力？一张单子能否代表政府职能部门权力的全部？对于这个问题有必要从分析权力这个基本概念开始。如果权力这个基本概念的含义不明确，那么权力清单的概念就会不清不楚。按照法国社会学家迪尔凯姆的经验，在定义一个概念的时候，最好先从这个概念所指称的事物之最表层现象着手，而不要急于求成去追寻所谓的“本质”。

为此，我们以河南省嵩县人民政府所公布的权力清单为例，来直观地感受权力清单所呈现的“现象”的基本构成。[①] 图3-1是该县发展和改革

① 之所以选择该县，主要是因为该县的权责清单编制相对较为规范和清晰，便于查找和分析，在内容结构方面具有较好的代表性。

委员会在县政府门户网站上公布的权责清单目录的一个截图。从图 3-1中可以看出，权力清单所列出的并不是一条一条的权力，而是权责事项。因为，从学理上讲，所谓权力就是权力主体干预权力客体行为的一种正当性条件，而不是干预行为本身。正如魏宏所言，权力是一种被赋予的、代表公共利益的名分、主体资格和行为正当性的条件。基于此种认知，权力清单叫“权力和责任事项清单”更为准确。在江苏省，各地方政府公布的行政权力清单就直接叫“行政权力事项清单”。由此我们可以给权力清单以如下定义：权力清单是地方政府部门列出的“有权做什么事”以及“如何做”的列表。

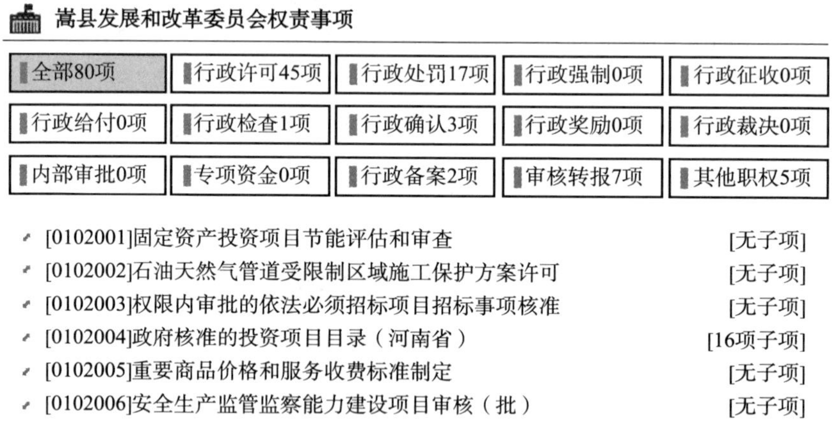

嵩县发展和改革委员会权责事项

| | | | | |
|---|---|---|---|---|
| 全部80项 | 行政许可45项 | 行政处罚17项 | 行政强制0项 | 行政征收0项 |
| 行政给付0项 | 行政检查1项 | 行政确认3项 | 行政奖励0项 | 行政裁决0项 |
| 内部审批0项 | 专项资金0项 | 行政备案2项 | 审核转报7项 | 其他职权5项 |

- [0102001]固定资产投资项目节能评估和审查 [无子项]
- [0102002]石油天然气管道受限制区域施工保护方案许可 [无子项]
- [0102003]权限内审批的依法必须招标项目招标事项核准 [无子项]
- [0102004]政府核准的投资项目目录（河南省） [16项子项]
- [0102005]重要商品价格和服务收费标准制定 [无子项]
- [0102006]安全生产监管监察能力建设项目审核（批） [无子项]

**图 3-1 河南省嵩县发展和改革委员会权责清单网络截图**

做某件事情的正当性条件或者权力资格，主要来自相关政府部门或立法机构制定的法律、法规、规章或政策性文件，这些文件才是地方政府部门手中的“尚方宝剑”，即权力。从图 3-2 可以看出，地方政府所编制的权力、责任清单事项，针对某个权力事项都要列明具体的设定依据，设定依据即干某件事情的权力，它为该事项提供了合法性支持，是事项背后的权力之源。由此可以说，权力清单其实是地方政府将相关政府部门或立法机构制定的法律、法规、规章或政策性文件赋予的权力细化为具体的可以实施的干预事项。

对于如何对行政相对人施行干预行为，各地方根据国务院的部署都绘制了相应的实施流程。仍然以河南省嵩县人民政府编制的权力清单为例，由于发展和改革委员会拥有行政审批等众多权力事项，是地方政府的“实

| 权责清单 | 办事指南 | 业务手册 | 意见建议 |
|---|---|---|---|

| 职权编号 | 0102001 | 清单事项种类 | 行政许可类 |
|---|---|---|---|
| 职权名称 | 固定资产投资项目节能评估和审查 | | |
| 实施主体 | 嵩县发展和改革委员会 | | |
| 设立依据 | 1 | 《中华人民共和国节约能源法》（1997年11月1日第八届全国人民代表大会常务委员会第二十八次会议通过，2007年10月28日第十届全国人民代表大会常务委员会第三十次会议修订，根据2016年7月2日第十二届全国人民代表大会常务委员会第二十一次会议《关于修改〈中华人民共和国节约能源法〉等六部法律的决定》第一次修正，根据2018年10月26日第十三届全国人民代表大会常务委员会第六次会议《关于修改〈中华人民共和国野生动物保护法〉等十五部法律的决定》第二次修正）第十五条："国家实行固定资产投资项目节能评估和审查制度。不符合强制性节能标准的项目，建设单位不得开工建设；已经建成的，不得投入生产、使用。政府投资项目不符合强制性节能标准的，依法负责项目审批的机关不得批准建设。具体办法由国务院管理节能工作的部门会同国务院有关部门制定。" | |
| | 2 | 《固定资产投资项目节能评估和审查暂行办法》（国家发展改革委2010年第6号令，2010年9月17日）第九条："固定资产投资项目节能审查按照项目管理权限实行分级管理。由国家发展改革委核报国务院审批或核准的项目以及由国家发展改革委审批或核准的项目，其节能审查由国家发展改革委负责；由地方人民政府发展改革部门审批、核准、备案或核报本级人民政府审批、核准的项目，其节能审查由地方人民政府发展改革部门负责。" | |

**图 3-2 河南省嵩县发展和改革委员会权责事项基本信息截图**

权"部门。该县发展和改革委员会针对固定资产投资项目节能评估和审查这一权力事项，除了列明设定依据之外，还在权责事项基本信息表中列出了收费依据及标准、实施条件、实施流程、办理期限、需要提交的材料、承办科室（单位）及联系电话、监督投诉机构及联系电话、救济途径复议、诉讼清单、流程图等九项内容（见图 3-3）。由此我们可以看出，权力清单不仅列出了政府职能部门的权力事项，而且从权力行使的角度出发列出了权力事项开展的基本流程和操作环节。这几个环节也是清单式的，按照发生的时间先后顺序一一列出，对行政主体和行政相对人的权利与义务进行了明晰的界定，非常有利于行政相对人的行政业务办理，为行政相对人对行政主体的行政行为创造了全程监督的依据和条件。

同时，权力清单所列出的权责事项并不是杂乱无章的，而是依据一定的编码规则，将不同地区、不同部门、不同类型的权责事项以数字化的方式整合进一个系统中。例如，河南省嵩县发展和改革委员会共有 80 项权责事项，其中，行政许可 45 项，行政处罚 17 项。而且，每项权责事项都有各自的编号，如固定资产投资项目节能评估和审查事项的编号是 0102001。

| | | | |
|---|---|---|---|
| 收费依据及标准 | 不收费 | | |
| 实施条件 | （1）符合国家和省有关法律、法规、规章的规定；（2）符合国民经济和社会发展总体规划、区域规划、专项规划、发展建设规划、产业政策、行业准入标准；（3）项目布局合理；（4）合理开发并有效利用资源；（5）生态环境和自然文化遗产得到有效保护；（6）不对公众利益，特别是项目建设地的公众利益产生重大不利影响 | | |
| 实施流程 | 受理 | 1. 受理责任：公示依法应当提交的材料；一次性告知补正材料；依法受理或不予受理（不予受理应当告知理由） | |
| | 审查 | 2. 审查责任：材料审核（包括国土、规划、环保、节能、移民、农业等有关部门出具的意见书，经地方政府认可的社会稳定风险评估报告等法律法规规定应当审核的文书）；组织专家评审；根据需要征求部门意见、项目审批前公示；提出初审意见 | |
| | 决定 | 3. 决定责任：做出决定（不予行政许可的应当告知理由）；按时办结；法定告知 | |
| | 送达 | 4. 送达责任：制发送达文书；信息公开 | |
| | 事后监管 | 5. 事后监管责任：加强项目建设过程中的监督检查，确保项目建设内容与核准内容一致 | |
| | | 6. 其他法律法规规章文件规定应履行的责任 | |
| 办理期限 | 法定期限：15个工作日 | | |
| | 承诺期限：10个工作日 | | |
| 需提交的材料 | 1. 申请人提交的企业营业执照或组织机构代码证。<br>2. 申请人对所有申报材料真实性承诺函。<br>3. 申请人提交的由所属主管部门出具的拟建项目节能评估审查申请书（也可在本项目审批核准申请文件中一并提出，不再另行文）。<br>4. 按规定应编制节能评估报告书的项目，申请人提交的由具有节能评估专业资质的中介机构编制节能评估报告书。<br>5. 按规定应编制节能评估报告表的项目，申请人提交的节能评估报告表。<br>6. 按规定应填报节能登记表的项目，申请人提交节能登记表（含能耗计算明细，可自行编制） | | |
| 承办科室（单位）及联系电话 | 编号 | 承办科室（单位） | 联系电话 |
| | 1 | 行政服务中心发改委窗口 | 0379–66310086 |
| | 2 | 工业能源及国动办 | 0379–66312034 |
| 监督投诉机构及联系电话 | 编号 | 监督投诉机构 | 联系电话 |
| | 1 | 嵩县发展和改革委员会监察室 | 0379–66312121 |
| | 2 | 行政服务投诉中心 | 0379–66335200 |
| | 3 | 110联动办公室 | 110 |
| 救济途径（复议、诉讼） | 自知道该具体行政行为之日起60日内向嵩县人民政府或洛阳市发展和改革委员会申请行政复议，或六个月内直接向人民法院提起诉讼。 | | |
| 清单流程图 | | | |

**图 3–3 嵩县发展改革委“固定资产投资节能评估和审查”权责事项基本信息**

具体的编码规则是，前两位是权力类型代码，行政许可赋码 01，行政处罚赋码 02，以此类推，其他职权赋码为 14。第三、第四位是该县参与编制权力清单的职能部门代码，发展和改革委员会的代表是 02。后三位才是具体的权责事项的顺序码，由职能部门根据权力类型分别排序并编码。这样就把全县各职能部门所列出的权责事项整合成了一个分门别类的权责事项清单系统。

综上分析，通过对一个县级政府公布的权力清单的“现象”呈现，我们为权力清单做出如下定义：政府职能部门依据现行法律、法规、规章或政策性文件，以数字化编码的方式列出的本部门有权对行政相对人做出的各种干预事项及其设定依据，并对每项干预事项的具体执行流程进行细化和图示化。

由此定义可以看出，权力清单其实是权力主体有权行使的具体行政事项及其行使流程的清单，不能完全将政府部门公布的权力清单等同于该部门所拥有的全部权力。首先，权力清单所列出的权力事项，主要代表现有法律、法规、规章或政策性文件赋予某一政府部门有权力做的“部分”事项，不可能完全列举出来，二者之间是一个包含与被包含的关系。其次，政府职能部门所列出的有权做的事项清单，只是诸多文件赋予的，至于能否真正贯彻实施，需要依赖整个党和政府的公信力、说服性能力、强制力等基础性权力。从这个意义上来看，行政部门权力清单所列出的权力、责任事项只是政府职能部门最“浅层”的权力行为表现，它显然不能涵盖全部的政府权力。

## 二、权力制约

权力制约在英语中主要有两个对应词，一个是 restrain，即制止、阻止、约束和抑制，也就是把权力限定在一定的边界内，不让它肆意地扩张；另一个是 check，即检查、审查、阻止和抑制，引申的含义是指通过监督、审查的方式来阻止权力的膨胀行为。这样的英文翻译反映了西方近代以来自由主义社会思潮下权力制约的基本逻辑。它的基本特征是以“人性本恶”为出发点，强调对抗性博弈，认为权力只能靠权力进行制约。在政治制度设计层面，基于私域和公域的区分，主张有限政府，基于公民权利保障强调法治；在政体层面，强调多维度和多层次的分权制衡。

2002 年以来，国务院以行政审批制度改革为突破口，拉开了中国政府行政权力自我收缩的大幕。特别是党的十八大以来，中国政府在坚持民主集中制的根本原则下，进一步加大了简政放权的力度，从行政审批扩展到行政审批中介服务的清理，再到行政许可以及职业资格证书的系统清理，成为自改革开放以来规模最大的权力自我收缩实践探索。从西方语境下的权力制约概念来看，行政系统实施大规模的自我限权，简直是不可思议和难以理解的。因此，中国政府以权力清单为中心实施的大规模权力自我收缩和限制的实践探索，在中外政治制度史上都具有重大的现实意义和理论意义。从中西方对比的角度来看，中国的权力清单制度所体现的权力制约，与西方语境下的权力制约具有明显的不同。

首先，权力制约的主体不同，在分权制衡的西式民主框架下，行政权力制约的主体是议会、法院、在野党和社会组织等，在个别国家或者个别历史时期，议会可能被执政党把持，议会和执政党高度统一，但更多时候，权力制约主体与行政权力机关处于功能性的对立状态，限制和监督行政机关的权力行使是权力制约主体的本职工作，很容易出现为监督而监督的对抗性格局，难以实现超越各派立场和利益的集中。特别是，在社会分化严重的时候，各权力制约主体分别代表不同的社会阶层和社会利益团体，权力制约的结果是既削弱了行政机关的行政效能，又撕裂了整个社会。权力清单制所要实现的权力制约，其实施主体和制约对象是相同的，即都是行政机关自身，体现的是一种自我约束。

其次，权力制约的对象不同。在三权分立的权力制衡框架下，权力制约强调的是行政、立法和司法三者之间的相互制约，这意味着权力制约的对象主要有三类，即行政系统、立法系统或司法系统，三者之间互为权力制约的对象。例如，议会对行政权力的制约，主要面对的是政府行政系统这个整体，而不是行政系统之内的某一个职能部门。当把权力制约的对象定位于一个抽象的行政系统时，这种制约会更注重行政系统权力的入口控制，而对权力运行的微观监督则受到影响，因为，权力运行的具体主体是行政系统中的某个职能部门及其公职人员。相比较而言，权力清单制度所要实现的权力制约，其基本对象是政府内部各行政职能部门。因为在权力清单的编制实践中，职能部门是最基本的责任主体，编制出来的权力清单也主要是以部门为单位向社会展示。社会公众通过权力清单监督的对象是具体的职能部门及其内部工作人员。

最后，权力制约的目的不同。三权分立框架下的权力制约，主要以防止权力的持续扩张为目标，以公共领域和私人领域之间的天然对立为基本逻辑，从所谓的自由、人权等抽象概念出发，为公权力划界，极力限制公权力的扩张。权力清单制度所体现的权力制约，是基于新时代国家社会经济发展的现实需要，从保护党和人民的根本利益出发，战略性地对国家、市场和社会的关系进行调整，通过国家行政权力的大幅度收缩，释放社会和市场的活力。基于此，权力清单制度之下的权力制约，首先表现为权力的收缩，对行政机关所拥有的权力进行削减，拆解行政权力为社会主体的行为所设置的各种壁垒。其次表现为限制，即把这种减少后的行政权力以清单的形式固定下来，通过全社会的监督防止其越界和扩张，最终服务于党和国家的社会经济发展战略。

综上所述，与西方语境下的权力制约不同，权力清单制所体现的权力制约，是中国政府“自上而下”主动缩减权力并对缩减后的行政权力运行加以规范和制约的过程，是为了党和人民的根本利益，具有较强的超越性，服务于党和国家治理现代化的战略。

## 第二节　分析框架

目前，有关权力清单制度的研究，以结构主义分析范式为主，行动者在诸多研究文献中处于缺席的状态，且普遍缺乏历史的视野。基于此，采用历史制度主义的分析方法，能够更深入地理解权力清单制度所体现的权力制约的深层逻辑及其社会后果。

### 一、历史制度主义

20 世纪 80 年代，西方社会科学界在摒弃理论建构中的“宏大叙事”、追求研究的精致化过程中，制度主义分析方法逐渐成为社会科学中最常用的分析方法。詹姆斯·马奇和约翰·奥尔森发表的《新制度主义：政治生活中的组织因素》一文拉开了新制度主义政治学的序幕。作为新制度主义流派中最具方法论指导意义的历史制度主义，是对“二十世纪六七十年代盛行的政治学集团理论和结构功能主义的一种反映”，历史制度主义理论的主要代表人物是彼得·豪尔和罗斯玛丽·泰勒。与组织制度主义深受美国经验主义学术范式影响不同，历史制度主义主要受欧洲大陆政治思想传统的影响。

作为一种中观层次的分析架构，历史制度主义的分析框架主要体现在它的结构观和历史观上。结构观分析框架主要体现在：①继承旧制度主义对正式制度的强调，肯定政治制度对公共政策和政治后果的影响；②受到结构因果观的影响，强调政治变量间的结构关系或排列方式对政治后果的影响，尤其倾向于将制度与其他因素一道放置在因果链上，社会经济发展程度和特定时代的社会观念也是他们重点考虑的影响因素。这种复杂因果机制的分析方法使得历史制度主义的研究结论看上去不是那么简单明了，因为此种分析方法本身就不去刻意追求理论上的简约性。

历史制度主义之所以被冠以“历史”，主要是因为该学派认为历史是克服人类理性局限的一个主要途径。其历史观分析框架主要体现在四方面：①强调过去对当下的影响，历史其实是一个时间概念，过去的事情都可以称为“历史”，过去影响现在和未来。因此，在制度分析过程中，强调前一阶段的政策选择对后一阶段政策选择的影响。②强调制度变迁中的“路径依赖”。在进入某个制度模式后，该模式由于提供了相对于其他制度更大的收益，增加了另选其他制度模式的机会成本，沿着该路径延续走下去的可能性就会增大。③强调制度变迁中的制度断裂及生成机制。制度变迁总体上被分成制度存续的“正常时期”和制度断裂的“关键节点”。“正常时期”的制度变迁遵循路径依赖，制度断裂则构成制度变迁的“关键节点”，新制度的形成与否取决于在该节点上各种政治力量的对比。④强调偶然事件的历史影响力，因此被认为存在一种放大历史视角的倾向，即致力于发掘产生较大影响力的重大政治事件，并以此建构历史性变迁的因果关系。

除了结构、历史等宏观角度的分析之外，历史制度主义分析也非常关注行动。因为，制度的生成、运行和变迁，归根结底都要落实到具体的行动者身上。制度与行动的互动关系成为历史制度主义分析范式关注的中心论题。在制度与行为的互动模式上，历史制度主义常常同时使用“算计路径”和“文化路径”来探究制度与行动的相互关系。“算计路径”强调制度形塑了行动者理性算计的结构性条件，认为制度影响个体行为是通过改变其期望实现的；“文化路径”强调制度对行动者主观观念的影响，认为制度为行动提供了道德或认知模板，行为的关涉主体不仅受理性和偏好的驱使，还受到符号、教义和惯例构成的制度世界的塑造。

## 二、分析框架

根据历史制度主义所主张的结构—历史—行动分析纲领，我们在审视权力清单制度的时候，应将其放置在一条历史的线索中加以理解，展现其历史的脉络性。发挥权力清单制度的功能既受特定时期结构性要素的制约，又受特定时期关键行动者行动的影响，结构与行动的互构通过历史线索展现出来。因此，在建构本书的分析框架时，将历史分析放置在“体”的位置上，将结构分析和行动分析定位于“两翼”的位置，可以称为“一体两翼”分析架构（见图 3-4）。

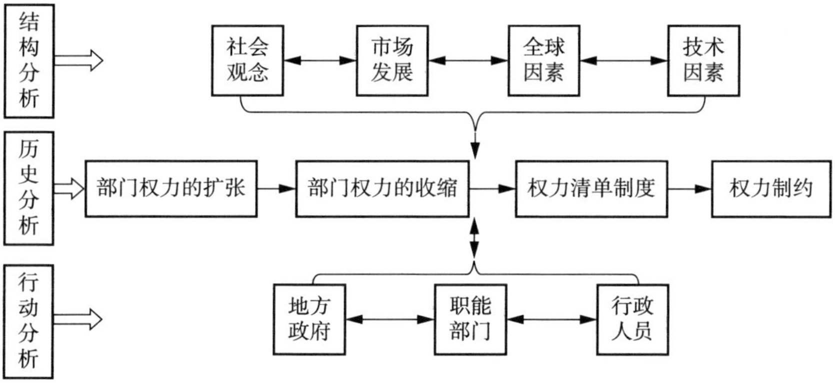


**图 3-4　历史制度主义分析框架**

权力清单制度的提出绝不是偶然事件，它具有深厚的历史原因，是对改革开放以来行政部门权力扩张的历史性回应。权力清单制度的直接制度目标是简政放权和规范行政权力的运行，那么中国各级政府部门的行政权力是如何一步一步扩张起来的？这就需要追溯历史的根源。新中国成立后，应时势之需，中国建立起与计划经济体制相适应的全能主义政府体系，市场被限制在有限的范围内，社会力量通过政府法团主义的形式得以重构与整合。这种全能型的政府职能运行模式，在物质条件极其有限的条件下，发挥出社会主义制度集中力量办大事的制度优势。但是自 20 世纪 70 年代之后，随着全球后工业社会的来临，人民群众的市场需求日益多元化和个性化，以集中统一为主要特征的计划经济体制越来越不适应多元化、个性化市场需求的发展趋势。在此背景下，以邓小平同志为核心的党中央做出了实施改革开放的伟大战略决策，推动中国从计划经济向社会主义市场经济的系统性转型。由于市场经济的发展需要企业成为真正的市场主体，这就迫切需要全能主义政府向有限政府转型，减少对工商企业市场经营活动的管制。但是，由于体制惯性以及社会观念等多方面的原因，政府的行政权力在整体减弱的同时在某些领域、某些方面逐渐增强，特别是在部门利益渠道下的部门立法越来越多，以部门为基本单位的行政权力扩张日益突出，不利于营造公平竞争的市场环境。2001 年，中国正式加入世界贸易组织（WTO），此重大“事件”成为中国政府推进简政放权改革的一大诱因。2002 年，国务院在政府门户网站上公布了国务院各部门第一批取消的 789 项行政审批项目，此后几乎每年都有跟进。特别是 2012 年之后，取消和下放的力度更大。但是，这种大力“做减法”的改革并没有从根本上遏制行政权力扩张的势头，导致国家—市场—社会之间权力格局失衡，不利于释放社会经济发展的活力。在此背景下，权力清单制度应运而生，希望从社会监督和权力公开两个方面发力，系统性地解决行政权力的收缩和规范运行问题。由此不难看出，权力清单制度的提出不是一个孤立的历史事件，它是某个历史时间流中的一个“节点”，这个时间流至少可以追溯到改革开放以来的行政权力扩张和世纪之初的行政权力收缩实践。权力清单制度的产生和功能发挥，都要放置在这一特定历史发展脉络中加以审视，不能脱离具体的历史条件来抽象地谈论权力清单制度的得失，这就是所谓的“历史理性”。

权力清单制度的提出与实施，都是深嵌于特定历史阶段的结构性环境中的。

第一，从社会观念来看，政府行政职权的多少并不是绝对客观的，而是社会建构的产物。不同的时代，人民群众对政府“哪些该管、哪些不该管”的集体认知存在明显不同。在 20 世纪 80 年代，大学生谈恋爱是违反校纪的，人们对高校行政部门普遍存在着“应该严加管教”的社会期待。但是在今天，大学生谈恋爱被认为是个人自由和个人隐私，学校行政部门不应该去管，就连过问都被认为是“多管闲事”。在“自由、平等、公正、法治”成为全社会高度认同的价值观念时，政府部门过多的行政干预会招致社会大众的“反感和抵制”。在此背景下，国务院大幅度取消行政权力，是顺应民意的体现。调研中，部分群众对此的态度是“早该取消了”，一句话背后反映的实际上是社会大众对行政权力边界的社会性认知。

第二，从市场经济发展来看，自 2008 年国际金融危机爆发以来，虽然各国政府的救市行动减缓了危机的大面积爆发，但是这种负面效应要用时间来慢慢消化，这个消化的过程则表现为全球范围的经济不景气。自2012年以来，全球经济发展一直处于下行周期，中国经济也从高速增长进入中高速发展的新常态。由于房地产行业利润高企，挤压了制造业的发展空间，工商企业经营上面临困难，部分企业处于资不抵债的境地。经济艰难时刻急需要政府为企业经营创造更加宽松、自由的市场环境，权力清单在特殊的经济发展环境下被提出来，特别是针对工商企业市场准入的负面清单制度，具有强烈的经济发展考量，是在为企业“减负”。

第三，从全球因素来看，党的十八大以来，以习近平同志为核心的党中央提出了“四个自信”，与西方政治体制暴露出来的治理危机相比，中国特色社会主义政治制度的制度优势更加凸显。在竞争日益激烈的国际背景下，中国不仅要通过经济实力在国际舞台上展现自身的影响力，同时更希望通过制度优势、文化优势在国际舞台上展现更大的“软实力”。权力清单制度作为国家治理优势的重要体现，在全球竞争的大环境下，具有超出一个地方、一个国家的重要战略意义。

第四，从技术因素来看，权力清单制度的实施是在移动互联网大发展的背景下进行的，与21世纪初期以个人计算机（PC）为平台的互联网发展环境相比，2012年以来，移动互联网取代PC成为社会大众获取信息的主要工具。在移动互联网时代，人们获取政务信息的密度、速度都是PC时代无法比拟的，一部手机改变了政府和社会大众之间的信息不对称结构。同时，在移动互联网时代，政府的行政管理活动与互联网的融合范围更加全面、更加广泛，这为权力清单制度的实施提供了坚实的技术支撑。如果没有移动互联网“技术和互联网+政务服务”，权力清单制度的功能发挥就会受到很大影响。

由图3-4可知，权力清单制度的运行要落实在具体的行动者身上，离开行动分析，研究结论就会存在“不接地气”的问题。权力清单制度在实施过程中的几个关键行动者是地方政府、地方政府职能部门、地方政府职能部门中的工作人员以及人民群众。

第一，从地方政府的角度来看，权力清单制度的推行，一方面，意味着所属部门的行政权力要被减少和规范，短期内是一个“损失”；另一方面，权力清单对于行政权力运行的规范，有利于地方行政管理活动的法制化，是一个“获得”。但是，在行政发包制的逻辑下，地方政府作为一个完整的行政组织来说，对本辖区各级政府部门的权力清单工作负有领导责任。如果工作没有做到位，“一把手”就会面临被上级政府问责的政治风险。在“讲政治”成为第一位考量的政治约束下，对于地方政府党政负责人而言，按时完成任务，避免被问责，成为地方政府推行权力清单制度工作时的基本目标。

第二，从地方政府职能部门角度来看，在权力清单编制和运行实践中，地方政府是一个领导者，负责制定方案、提供支持、督促督察等。具体的执行者是地方政府所属的职能部门，因为权力清单中的权责事项是以部门为单位对外发布的，所以权力清单的编制是以行政职能部门为基本单位。同时，权力清单在运行中，主要是服务于职能部门的行政管理活动，帮助部门工作人员依法行政。此外，人民群众依据权力清单监督政府行为的对象也是各政府职能部门。由此可以看出，职能部门在权力清单制度运行中处于关键位置。权力清单中权力事项的多少会对职能部门的利益产生“立竿见影”的直接影响。但是，职能部门的权力范围主要受制于纵向业务管理部门，而较少受到同级政府的影响。在权力清单编制过程中，主要领导者却是同级政府。因此，就会不可避免地出现职能部门在权力清单编制中的各种“舞弊”行为。

第三，从地方行政人员角度来看，行政职能部门作为权力清单编制的主体，具体的操作还需要各科室的行政人员来做。各科室的行政人员对于自身行政职权的认知在很大程度上决定了部门权力清单的内容。从有限理性的角度来看，每个行政人员都是从“个人”的角度来判断部门行政职权的内容事项，超出行政人员认知范围的权力事项很多是进不了权力清单的，这种个人的有限性决定了权力清单法律功能的有限性。在权力清单实际运行阶段，行政人员的观念和行为对于权力清单的功能发挥具有重要影响。行政人员是否知晓部门权力清单、是否看懂部门权力清单、是否依据权力清单行使职权等，都会影响到权力清单的权力制约功能。

第四，从人民群众角度来看，在权力清单的编制过程中，虽有部分地方政府开辟了公众建议渠道，但由于权力清单与人民群众的切身利益“还很遥远”，导致在权力清单编制过程中，人民群众几乎处于“缺席”的状态。但是，当权力清单编制完毕并对外公布之后，人民群众一旦受到行政侵权行为的伤害，大多数人就会将行政部门公布的权力清单作为维护自身权益的“武器”。在全面依法治国的背景下，在行政诉讼案件中，因为权力清单强化了人民群众的辩护力，地方行政部门行政败诉概率明显增加。行政败诉作为一个负向事件，对地方政府职能部门依法行政、依单行政行为起到了促进作用，使权力清单的制度功能经过人民群众的社会监督得以间接地发挥出来。

## 第三节 研究方法

### 一、文献法

权责清单制度的实施是由国家“自上而下”推行的，是在政务公开成为常态化的制度背景下进行的，各级政府，上至国务院下至乡镇（街道），与权力清单工作有关的政策文件、实施方案、调整机制以及权力清单，都可以轻易地在互联网上找到并下载，这为研究权力清单制度提供了很大的便利。

在科层制管理模式下，政府的重大行动都以“本本”为依据并体现在“本本”之中，这是科层制管理中文牍主义的鲜明体现。虽然从实践社会学的角度来看，政策文本与政策实践之间存在巨大的差距，但是在实证研究过程中，政策文本是理解地方政府行为的起点，正如刘世定谈到自己在苏南的县镇企业调查时所说，我们先要有一个“死”的制度，然后去发现“活”的制度。因此，研究权力清单制度，首先要把握政府机构在政策上的逻辑线索。自 2016 年以来，笔者陆续收集了国务院、各省级政府、部分地级市政府和县级政府有关权力清单制度推行的政策文件共计 276 个。为了便于比较和分析，笔者将这些政策文件根据政府级别、职能部门、地区的不同进行归类整理，建立起权责清单制研究的政策文件库，除部分政策文件以图片形式储存外，以文字形式储存的政策文件字数在 70 万字左右。如果不对这些政策进行全面梳理，就无法深入了解权责清单制度的全貌及其背后的变迁逻辑，而政策文件库为理解权责清单制度的出台过程及其变迁轨迹提供了坚实的支撑。

绝大多数地方政府部门的权力清单都在其门户网站上进行了公布。有关省级政府权力清单的差异性研究，也有多篇量化研究成果，但是对于县级政府权力清单的量化研究成果则较为少见。为了比较县级政府之间权力清单质量的差异性，笔者在 9 名 H 大学社会工作专业本科生的帮助下，采用事先建构的指标体系，对河南省 104 个县级政府公布的权力清单一一进行了评分。在每个县级政府公布的权力清单中，选择发展和改革委员会和教体局作为代表，收集了反映 104 个县级政府权力清单质量的一手数据。运用这些数据，将基层政府之间的权力清单质量差异予以精确化展示，并对其中的原因进行了初步探讨。

为了了解人民群众依单制权的实践逻辑，笔者在北大法宝 · 司法案例库中查找到与权力清单有关的司法案例 820 个，并将该 820 个司法案例的判决书全部下载下来，形成了 30 余万字的权责清单司法案例库，根据案由的不同将其进行归类整理，建立起权力清单司法案例库。通过对典型案例的分析，透视人民群众依单制权的行动逻辑以及权力清单在司法判决中的功能地位。

## 二、问卷调查法

为了收集权力清单制实施的行动者层面的信息，笔者通过线上和线下相结合的方式，对基层政府工作人员进行了问卷调查，线下调查时间较为分散，线上调查时间主要集中在 2021 年 5 月 8 日至 6 月 20 日，历时一个半月，基于问卷星平台（企业版）给予的技术支持。以 H 大学、郑州大学、河南师范大学在读或者已经毕业的公共管理硕士（MPA）学生为“种子”，再通过转发扩大调查范围，最终回收有效问卷 1182 份。其中，在党政机关或其派出机构工作的被访者有 704 人，占调查样本总数的 59.6%，成为研究分析的主要对象。事业单位工作人员有 384 人，占调查样本的 32.5%。工作于企业、社会组织或其他的被访者有 94 人，占调查样本的 8.0%。由于大多数事业单位、企业、社会组织没有实行权力清单制改革，其行政行为，可以作为与实施权力清单制度改革的党政机关工作人员进行对比分析。就目前工作于党政机关或其派出机构的 704 名被访者而言，其基本构成如表 3-1 所示，性别比例基本均衡，男性占比略高于女性。学历以本科为主，研究生占 23.0%。从行政职级来看，调查样本中科员和副科占比最高。从工作部门类型来看，政府系统占比最高（59.9%）。从行政层级来看，县（区）级占比最高（40.1%），其次是地市级（38.8%），乡镇（街道）级也有一定比重（17.6%）。总体来看，除了年龄偏低（平均值=33.6 岁）之外，样本各类型比例较为均衡，基本符合地方政府公务员的总体结构特征，样本具有较好的代表性。

**表 3-1　在党政机关工作的被访者基本情况统计（$n$=704）**

| 特　征 | 分　布 |
|---|---|
| 性　别 | 男（52.8%）　女（47.2%） |
| 年　龄 | 平均值=33.6 岁　最小值=23 岁　最大值=58 岁（$n$=484） |
| 学　历 | 大专及以下（7.3%）　本科（69.7%）　研究生（23.0%） |
| 行政职级 | 办事员（4.5%）　科员（57.7%）　副科（26.3%）　正科及以上（9.5%）　编外人员（2.0%） |
| 部门类型 | 党委系统（24.7%）　政府系统（59.9%）　人大、政协、群团等（15.4%） |
| 行政层级 | 乡镇（街道）级（17.6%）　县（区）级（40.1%）　地市级（38.8%）　省级或其他（3.5%） |

## 三、访谈法

除了“面”上的信息收集之外，本书还针对地方行政部门工作人员进行了深度访谈。由于每个访谈对象情况不同，因此访谈时间有长有短，最长的谈了三个小时，最短的通过微信语音聊天的方式持续了 20 多分钟。由于访谈对象主要是通过熟人圈介绍而得，具有很大的偶然性，所以，访谈的持续时间很长。从 2018 年笔者就开始有意地物色访谈对象，一直持续到 2021 年 6 月。在三年多的时间里，前后共访谈了 16 个地方政府部门的行政人员，分布在编制办、发展改革委、政府办、民政局等多个部门。采用无结构式访谈，围绕权力清单，以时间线索为主，让被访者回忆其参与经历，对其中发生的典型故事进行深度挖掘。访谈录音被整理成 3 万余字的文字材料。

# 第四章
# 行政权力的扩张

“二战”后，行政权力的扩张成为一种世界性趋势，即使在三权分立较为彻底的总统制国家中，立法、司法机构也无法阻挡总统权力的膨胀势头。改革开放以来，中国在民主集中制原则的指导下，建立起具有中国特色的权力约束体系。但是在推动改革的过程中，由于制度惯性以及外部环境的影响，政府行政权力呈现出有增无减的扩张趋势，其形成原因具有明显的多元性和结构性。行政权力的扩张使权力清单制度改革具有了强烈的问题意识。

## 第一节　文件与部门权力扩张

### 一、文件与权力

权力清单制度的主要目的是简政放权，其要解决的根本问题是政府机关行政权力的无序扩张。那么，中国各级政府部门的行政权力来源于哪里呢？从理论上来说，各级政府部门的行政权力来源于人民，人民政府及其各个职能部门要在各级人民代表大会的授权下执行公共事务的管理活动。但是，从行政管理的技术层面和实践层面来看，由于我国自改革开放以来一直处于经济社会发展的转型期，社会转型的深度、广度和速度都是史无前例的。在全面、快速的社会转型期，新情况、新问题大量涌现，对于刚从计划经济体制转变过来的政府而言，一切行政活动都以人大立法为依据，并不太现实。在此背景下，各级政府的行政权力来源，除了法律、法规之外，以各级政府部门发布的文件也成为行政权力行使的重要依据。地方政府拿出各种文件为自己干预社会经济活动的行为寻找合法性支持，人民群众在文件支持的“合法性”面前显得软弱无力，在各种文件面前，群众弄不清楚政府部门行政权力的边界到底在哪里。

文件并不是一个严谨的法律术语，这里泛指政府机关发布的通知、指示、命令等非立法性文件。长期以来，文件是各级行政机关实施行政管理活动的重要抓手。在中国，上至中共中央、国务院，下到乡镇（街道）政府，都有权制定文件，不同的只是权威的高低不同而已，当不同行政层级的文件出现矛盾时，以高层级政府部门制定的文件为准。上级政府或其职能部门的文件成为下级政府职能部门行政权力的重要来源和职权行使依据。

2008 年，河南省漯河市裴城镇人民政府下发《裴城镇关于加强秋季秸秆禁烧工作的紧急通知》（裴政〔2008〕37 号），该文件禁止全镇农户焚烧秸秆的行为，并制定了分类处罚措施，农户承包地焚烧或砍伐秸秆 1 亩以下的罚款 300 元，超过 1 亩的每亩罚款 500 元。对确因养殖、青储等需要而砍伐秸秆的农户，需要报镇“三秋”秸秆焚烧指挥部审批，交押金并领取“玉米秸秆砍伐证”之后方可进行。该文件下发后，导致全镇大多数农民的玉米无法按时收割，但也是“敢怒不敢言”，因为这种处罚行为有文件依据，即使告上法庭，也没有胜算，由此可以看出文件的“威力”。

## 二、文件制定的部门化倾向

一般情况下，文件是因应政府对社会经济管理的需要而制定的规范性文件。但是，由于各职能部门，特别是基层政府部门，在制定这些文件的时候没有经过严格的合法性和合理性审查，难以避免由于部门或个人私利而人为乱发文件的行为发生。2006 年，湖北省汉川市人民政府办公室下发了一个文件，文件的主要内容是为全市市直机关和各乡镇的农场下达喝酒任务，全市各部门全年喝“小糊涂仙”系列酒，价值总目标为 200 万元，完成任务的按照 10%奖励，完不成的通报批评。这种行政行为背后显示的是极个别权力部门用权行为的“任性”，想干什么就干什么，随意发文、随意授权，没有考虑文件下发后权力的行使对人民群众日常生活和基本权益的影响。

在国家层面，很多规章、制度已经用法律、法规的形式进行了相当明确的规定，各级政府部门只要依照法律、法规的要求行使职权就可以了，但是部分地方政府部门偏偏要针对国家的法律、法规再下一道“文件”，表面上是“贯彻执行”国家的法律和法规，实际上是通过文字游戏的方式让国家的法律、法规在地方执行中“走形变样”。

对于政府行政部门而言，只要制定文件就可以获得权力，是一个“低成本、高产出、无风险”的方式，在没有严格的外在约束情况下，文件的泛滥就成为必然。由于我国处在快速的社会转型时期，依靠文件治理具有一定的合理性，所以一直对政府机关制定文件没有进行专门的规范和约束，直到 2000 年才有了《中华人民共和国立法法》，开始着手对各级政府机关的文件发布行为进行法律上的规范和控制。例如，《立法法》的第八十条规定：没有法律或者国务院的行政法规、决定、命令的依据，部门规章不得设定减损公民、法人和其他组织权利或者增加其义务的规范，不得增加本部门的权力或者减少本部门的法定职责。在改革开放后的 20 世纪八九十年代，政府部门在发布文件方面没有严格的法律约束，即使没有国家层面的法律、法规支持，地方政府部门也可以通过制定部门规章来增加部门的行政权力。法律约束的缺失导致“部门立法”和“自我授权”的问题，助长了行政部门权力的无序化扩张。

从改革开放至 21 世纪初，中国地方政府部门的行政权力来源，各种文件式的自我授权占了相当大的比重。

## 三、文件的无期限使用

按照行政公文的格式，一般的文件是不需要标注有效期限的。但是，当文件成为行政执法依据时，无期限的文件的常年积累，就助长了行政部门“无限”膨胀。由于文件制定的法律制约不健全、不到位，导致文件的无期限适用问题。一些所谓的暂行规定，在执行中却是没有期限的。虽然一些地方政府明确规定了文件的使用期限，但是在执行的时候，仍然把极为陈旧的文件拿出来作为行使某项职权的依据。这就导致各级政府部门的行政职权呈现出有增无减的发展态势。

2006 年，广州市政府在全国首次做出了文件有效期不超过 5 年的规定。之后，全国各地政府也陆续制定了文件有效期不超过 5 年的规定。这从侧面说明，在 2006 年以前，文件无期限使用问题在全国各地的不同场合都不同程度地存在着。

2002年，国务院开始着手清理各种文件，在行政权力改革上大刀阔斧地“做减法”，大幅度地取消和调整政府部门的行政审批职权，而且越做力度越大，持续至今。这显示了党中央、国务院推行简政放权的战略定力。2002年，国务院取消的第一批行政审批项目一共有789项。其中，有两项行政审批职权来源于1978年制定的文件，分别是企事业单位自筹资金（除重大项目和国家明令限制之外）的港航设施更新改造项目审批、企事业单位自筹资金（除重大项目和国家明令限制之外）的基本建设项目审批。权力时效期达24年，这对于急速变迁的中国社会而言，明显滞后于时代发展步伐。从表4-1可以看出，1978—1990年有101项行政审批项目被取消，其设定依据的文件制定于1990年及其之前，说明在被取消的行政审批项目中，有10%以上的职权设定依据时效超过了十年。

**表4-1　国务院取消的第一批行政审批项目的数量（依据时间分布）**

| 制定年份 | 数量/项 | 百分比/% | 制定年份 | 数量/项 | 百分比/% |
|---|---|---|---|---|---|
| 1978 | 2 | 0.26 | 1991 | 45 | 5.76 |
| 1979 | 3 | 0.38 | 1992 | 55 | 7.04 |
| 1980 | 5 | 0.64 | 1993 | 48 | 6.15 |
| 1981 | 1 | 0.13 | 1994 | 46 | 5.89 |
| 1983 | 16 | 2.05 | 1995 | 58 | 7.43 |
| 1984 | 7 | 0.90 | 1996 | 65 | 8.32 |
| 1985 | 10 | 1.28 | 1997 | 62 | 7.94 |
| 1986 | 4 | 0.51 | 1998 | 55 | 7.04 |
| 1987 | 12 | 1.54 | 1999 | 99 | 12.68 |
| 1988 | 9 | 1.15 | 2000 | 69 | 8.83 |
| 1989 | 16 | 2.05 | 2001 | 60 | 7.68 |
| 1990 | 16 | 2.05 | 2002 | 18 | 2.30 |

资料来源：笔者整理。

## 四、文件成为权力不当使用的借口

贺卫和王浣尘将转型期行政部门的权力寻租行为分为三种：第一种是“无意的创租”，是政府为弥补市场不足，在干预经济生活时产生的租金；第二种是“被动创租”，是政府部门受利益集团的左右，通过并实施一些能给特殊利益集团带来巨额租金的法律、法规；第三种是“主动创租”，是政府部门或行政主体人为设置不必要的限制性条件，诱使或者迫使行政对象行贿。但是，无论哪一种寻租行为，它都要通过文件为自己的行为寻找合法性外衣。由于个别部门无秩序的文件制定行为，使地方政府很容易从相关政策文件中寻找到自身权力行使的依据。

职业资格证书由必要转变为过度，成为政府相关部门权力扩张的典型。随着就业竞争日益激烈，培训、考试、发证逐渐形成一个产业链条和灰色利益链，在相关利益主体的游说下，个别部门将职业资格证书作为就业、考核等刚性条件，导致资格证书成为权力寻租的工具而被不当使用。为了解决这一问题，中央的做法是直接取消，彻底地简政放权。自 2013 年以来，国务院先后分七批取消了 434 项职业资格许可和认定事项。

行政乱收费是地方政府将行政权力转化为经济利益的主要途径。面对权利意识逐渐增强的社会大众，地方行政部门不会再“毫无理由”地设立收费项目。当找不到适当的法律、法规依据时，那些不需要经过立法机构核准的“通知”“细则”“会议纪要”等就成为行政乱收费行为的“保护伞”。2016 年，陕西省安康市汤先生通过网上预选车牌号码的方式，选了一副号码为“G88C88”的车牌。当他高兴地到当地车管所办理牌照时，却被索要 8 万元的“靓号费”，收费依据竟然是 2005 年当地财政局和交警支队召开的一次会议的会议纪要。该案例反映了一个普遍存在的现象，即某些地方政府机关或企事业单位，以不具备任何法律效力的文件，就可以“名正言顺”地实施行政收费，文件成为其行政征收违法行为的“遮羞布”。

## 第二节　社会认知与行政权力扩张

### 一、对市场的不信任

新中国成立之后，人民政府通过社会主义三大改造建立起完备的计划经济体制。计划经济体制相信，通过政府的指令性计划可以更好地组织全社会的生产与消费活动，更好地达成社会主义的发展目标，它将市场等同于资本主义，认为市场会破坏社会主义制度的根本，通过行政强制手段禁止民间的市场交易活动。

改革开放后，邓小平同志大力提倡解放思想，在 1992 年的南方谈话中明确指出：市场经济不等于资本主义，社会主义也有市场。1992 年，党的十四大报告明确指出，我国经济体制改革的目标就是要建立社会主义市场经济体制。尽管如此，整个社会在从对市场的不信任到把市场经济作为改革目标的思想转变，还是需要一个较长的过程。而且，市场在调控经济的过程中，确实存在局限性甚至失灵的现象，有很多西方主流经济理论研究和解释市场失灵问题，例如，在放开部分商品的价格管制后，市场上就出现“官倒”现象以及物价上涨等问题，这加重了政府决策者对于市场的不信任感。

基于对市场的不信任感，政府职能部门仍然进行计划管制，通过行使多样化的管控职权，希望将市场的破坏性限制在可控的范围。

从 2002 年国务院开始取消的系列行政审批项目来看，很多是在 20 世纪八九十年代制定的有关价格目录、生产许可等。尤其是涉外经济这块，在有关商品进口配额、外商投资审查等方面，监管上的行政介入更加全面和深入。

## 二、行政父爱主义

父爱主义（Paternalism）又称为“家长主义”，是一个比喻性概念，界定不甚明确。在法学领域，有“法律父爱主义”称谓，在政治学领域，有“行政父爱主义”称谓。无论是法律父爱主义还是行政父爱主义，都是用来指称国家与社会之间的一种关系类型。在这种关系中，国家像父亲一样，怀着“天然”的“善意”去“管教”和“看护”自己的孩子——人民群众。

在西方自由主义思想家的眼里，父爱主义往往被视为一个负面的东西，认为它会主张国家或者政府打着“关爱”的幌子去侵犯公民的个人自由权。康德就认为：“如果一个政府建立的原则是对人们的仁慈，像父亲对他的孩子一样，换句话说，如果它是家长主义式的政府，这样的一个政府是能被人想象出来的最坏的政府。”匈牙利经济学家亚诺什·科尔内在分析经典社会主义体制时指出：官僚集团处于家长的位置，所有其他社会阶层、团队或个人都是孩子，作为他们的成年监护人，国家必须对“孩子”的心灵成长肩负起监督责任。虽然西方理论界对父爱主义多有贬抑，但是在政府或法律的具体实践中，父爱主义仍然极为常见。这就说明，父爱主义满足了社会特定方面的需求，在一定时期具有一定的合理性。

在中国传统儒家思想的话语体系中，政府官员被老百姓尊称为“父母官”，“爱民如子”成为民众对行政官员的褒奖。所以，行政父爱主义与中国传统文化具有很强的契合性。延续计划经济体制下的父爱主义传统，在渐进式改革进程中，政府经常以“善意”的方式为新兴市场主体进行“保护”式监管。

总之，由于受到中国传统文化观念以及计划经济体制时期父爱主义政府惯性的影响，改革开放以来，新兴市场主体存在脆弱性，地方政府管理实践，在很大程度上仍然受到父爱主义的影响。在此观念支配下，通过各种方式干预社会的行政权力就越来越多。2016 年，国务院副总理刘鹤在《21 世纪金融监管》（中文版）序言中指出，要改革和优化监管机制，应该拒绝监管上的“父爱主义”。

## 三、对政治安全的危机意识

改革开放后，虽然党和国家的工作中心从政治领域转移到经济建设上，但党中央从来没有忽视政治工作的重要性。1979 年，邓小平代表中共中央在北京召开的理论工作务虚会上做了题为《坚持四项基本原则》的讲话，为改革开放事业加持了一个刚性的政治前提。

20 世纪 80 年代，随着改革开放的深入推进，西方资产阶级自由化思潮对社会成员的思想和行为造成深刻影响。20 世纪 90 年代，国际局势动荡，中国作为社会主义国家，如何使社会主义制度在意识形态上占据理论和实践的高地，成为党和国家政治工作的主要目标。进入 21 世纪以来，西方某些国家出于自身地缘政治利益的需要，在世界各地策动“颜色革命”，大搞政权更迭，造成这些国家内部动荡，人民生活受到极大冲击。

有这些国内外鲜活的教训，党和国家在推进改革开放的进程中一直抱持着强烈的政治危机意识。在此影响下，如何从制度层面引导人们树立正确的思想导向，防范化解各种社会风险，就会不可避免地对社会成员的行为进行监督和管理。例如，在社会团体登记管理方面，出于政治安全的考量，必须有挂靠单位成为硬性条件之一。对于学术出版、公益性群众文化艺术活动、个人通过因私渠道出境进行文化活动、高校聘请境外知名人士为名誉教授等，都要经国务院主管职能部门的审批。

### 四、社会问题的倒逼机制

部门权力的形成与扩张，不仅反映了政府决策者的主观认知，也是社会成员集体观念的集中反映。在以人民利益为中心的中国共产党领导下，人民满意不满意是党和国家工作成功与否的重要标准。中国在渐进式的改革进程中，新事物、新现象层出不穷，当这些新事物、新现象超出了大多数人的观念限度时，就会引起人民群众的不满，社会问题因此产生。政府在回应这些问题时往往会出台相关管控文件，部门权力因此增加。

例如，2004 年，国务院公布了第三批取消和调整的行政审批项目，其中教育部取消一项有关“学校校舍、教室命名的审批”权限，该审批权的设定依据来自国家教育委员会于 1997 年颁发的《国家教育委员会关于学校校舍、教室命名的有关规定的通知》（教办〔1997〕18 号）。该通知的开头语是这样写的：“最近一个时期以来，在部分省市的中小学中，出现了以个体捐资者的名字命名教室、建筑物的现象，在社会上产生了不良影响。为加强大、中、小学校，特殊教育学校及幼儿园内各类建筑物和教室命名工作的管理，特作如下规定。”这就说明，该通知的发出，是因为社会上出现了以个体捐赠者名字命名学校教室、建筑物的现象，大多数人认为“不合适”，所以当时的国家教育委员做出了几条禁止性规定。随着这个文件的传达和生效，全国各级教育行政主管部门也因此拥有了对学校教室、建筑物命名相关的行政审批、行政强制以及行政处罚等权力。

## 第三节　行政职权不当使用与行政权力扩张

### 一、行政职权不当使用的原因

如果说文件是在行政职权扩张的入口处，那么不当使用职权则主要发生在权力运行阶段。基层公务员在行使上级政府赋予的行政职权时，往往会出现不当使用行政职权的行为，在实践层面把上级政府发布的相关政策文件所赋予的权力进行放大化甚至扭曲性使用，把制度权威转化为个人权力，导致基层政府部门行政职权在运行中的无序扩张。行政职权不当使用主要有以下几个方面原因。

**（一）自由裁量权**

所谓自由裁量权，是指政府机关和工作人员在进行行政管理活动时所拥有的有条件的行为选择权，即在一定程度内所享有的自由选择完成任务的方式方法的权利。在现代科层制管理体制下，基层工作人员的自由裁量空间是必然存在的，从管理技术方面是无法完全消除的。因此，赋予基层工作人员适当的自由裁量权，是科层制体制适应社会急速变化以及多元化需求的必然要求，它有利于提升科层组织的应变能力和适应能力，保持管理的活力和有效性。但是，在监管不力的情况下，自由裁量权会成为基层政府工作人员职权不当使用的温床。例如，行政处罚，国家规定的处罚区间在 500 元到 2 万元之间的话，作为基层行政执法人员，就有很大的选择空间，面对同等程度的违法事项，对于自己熟悉的人，他可以仅仅罚 500 元，而对于陌生人或者没有向其行贿的人，他就可以罚 2 万元，而且找不出任何程序上的不合法问题，基层职权部门“吃拿卡要”多因此而生。

**（二）人的自利性**

行政职权不当使用，从个人层面来讲，根本原因还在于机关行政人员的自利性。在市场经济下，个人的自利性是正当的。按照亚当·斯密的理论，个人的自利性最终能够提高整个国家的财富积累。但是，对于公共行政人员来说，以行政职权做损公肥私的事情则属于违法乱纪行为。尽管如此，在监管不力的情况下，当收益高于代价和风险的时候，就会有公共行政人员铤而走险，干起以权谋私的勾当。按照马克斯·韦伯的理论，在现代科层制机构中，个人的权力来源于法律制度的规定。如果完全按照国家相关制度规定行使职权，个人的权力是很小的。因为，此时，办事群众只要按照规定程序做就是了，没有必要向行政官员行贿了。对于有强烈牟利动机的公共行政人员来说，这样做的结果就是其拥有的权力“贬值”了，是他们最不愿意看到的情况。所以，出于牟利的考虑，他们会千方百计地把制度的“死权力”转化为自己手中的“活权力”，而转换的主要形式就是不当使用行政职权。

### （三）政策模糊性

中国是单一制的国家结构形式，对于地方政府而言，其行政权力主要来自中央政府的授权。对于一个幅员辽阔的国家来说，中央政府制定的法律、法规和政策性文件，由于要考虑到各个地区的差异性，一般都制定得较为笼统。而且，各级政府制定的法律、法规和政策性文件非常多，相互之间形成一种上位法、下位法的相互约束体系，作为非业内人士，根本无法掌握其全貌。在人民群众政策认知有限的情况下，基层政府工作人员可以有选择性地解释国家的相关政策，为自身违法违纪行为寻找政策上的合法性支持。例如，在交通运输行政执法中，《江苏省交通运输条例》规定："未经许可擅自从事出租汽车客运活动，由县级以上道路运输管理机构责令停止违法行为，有违法所得的，没收违法所得，处以违法所得二倍以上十倍以下罚款，没有违法所得或者违法所得不足五千元的，处以五千元以上三万元以下罚款。"如果有人未经许可从事出租车客运活动，那么作为一名交通执法人员来说，既可以做出 5000 元的下限处罚，也可以做出 3 万元的上限处罚。但是，交通运输部在出台的《关于规范交通运输行政处罚自由裁量权的若干意见》中提出了"过罚相当原则"，如果不看交通运输部的文件，仅按照江苏省的条例，即使做出过重的处罚，也会由于当事人不可能知道交通运输部的文件，而无从抗辩。

> （二）过罚相当原则：对违法事实、性质、情节及社会危害程度等因素基本相同的同类行政违法行为，所采取的措施和手段应当必要、适当，所适用的法律依据、处罚种类和幅度应当基本相同，行政处罚的种类、轻重程度、减免应与违法行为相适应，排除不相关因素的干扰，防止处罚畸轻畸重、重责轻罚、轻责重罚等。

在时间压力、空间嘈杂的街头环境下，这种纯文字性的表述，无法作为有力证据来与执法人员抗辩，最终结果就是行政执法人员随意挑选对其执法行为有力支持的政策文件、屏蔽那些对其的执法行为不利的政策文件。即使遇到"专业"的行政相对人抗辩，面对抽象的文字说明，也是百口莫辩。

### （四）权力运行不公开透明

从国内外经验来看，职权不当使用的主要原因在于社会无法对权力实施有效监督。权力运行的监督，最终要靠权力运行的透明化，让权力在阳光下行使，使每个社会成员都看得到。在一个阳光、透明的政务运行环境下，每一名行政工作人员就如同“明厨亮灶”中的厨师一样，一举一动都在社会大众的目光凝视下，做不好就要受到投诉和问责。

由于理念、技术等多方面的原因，地方政府在政务信息披露方面显得不足。2003 年的“非典”，中央深刻认识到政务公开的必要性。2007 年，国务院出台《中华人民共和国政府信息公开条例》，开启了中国政府透明化建设的进程。十多年时间过去了，中国的政务公开工作取得了有目共睹的成绩。但是在权力的运行环节仍然存有不足，人民群众无法实施有效的监督，这为基层公务人员的行政职权不当使用行为提供了便利和空间。

## 二、行政职权不当使用的类型

按照《中华人民共和国刑法》中对滥用职权罪的界定，滥用职权主要指国家机关工作人员故意逾越职权，不按法律规定处理公务。中国民间有句俗语：“规定是死的，人是活的。”国家政策规定虽然为基层政府机关工作人员的行政行为划定了清晰的边界，但行政人员在行使职权时候仍有很大的操作空间，特别是在有利可图的时候，操纵规定刁难群众的行政行为仍时有发生。

### （一）人为设置障碍，让群众办事变难

某些机关行政人员服务态度差，没有为民情怀，喜欢摆架子、耍官威。如果完全按照依法行政原则的话，群众只要按要求提交相关材料，工作人员就要无条件地为其办理。此时，这些机关行政人员的个人权力就无法显现。为了凸显自身权力的重要性，制造让群众求他们办事的老模式，机关行政人员的普遍做法是人为设置程序障碍。当快要下班的时候，他会说时间来不及了，明天再来办理吧。如果找个熟人通融一下，可能就能办理了。机关行政人员还会对办事群众提交的相关材料进行“挑刺”性的“审查”，如果有一点点“不合要求”，就得补交重办。此时，如果有熟人招呼可能也就“过关”了。各类“奇葩证明”都是基层行政人员人为设置

障碍，让群众求着他们办事的典型例证。尽管国务院三令五申取消各类“奇葩证明”，但是在调查中发现，目前基层派出所在为人民群众开具无犯罪证明的时候，仍然需要村委会开具证明或者介绍信。2013 年 10 月 11 日，中央电视台《焦点访谈》曝光两起政府工作人员刁难办事民众的个案。一是“北漂”小伙小周为办护照，返回老家衡水市武邑县达 6 次，多跑了 3000 公里。二是江苏省丰县的小狄为办理营业执照和法人执照，去当地工商部门跑了十几趟才办成。。人为制造障碍，让简单的事情难办起来，让群众从求助于法律规定转向求助于机关行政人员个人，行政人员个人的权力得到无限放大，而政府公信力和法律法规的权威则受到贬损。

### （二）“吃拿卡要”，让群众花钱办事

人为制造障碍，让群众办事变难，很多时候通过熟人疏通，欠个人情也就罢了。“吃拿卡要”则更严重，群众只有花钱才能把事情办成。所谓“吃拿卡要”，是指个别基层党政工作人员在行使行政职权的过程中，利用各种方式向群众索要好处的行为。2015 年，桔子水晶酒店集团 CEO 吴海在微信公众号上发出一封致总理的公开信《做企业这么多年，我太憋屈了》，文中谈到了基层政府要弄权力对辖区内企业的各种任意性处置。第一，罚款的自由裁量空间太大，通过“疏通关系”，罚款就能少一大部分；第二，各个部门之间对政策解读不一，变相揽权，过了这家的审批，那家却过不了，形成寻租空间；第三，在个别城市，企业还面临着送礼打点、行政摊派问题，这被称为“特种税”。据大河网报道，2020 年 8 月，河南省南阳市纪委通报了 5 起损害营商环境的典型案例。社旗县某食品公司和某新型材料公司在多次找南阳市生态环境局社旗分局局长郭玉办理企业环评审批手续未果的情况下，两公司负责人于 2019 年分别向郭玉送现金 0.7 万元、0.9 万元后顺利通过环评。2017 年，沈阳市纪委通报的一起“吃拿卡要”典型案例，具体如下：

> 沈北新区道义市场监督管理分局雨润所监管科原科长刘某向企业索贿问题。刘某借口群众举报，对某眼镜店实施突击检查，并以赔偿举报人为理由，向眼镜店店主索贿 4000 元以及四副总价值 700 元的眼镜。刘某受到留党察看一年、行政撤职处分。

此案例中的当事人刘某，作为市场监督管理局的领导，是有权对辖区眼镜店实施行政检查的。但是其目的不纯，以群众举报为借口，向店家索

贿。此案例绝不是特例，突出反映了在监督不力的情况下，基层政府工作人员可以在自己的行政职权范围“创造性”地做出各种设租、寻租行动，把上级政府赋予的行政职权异化为自己牟取私利的工具。

**（三）操纵执法标准，徇私舞弊**

某项政策执行下来，相同条件的人有大致相同的待遇，大家不会有意见，社区也就和谐了。但是，对于行政人员来说，这样做的结果无法显示其个人的重要性和权力。所以，基层行政人员在执法过程中，执法标准会被其人为地设置等级差异。那些有领导打招呼的，处罚最轻；有熟人打招呼的，处罚稍轻；直接行贿的按照行贿金额决定处罚的轻重；对于那些无权无势又不肯行贿的行政相对人，往往给予最重的行政处罚。最终导致的结果就是“同案不同罚”，人为制造群众的被剥夺感，催生求人说情、求人办事的权力个人化之风气。2021 年，海南省三亚市通报了七起不当执法司法行为典型案例，其中，原通什市（2001 年 7 月更名为五指山市）人民法院纪某某徇私舞弊暂予监外执行。纪某某在担任原通什市人民法院刑事审判庭庭长期间，无视国家法律，徇私情、私利，明知罪犯没有严重疾病，不符合暂予监外执行条件，却利用虚假报告，做枉法判决，造成三名罪犯脱管失控的严重后果，构成徇私舞弊暂予监外执行罪。由此案例可以看出，虽然国家对于暂予监外执行有明确的条件限制，但是在具体执行环节，某些行政领导把不符合条件的“操作”为符合条件的，当然背后的动机主要是徇私情和私利。

**（四）“钓鱼执法”，亵渎行政权力**

当群众小心翼翼，尽量不违反政府的各项规定时，有关行政人员手中的权力似乎就失去了发挥“威力”的机会，上级政府赋予的行政处罚权可能因为找不到足够多的行政违法案件而失去效力，使有强烈牟利动机的公共行政人员无利可图。此时，“钓鱼执法”这种新的职权不当使用行为就出现了。所谓“钓鱼执法”，是指当事人原本没有违法意图，但在执法人员的引诱之下，做出了违法活动。在欧美国家也有钓鱼执法行为，国外叫“执法圈套”（Entrapment），说明在监管不到位的情况下，任何国家、任何行政人员都有扩张个人权力的动机和行动。2021 年，广佛高速公路一岔道口违章频发，网友在处理罚单时，发现平台上显示此处有 62 万余名车主违章，总罚款超 1.2 亿元。另有网友观察发现，该路口三分钟之内就有 27 人违章。上海、黑龙江等地方，也查出了交通行政执法人员通过“钓鱼执法”引出私家车非法营运的案例。从各级政法委通报的违法案例中，“钓鱼执法”是其中最常见的一种形式。从理论上讲，没有违法案件是社会和谐的表现，当所有处罚性的规定都失效时，应该是社会治理最有效的标志。但是，它会导致具体行政工作人员个人权力的下降，通过“钓鱼执法”，把“失去”的权力重新“找”回来，成为行政职权不当使用的典型类型之一。

第五章

# 行政权力的自我收缩

行政权力的无序扩张挤压了市场主体的自由空间，与建立社会主义市场经济体制的目标相背离。2001 年，中国加入 WTO 之后，为了尽快适应全球规则，让中国企业享有“市场经济地位”，在全球市场开展公平竞争，中国政府开启了行政权力自我收缩的进程。中国政府在中国共产党的领导下，主动向市场和社会让渡权力空间，具有重要的现实意义和理论意义。

## 第一节　文件的规范与清理

### 一、为立法定规矩

法律是一种强制性规则，背后隐藏的是权力关系。对于任何公共部门来说，立法权是最大的权力，因为它可以界定社会成员行为的“对与错”，全国人民代表大会是我国最高权力机关。

由于中国的法治建设起步较晚，面对市场化改革进程中不断涌现的新问题、新情况，立法机关难以快速做出立法应对。在此背景下，行政机关基于自身对社会问题的深入了解，快速制定一些行政法规、部门规章、地方性法规，以党和政府的名义向社会发布，产生法律意义上的强制性效力，完成对转型期社会问题的及时回应与解决。

但是，在行政机关立法、部门立法的过程中，出现了立法无序、立法失范和立法冲突等问题。在某些领域，由于立法本身的程序缺乏规范性，或受到“地方主义”和“部门主义”的影响，越权立法、下位法与上位法相冲突的现象时有发生。立法行为的无限化扩张，反映的是行政机关权力的扩张，行政机关权力扩张的背后是部门利益的膨胀。

2001年，《中华人民共和国立法法》经九届人大三次会议审议通过。立法法的目的在于规范立法行为，通过立法权的上收和集中，限制以立法为名的行政权力扩张。

首先，立法法限制了行政法规的制定范围，其中，第八条规定了下列事项只能制定法律：

> （一）国家主权的事项；（二）各级人民代表大会、人民政府、人民法院和人民检察院的产生、组织和职权；（三）民族区域自治制度、特别行政区制度、基层群众自治制度；（四）犯罪和刑罚；（五）对公民政治权利的剥夺、限制人身自由的强制措施和处罚；（六）税种的设立、税率的确定和税收征收管理等税收基本制度；（七）对非国有财产的征收、征用；（八）民事基本制度；（九）基本经济制度以及财政、海关、金融和外贸的基本制度；（十）诉讼和仲裁制度；（十一）必须由全国人民代表大会及其常务委员会制定法律的其他事项。

上述法律规定的出台和实施，意味着行政机关不能再以行政法规的方式对诸如剥夺公民政治权利、限制公民人身自由、税务征收等行政事项做出强制性规定，而是需要通过立法机构以规范的立法程序做出。

其次，对国务院各部委的行政法规制定行为进行了全方位的限制，超脱于各行政部门的国务院法制办成为行政法规制定的管理主体。从《中华人民共和国立法法》第六十六条、第六十七条、第六十八条的具体内容可以清晰地看出，重要行政法规由国务院法制机构制定，如果国务院各部委认为某些管理事项确实有制定行政法规的必要性，则需要向国务院报请立项，国务院法制机构根据有关规定，对其申请行政法规的立项设计进行全面的评估和审查，经审查同意之后方能制定部门行政法规。

《中华人民共和国立法法》第六十六条、第六十七条、第六十八条内容如下：

> 第六十六条　国务院法制机构应当根据国家总体工作部署拟订国务院年度立法计划，报国务院审批。国务院年度立法计划中的法律项目应当与全国人民代表大会常务委员会的立法规划和年度立法计划相衔接。国务院法制机构应当及时跟踪了解国务院各部门落实立法计划的情况，加强组织协调和督促指导。国务院有

关部门认为需要制定行政法规的，应当向国务院报请立项。

第六十七条　行政法规由国务院有关部门或者国务院法制机构具体负责起草，重要行政管理的法律、行政法规草案由国务院法制机构组织起草。行政法规在起草过程中，应当广泛听取有关机关、组织、人民代表大会代表和社会公众的意见。听取意见可以采取座谈会、论证会、听证会等多种形式。行政法规草案应当向社会公布，征求意见，但是经国务院决定不公布的除外。

第六十八条　行政法规起草工作完成后，起草单位应当将草案及其说明、各方面对草案主要问题的不同意见和其他有关资料送国务院法制机构进行审查。国务院法制机构应当向国务院提出审查报告和草案修改稿，审查报告应当对草案主要问题作出说明。

2001 年，国务院又相继制定了《行政法规制定程序条例》《规章制定程序条例》《法规规章备案条例》，这些条例与立法法相互配套，对政府部门行政法规的制定行为进行全方位的规范和限制，结束了 20 世纪八九十年代行政法规制定中的无序状态。此外，立法法还从立法程序上对立法行为进行了规范和限制，确保制定的法律更好地体现人民的意志。在人大立法的程序方面，从法律案的提出、审议到通过和公布等各个环节都做出了详细规定。在审议环节，五届全国人大以前，对法律案的审议只有一次，从六届全国人大起改为两审，《中华人民共和国立法法》在第二十九条确定了“三审”制，对于体现立法的民主性具有重大意义。2015 年和 2019 年，《中华人民共和国立法法》相继进行了两次修订，但限制行政法规无序发展的目标没有改变。尤其是，2015 年的修订对地方政府部门规章的制定做出了更严格的限制性规定：没有法律、行政法规、地方性法规的依据，地方政府规章不得设定减损公民、法人和其他组织权利或者增加其义务的规范。

## 二、清理既有行政法规

除了扎紧文件制定的“口袋子”、管住行政法规无序扩张的“进水口”之外，对既存的文件也要进行审查和清理。2000 年，国务院办公厅印发《关于开展现行行政法规清理工作的通知》，拉开了 21 世纪清理文件的序幕。2004 年，国务院颁发《全面推进依法行政实施纲要》，指出要建立和完善行政法规、规章修改、废止的工作制度和规章、规范性文件的定期清理制度。从 2007 年起，国务院开始对各级政府及其职能部门已经制定的杂乱无章的文件进行系统性的清理。2007 年 3 月，国务院办公厅又下发了《关于开展行政法规、规章清理工作的通知》（国办发〔2007〕12 号），对现行行政法规，国务院各部门制定的行政规章，省、自治区、直辖市和较大市的人民政府制定的现行规章，进行一次全面清理。与现行法律、法规相抵触或被新的法律、法规所替代的，要明令废止；适用期已过或者实际上已经失效的，要宣布失效；与现行法律、法规不一致的，要予以修改。按照国务院法制办（2018 年 3 月，国务院机构改革，不再保留）的统计，“655 件现行行政法规、3031 件国务院部门规章和 9664 件地方政府规章总计 1.3 万余件行政法规规章，将被逐一清查”。经过近一年时间的清理工作，大批“高龄”文件被废止，从源头上遏制了行政权力的扩张。2008 年 12 月 23 日，河南省政府法制办公室对外公布了全省文件清理结果：一共清查文件 675033 件，其中，规范性文件 97504 件。经审查，这些规范性文件保留 46236 件，占 47.4%；修改 5491 件，占 5.6%；废止 45777 件，占 47.0%。2009 年，国土资源部宣布 20 个文件废止，其中，国土资源部从 1999 年到 2007 年间发布的通知有 19 个，批复有 1 个。

党的十八大以来，以习近平同志为核心的党中央继续推进文件的清理规范工作，将其作为全面依法治国的重要任务来抓。2015 年，国务院印发的《关于宣布失效一批国务院文件的决定》指出，从 2015 年起，国务院用三年时间，对新中国成立以来的国务院文件进行全面清理，同时宣布前一阶段清理的 489 件国务院文件失效。

2018 年，李克强总理在一次国务院常务会议上说：“改革就要从老百姓和企业日常最关心的身边事做起。现在许许多多的烦琐证明、循环证明甚至‘奇葩’证明，不仅让群众烦心，也让企业烦恼，必须下决心全面清理各类证明事项，让群众和企业不再为毫无必要的事情跑腿。”同年 6 月 28 日，国务院办公厅印发《关于做好证明事项清理工作的通知》（国办发〔2018〕47 号），要求各部门对本部门规章和规范性文件等设定的各类证明事项进行全面清理，尽可能予以取消。对于可直接取消的证明事项，立即做出停止执行的决定，同时启动对相关部门规章和规范性文件的修改工作，对于没有必要存在的文件，直接宣布废止。对于那些应该取消但立即取消有一定困难的证明事项，应该加快修正步伐，确保最迟在 2018 年底前全部取消。对于个别有必要保留的证明事项，要在广泛征求各方意见、充分调查和深入论证的基础上，通过提请制定或修改法律、行政法规等方式予以设定。

国务院还要求各地区对行政部门要求人民群众提供的证明事项进行全面、系统的梳理，逐条进行分析和论证，做出哪些证明事项需要取消、哪些证明事项需要保留以及保留的充足理由，撰写地方证明事项取消、调整的报告书，于 2018 年 9 月底前报送司法部。同时，对地方政府在没有地方性法规支持下、自行设定的证明事项，采取一律取消的态度，时间节点是 2018 年底。

按照国务院法制办公室协调司处长徐志群的观点，自新中国成立以来，国务院对法规规章一共进行了 4 次全面清理和 6 次专项清理。1955 年进行了第一次全面清理；1983 年，进行了第二次全面清理，此次清理耗时四年，力度很大，对 1949 年至 1984 年底发布的 3000 件行政法规、约二万件国务院部门规章、约二万件地方性法规和地方政府部门规章进行了全面清理；1994 年，进行了第三次全面清理；2000 年，进行了第四次全面清理。按照此种划分方法，2007 年和 2015 年开启的全面清理应分别视为第五次全面清理和第六次全面清理。

不管如何划分历史分期，这些行政法规的清理行为，都是在中国共产党的主导下进行的，由国务院"自上而下"进行强制性的推动，着力点在于战略性地解决了中国特定历史阶段的社会问题，是党和政府主动收缩行政权力、赋权社会的表现。尤其是进入 21 世纪以来，全面清理和专项清理交替、密集进行，具有很强的前后连续性，其深度和广度不亚于 1983 年的第二次全面清理。而且，最新的清理行动是在改革开放进入"深水区"，各种利益格局定型、固化的背景下实施的，推动的阻力和难度更大，其理论意义更值得深究。

## 第二节　行政职权事项的大幅缩减

### 一、行政审批事项的取消和调整

行政审批，是指国家行政机关审核并决定是否批准相对一方某种要求的行政活动。行政审批意味着行政机关具有决定公民能否从事某种活动的权力，它是政府规制行为的重要手段之一，是世界各国政府干预市场、管理社会的一种通行做法。在市场领域，开办企业需要政府部门的审批。在价格管制条件下，任何一种产品的定价都需要政府物价部门的审批。在社会服务领域，成立一个社会组织，举办一项大型公益活动，都需要政府部门的审批。我国的行政审批制度存在的主要问题有：行政审批权过多、审批程序不透明、审批结果不公正、审批效率低下、重审批轻监管等。

行政审批权无序扩张，导致群众干事处处受阻，导致了市场竞争的不公平，不利于我国应对加入 WTO 之后的各种挑战。因此，从 2002 年开始，国务院开始着手进行行政审批制度改革，分批次取消行政审批事项，以此释放市场与社会的活力，如表 5-1 所示。2002—2012 年，国务院在十年时间里陆续取消、调整或下放六批行政审批项目，六个批次一共取消行政审批项目 1992 项，下放 117 项，调整 326 项。2012 年底，党的十八大召开，以习近平同志为核心的新一届党中央领导集体，将行政审批权的缩减向纵深推进。仅 2003 年，国务院就三次下文，一口气取消了三批行政审批项目，一共取消行政审批事项 165 项，下放行政审批项目 66 项。而且，被取消的行政审批项目，“含金量”更高。例如，取消了对企业投资扩建民用机场项目的核准，以及对企业投资城市轨道交通车辆、信号系统和牵引传动控制系统制造项目的核准。即使在西方国家，出于国家安全等方面的考虑，这些公共基础设施投资项目也会设置各种前置门槛。

除此之外，行政审批改革的着力点也在不断扩展。2015—2017 年，国务院三次下文，清理规范 289 项行政审批中介服务事项。实际上，行政审批中介服务是行政审批权的衍生环节，即使行政审批权被取消了，各类中介评估环节也没有减少，大大冲减了行政审批制度改革的效果。2015 年，李克强总理在国务院常务会议上指出：“我到一些地方考察，有些企业反映，现在表面看起来审批项目是简化了，但真要办事，还需要经过层层的中介服务。有些中介机构戴着政府的帽子，拿着市场的鞭子，收着企业的票子！”这些中介服务其实都是政府部门通过文件“制造”出来的。例如，按照《中华人民共和国教育促进法》的规定：民办本科高校的设立需要提交由会计师事务所或审计师事务所出具的资产审计报告。既然国家法律有规定，那么教育行政部门就可以名正言顺地要求新开办民办高校出具资产审计报告。从表面上看，这一切都是合规的，但是如果诸如环评、能评、水评、震评、安评等中介机构参与其中，就会形成一种不合理却合规的既得利益格局，唯一的利益受损者是社会大众。如果没有足够超脱性的权威力量介入，这种格局极难打破。但是，在党的坚强领导下，仅用三年多的时间，就基本解决了行政审批中介服务中的“乱象”。

2015 年之前，行政审批权缩减主要集中在国务院层面，地方政府虽有动作但力度明显不够，并且仅有部分行政审批权被下放到了地方政府。2015 年和 2016 年，国务院先后两次下文，一共取消中央指定地方政府实施的行政审批事项 214 项，这就把行政审批权的缩减从国务院层面直接延伸向地方政府，促进了“自上而下”系统性的行政审批权缩减。

**表 5-1 国务院历次取消/清理的行政审批项目一览**

单位：项

| 序号 | 文件名称 | 年度 | 取消/清理数量 | 下放数量 | 调整数量 |
|---|---|---|---|---|---|
| 1 | 《国务院关于取消第一批行政审批项目的决定》（国发〔2002〕24 号） | 2002 | 789 | 0 | 0 |
| 2 | 《国务院关于取消第二批行政审批项目和改变一批行政审批项目管理方式的决定》（国发〔2003〕5 号） | 2003 | 406 | 0 | 86 |
| 3 | 《国务院关于第三批取消和调整行政审批项目的决定》（国发〔2004〕16 号） | 2004 | 385 | 46 | 39 |
| 4 | 《国务院关于第四批取消和调整行政审批项目的决定》（国发〔2007〕33 号） | 2007 | 128 | 0 | 58 |
| 5 | 《国务院关于第五批取消和下放管理层级行政审批项目的决定》（国发〔2010〕21 号） | 2010 | 113 | 71 | 0 |
| 6 | 《国务院关于第六批取消和调整行政审批项目的决定》（国发〔2012〕52 号） | 2012 | 171 | 0 | 143 |
| 7 | 《国务院关于取消和下放一批行政审批项目等事项的决定》（国发〔2013〕19 号） | 2013 | 84 | 20 | 0 |
| 8 | 《国务院关于取消和下放 50 项行政审批项目等事项的决定》（国发〔2013〕27 号） | 2013 | 28 | 17 | 0 |
| 9 | 《国务院关于取消和下放一批行政审批项目的决定》（国发〔2013〕44 号） | 2013 | 53 | 29 | 0 |
| 10 | 《国务院关于取消和下放一批行政审批项目的决定》 国发〔2014〕5 号 | 2014 | 45 | 19 | 0 |
| 11 | 《国务院关于取消和调整一批行政审批项目等事项的决定》（国发〔2014〕27 号） | 2014 | 47 | 48 | 0 |

续表

| 序号 | 文件名称 | 年度 | 取消/清理数量 | 下放数量 | 调整数量 |
|---|---|---|---|---|---|
| 12 | 《国务院关于取消和调整一批行政审批项目等事项的决定》（国发〔2014〕50号） | 2014 | 124 | 17 | 82 |
| 13 | 《国务院关于取消和调整一批行政审批项目等事项的决定》（国发〔2015〕11号） | 2015 | 152 | 0 | 21 |
| 14 | 《国务院关于取消非行政许可审批事项的决定》（国发〔2015〕27号） | 2015 | 63 | 0 | 0 |
| 15 | 《国务院关于第一批取消62项中央指定地方实施行政审批事项的决定》（国发〔2015〕57号） | 2015 | 62 | 0 | 0 |
| 16 | 《国务院关于第一批清理规范89项国务院部门行政审批中介服务事项的决定》（国发〔2015〕58号） | 2015 | 89 | 0 | 0 |
| 17 | 《国务院关于第二批取消152项中央指定地方实施行政审批事项的决定》（国发〔2016〕9号） | 2016 | 152 | 0 | 0 |
| 18 | 《国务院关于第二批清理规范192项国务院部门行政审批中介服务事项的决定》（国发〔2016〕11号） | 2016 | 192 | 0 | 0 |
| 19 | 《国务院关于第三批清理规范国务院部门行政审批中介服务事项的决定》（国发〔2017〕8号） | 2017 | 17 | 0 | 0 |
| 合计 | | | 3100 | 267 | 429 |

资料来源：笔者整理。

## 二、行政许可事项的取消

2003年，为规范行政机关的行政许可行为，全国人大常委会审议通过了《中华人民共和国行政许可法》。所谓行政许可，是指行政机关对行政相对人提出从事某种活动的申请进行依法审查，准予其从事特定活动的行为。行政许可的主体是国家行政机关，对象是公民、法人或其他社会组织，内容是准予申请人从事特定活动。

行政许可典型地体现在行政机关对公民从事职业的资格许可上。1994年，八届全国人大常委会八次会议通过了《中华人民共和国劳动法》，其中第六十九条规定：国家确定职业分类，对规定的职业制定职业技能标准，实行职业资格证书制度，由经过政府批准的考核鉴定机构负责对劳动者实施职业技能考核鉴定。这一规定赋予了相关职能部门两项重要权力：制定职业技能标准和批准考核鉴定机构。进入21世纪以来，在就业形势日益严峻、竞争日益激烈的背景下，各职能部门、行业协会从需求端和供给端同时发力，在需求端，首先制定各自行业的技能标准，其次强制性地要求相关组织在招录职员时对职业资格证书的门槛性要求；在供给端，通过指定考核鉴定机构，催生出考试、教辅、发证等庞大的利益链条，使中国的职业资格证书制度产生"路径依赖"。在有利可图的情况下，各部门、各行业协会甚至国外职业鉴定机构等都参与其中，职业标准越来越多、越来越细。截至2014年，全国有各类职业资格证书2000多种，个别职业资格证书甚至出现"挂靠"的乱象。

2014年，国务院开启了对职业资格证书的"大清理"。如表5-2所示，2014—2016年，国务院连续七次下文，一共取消各种职业资格许可和认定事项434项。按照国务院人力资源和社会保障部的统计，职业资格证书缩减了70%以上。在短短三年的时间里，通过缩减行政部门行政许可职权，剪断了围绕职业资格证书形成的各种利益链条。这种改革的魄力和速度，体现了中国特色的权力制约模式，鲜明地体现了中国特色社会主义制度优势。

**表5-2 国务院历次取消的行政许可项目一览表**

单位：项

| 序号 | 文件名称 | 年度 | 取消数量 |
| --- | --- | --- | --- |
| 1 | 《国务院关于取消和调整一批行政审批项目等事项的决定》（国发〔2014〕27号） | 2014 | 11 |
| 2 | 《国务院关于取消和调整一批行政审批项目等事项的决定》（国发〔2014〕50号） | 2014 | 67 |
| 3 | 《国务院关于取消和调整一批行政审批项目等事项的决定》（国发〔2015〕11号） | 2015 | 68 |
| 4 | 《国务院关于取消一批职业资格许可和认定事项的决定》（国发〔2015〕41号） | 2015 | 62 |
| 5 | 《国务院关于取消一批职业资格许可和认定事项的决定》（国发〔2016〕5号） | 2016 | 61 |
| 6 | 《国务院关于取消职业资格许可和认定事项的决定》（国发〔2016〕35号） | 2016 | 47 |

续表

| 序号 | 文件名称 | 年度 | 取消数量 |
| --- | --- | --- | --- |
| 7 | 《国务院关于取消职业资格许可和认定事项的决定》（国发〔2016〕68 号） | 2016 | 114 |
| 合计 | | — | 434 |

资料来源：笔者整理。

## 三、行政事业性收费项目的取消

对于个人或者工商组织来说，在经济紧张的情况下，正常的做法是通过自身的“生产性”劳动获取经济资源。对于公共行政部门来说，在财政紧张的情况下，会利用掌握的权力向社会征税或者收费。2008 年，国际金融危机的爆发导致美国地方政府财政吃紧，引发行政乱收费行为。2010 年，美国时任总统奥巴马欲向大型金融机构征收“金融危机责任费”来弥补政府金融救助基金的不足，但向富人集团征收行政费用，遇到的社会阻力要远远大于向社会大众征收费用。

即使在财政状况不紧张的时候，某些行政部门或者个人，基于逐利的人性弱点，也会想方设法地动用行政权力实施乱收费行为，把行政权力转变为物质利益。因此，能否遏制行政机关及其工作人员的乱收费行为，成为政府廉洁度的一个重要指标。行政收费属于一种行政征收行为，具有其必要性。在世界各国政府的财政收入中，行政收费都占有一定的比重。但前提是行政收费行为必须具有充分的法律依据，在法律、法规的授权下进行，不能随意设立行政收费项目、扩张行政征收对象范围、提高行政收费标准；否则最终结果一定是行政乱收费，严重侵害社会成员的财产权。

地方政府部门的行政收费从“个别现象”发展到“乱象”，不是一朝一夕就形成的，而是一个长期的历史积累过程，其间存在着部门、地区以及行政人员个体之间的相互模仿、相互竞争。实际上，20 世纪 80 年代末 90 年代初，在市场经济建设仍然处于探索期、法律制度不完善的背景下，一些地方行政部门就开始零星地设立各种乱收费项目。1990 年，行政乱收费问题已经受到中央政府的注意，中共中央、国务院出台了《关于坚决制止乱收费、乱罚款和各种乱摊派的决定》。自此之后，治理乱收费成为中央政府一项经常性的工作。一方面，反映了国家治理行政乱收费行为的决心和定力；另一方面，反映了治理的长效性机制没有形成，出现了“割韭菜”效应，所以不得不隔几年就下重拳治理一下。

行政乱收费加重了企业和家庭的负担，不利于市场经济的发展和社会主义和谐社会的建设。进入21世纪以来，党中央、国务院又一次加大了对行政乱收费的治理力度，治理手段主要有两个。

一个治理手段是公布行政收费目录，目录之外的行政事业性收费项目一律取消。自1998年起，财政部每年都要发布《年度全国性及中央部门和单位行政事业性收费项目目录》。2014年，财政部又下发《关于进一步完善行政事业性收费项目目录公开制度的通知》（财综〔2014〕56号），将所有收费项目纳入目录管理，实行常态化的目录公开制度，并明确指出：凡未纳入收费项目目录和涉企收费目录清单的收费项目，公民、法人和其他社会组织可拒绝支付。从时间逻辑来看，是先有取消后有目录，因为在取消一批行政事业性收费项目之后，原来的收费项目总数就减少了，为了便于行政部门的执行和社会大众的监督，根据取消后的新情况制定一个行政事业性收费目录。例如，1998年，财政部发布第一个《1998年全国性及中央部门和单位行政事业性收费项目目录》，其直接政策诱因是财政部、原国家计委于1997年发布的《财政部、国家计委关于公布取消第一批行政事业性收费项目的通知》（财综字〔1997〕170号）。

另一个治理手段是大幅度地取消行政收费项目。1997年，财政部下发通知取消了“猎枪证”工本费等29项行政事业性收费项目，拉开了中央政府在行政事业性收费治理中“做减法”的大幕。2004年，国家发展改革委和财政部下发《关于清理行政机关和事业单位有关收费的通知》，明确了“一律取消”的八种情况，并对各地方政府的行政收费项目清理工作进行统一部署。取消工作分为两类。

一类是针对企业的，如《财政部、国家发展改革委关于取消部分涉企行政事业性收费的通知》（财综〔2011〕9号）、《财政部、国家发展改革委关于免征小型微型企业部分行政事业性收费的通知》（财综〔2011〕104号）、《财政部、国家发展改革委关于公布取消253项涉及企业行政事业性收费的通知》（财综〔2011〕127号）等，为企业减负，缓冲经济下行压力。

另一类是针对社会大众的，也是取消幅度最大的一类。据不完全统计，自2008年以来，除了针对某些领域小规模的取消行政事业性收费项目外，较大范围取消行政事业性收费的政策文件主要有7个，一共取消586项行政事业性收费项目。其中，2008年的幅度较大，一次性取消了100项行政事业性收费项目。义务教育杂费、义务教育借读费等群众熟知的收费项目都是在2008年被取消。在取消的100项行政事业性收费项目中，各种工本费占比最大，如教育部门取消的行政事业性收费项目有10项，其中有四项就是各种证书的"工本费"，如学位证书的工本费、高等学校文凭的工本费等。目前，从媒体报道来看，仅有个别民办高校还存在违规收取学位证书工本费的情况，公办高校不再存在这方面问题。2013年，党中央以更大力度推进行政事业性收费项目的取消工作，一次性取消了314项行政事业性收费项目。

**表5-3　财政部取消行政事业性收费项目主要政策文件一览**

单位：项

| 序号 | 文件名称 | 取消数量 |
| --- | --- | --- |
| 1 | 《财政部、国家发展改革委关于公布取消和停止征收100项行政事业性收费项目的通知》（财综〔2008〕78号） | 100 |
| 2 | 《财政部、国家发展改革委关于取消部分涉企行政事业性收费的通知》（财综〔2011〕9号） | 31 |
| 3 | 《财政部、国家发展改革委关于公布取消和免征部分行政事业性收费的通知》（财综〔2012〕97号） | 30 |
| 4 | 《财政部、国家发展改革委关于公布取消和免征一批行政事业性收费的通知》（财综〔2013〕67号） | 33 |
| 5 | 《财政部、国家发展改革委关于公布取消314项行政事业性收费的通知》（财综〔2013〕98号） | 314 |
| 6 | 《财政部、国家发展改革委关于取消和暂停征收一批行政事业性收费有关问题的通知》（财税〔2015〕102号） | 37 |
| 7 | 《财政部、国家发展改革委关于清理规范一批行政事业性收费有关政策的通知》（财税〔2017〕20号） | 41 |
| 合计 | | 586 |

资料来源：笔者整理。

## 第三节　向社会让渡权力

### 一、事业单位改革

新中国成立后，在党的领导下，我国通过社会主义三大改造，建立起社会主义计划经济体制。在计划经济体制背景下，市场的空间受到压缩，社会面之间的横向商品交换行为被严厉禁止，社会力量被整合进了全能主义政治体系中，成为一个“总体性社会”，“社会的政治中心、意识形态中心、经济中心重合为一”。在计划经济体制下，一些原来由社会组织承担的自我管理、自我服务、自我发展等事务，统统被“单位”所吸纳。以沃德为代表的国外学者，在研究中国“单位制”的实践中，把注意力主要放在了国有企业上，而像学校、医院、图书馆、剧团等承担社会职能的事业单位则较少关注。

改革开放之后，随着公有制企业的改制，市场的力量得到充分释放，但由于事业单位改革滞后，市民社会的力量受到抑制，社会自我管理、自我发展的能力一直处于较弱的状态。在此背景下，从党的十六届三中全会提出建立社会主义和谐社会开始，党中央开始注重社会的建设。尤其是党的十八大以来，以习近平同志为核心的党中央，提出了从社会管理向社会治理的转变，通过自我权力收缩，向社会释放活力。

2011 年，中共中央、国务院发布了《关于分类推进事业单位改革的指导意见》。文件要求，对于事业单位改革，首先要做的仍然是“瘦身”，有两种做法。第一种做法是取消，主要针对那些没有按照规定而随意设立的事业单位，以及特定任务已经完成、没有必要继续存在的事业单位；第二种做法是整合，主要针对那些布局不合理、小而散、职责重复、任务不足的事业单位。在中央全面部署下，各地事业单位改革全面铺开。2011 年，山西省太原市对市直 88 个部门所属的 851 个事业单位进行了全面梳理，经过反复研究和磋商，一共撤销事业单位 40 个，合并事业单位 86 个，待转企事业单位 63 个，全市 10 个县（区）共有 2474 个事业单位，拟撤销 84 个，拟转企 25 个。广东省湛江市的事业单位改革力度更大，经过事业单位分类改革，市属事业单位的数量从 455 个减少至 257 个，减少近 50%。从经济角度而言，这些被撤销、转制或合并的事业单位，可能很多是地方政府的“财政包袱”，通过体制的剥离，直接减少了财政供养人员，减轻了政府的财政支出压力。但是，从政治动员或权力施展角度来看，这些被剥离的事业单位，都是政府可以直接掌控和使用的资源，随着政事分开，政府直接掌控的组织资源、人力资源、文化资源可能会大大缩减，行政权力直接施展的空间也会大大压缩。因此，事业单位改革，属于“放管服”改革的一部分，本质上是政府行政权力自我收缩的体现。

其次是在清理规范的基础上，对现有事业单位的社会功能进行分类，主要有行政管理、生产经营和公益服务三个类别。其中，公益服务又根据是否有一定程度的市场介入再细分为公益一类和公益二类。公益一类禁止任何市场元素介入，由政府全额拨款支持，如义务教育、基础性科研、公共文化等；公益二类可由市场部分介入，如高等教育、非营利医疗等，但必须服务于公益目标。

对于公益二类事业单位，改革的大方向是“放权”和“松绑”，让其成为市场领域或社会服务领域的竞争主体。2016年，财政部、中央机构编制委员会办公室下发《关于做好事业单位政府购买服务改革工作的意见》（财综〔2016〕53号）指出，到2020年，全国现有的公益二类事业单位承担并且适宜由社会力量提供的服务事项，将全部转为通过政府购买服务方式提供，原来的财政拨款改为政府购买服务，实行合同制管理。事业单位主要通过购买政府服务的方式获取政府财政支持，深刻改变了政府与事业单位之间的关系。同时，在人事制度改革方面，虽然推进缓慢，但从事业编向合同编的转型是大势所趋。这就意味着，中国大多数公益二类事业单位的最终归宿可能为有别于国家与市场的第三部门。这对于构建共建、共治、共享的社会治理新格局具有重要意义。

与20世纪八九十年代的企业改制一样，事业单位改革也是政府主动自我“瘦身”的结果，这与欧美国家的国家与社会之间的对抗性博弈完全不同，背后的逻辑既有经济的考虑，可以减少政府的财政负担；又有政治的考虑，可以提升政府的管理效能；还有社会的考虑，可以提高社会的自组织能力。

## 二、社会组织培育

按照第三部门的理论，在一个社会中，有三种重要的力量影响着人民群众的生活，即国家、市场与市民社会。国家的载体主要是政府机关，其行动遵循权力逻辑；市场的载体是企业，其行动遵循利益逻辑；市民社会的载体是社会组织，其行动遵循互助的逻辑。由于三个部门的行动逻辑不同，因此三个部门之间的关系存在张力。从世界历史来看，三个部门之间的力量平衡需要很多条件，冲突往往成为三个部门关系的常态。

如果从博弈论的角度来看，三个相互博弈的部门，任何一方都会想方设法地壮大自身的力量、削弱对方的力量，以增加在三方博弈中的制胜筹码。在19世纪，欧洲工人阶级从罢工转向武装起义，反抗资产阶级的统治，经过漫长的斗争才逐渐发展成为能够抗衡国家和市场的社会力量。

改革开放以来，由于行政化和市场化的双重抑制，中国市民社会的力量一直处于较为弱小的状态。在此背景下，党中央以高度的政治自信，主动让渡权力空间，承担起培育、发展社会组织的责任。

长期以来，对于社会组织的成立表现得较为敏感和慎重，对社会组织的成立设置了严格的审批程序。要成立社会组织，必须先找到所在领域的行政职能部门作为业务主管单位；只有得到业务主管单位审批，民政部门才同意登记注册。

从政治安全的角度来看，行政职能部门领导人一般对于社会组织的“挂靠”持谨慎态度。这就导致国内很多社会组织无法获得正式的法人身份，活动和发展受到限制。一个极端案例就是民间艾滋病预防组织“你好，志愿者”，该组织成立于2005年，在七年的时间里历经多次改名、变换挂靠单位，经过近十次的申请努力，都未能登记注册。

因此，社会组织的培育和发展首先从放宽入口开始。2003年，中共十八届三中全会通过的《中共中央关于全面深化改革若干重大问题的决定》提出，重点培育和优先发展行业协会商会类、科技类、公益慈善类、城乡社区服务类社会组织，成立时直接依法申请登记。同时，与减少对工商企业的行政审批一样，民政部对于社会组织的行政审批也进行了简化，取消了社会团体筹备成立、社会团体和基金会设立分支机构的审批，将异地商会和基金会登记成立的审批权从省级民政部门下放至县级以上民政部门。登记门槛的放宽，释放了社会组织登记成立的需求。如图5-1所示，从2012年开始，全国登记注册的社会组织数量呈现大幅增长态势。截至2019年底，全国社会组织数量达到86.63万个，其中社会团体为37.16万个，占社会组织总数的42.9%；民办非企业单位有48.71万个，占全国社会组织总数的 56.2%；基金会有 7585 个，占全国社会组织总数的 0.9%。

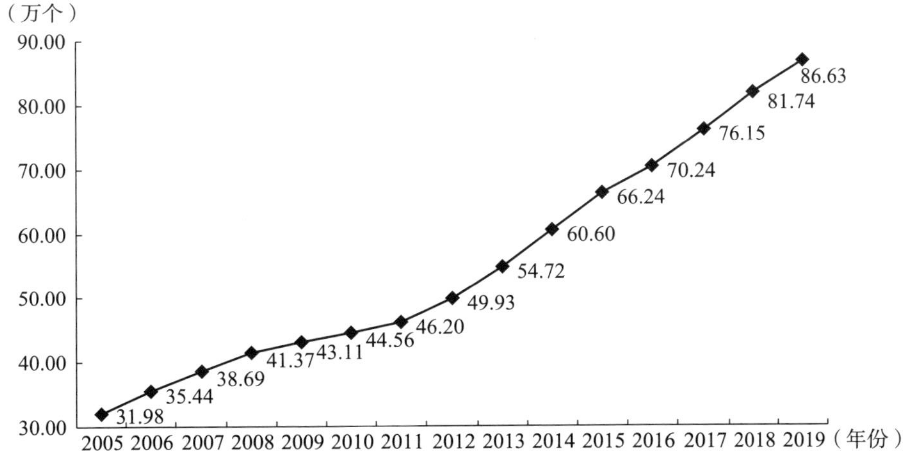


**图 5-1　2005—2019 年全国登记注册的社会组织数量增长趋势**

资料来源：《中国统计年鉴 2020》。

社会组织有了正式身份之后，经费成为其面临的迫切问题。对于解决社会组织经费缺乏问题，国家的解决思路主要有两条。一是通过政府向社会力量购买服务，让社会组织有事做、有经费拿。2012 年，民政部、财政部下发《关于政府购买社会工作服务的指导意见》。2013 年，国务院办公厅下发《关于政府向社会力量购买服务的指导意见》，将基本公共服务、社会管理性服务、行业管理与协调性服务、技术性服务、政府履职所需辅助性事项等纳入政府购买服务指导性目录，实施购买服务。

二是通过立法，鼓励企业向社会组织捐赠，为社会组织开辟第二条财源。2016 年，《中华人民共和国慈善法》由第十二届全国人民代表大会第四次会议审议通过。对社会组织的慈善募捐行为进行法律上规范，对于企业或个人的慈善捐赠行为给予鼓励，该法第八十条规定：自然人、法人和其他组织捐赠财产用于慈善活动的，依法享受税收优惠。不仅如此，慈善组织及其取得的收入依法享受税收优惠（第七十条）。在党中央“自上而下”号召企业履行社会责任的舆论导向下，中国企业的慈善捐赠行为日益增多，为社会组织开展各类公益服务活动提供了经济支持。

社会组织在有了充足的经费之后，还面临人手不足的问题。人工成本的增加对于中国社会组织的发展构成巨大压力。为了解决这个问题，党中央的思路是发展壮大志愿者队伍，将志愿者充实到社会组织的专业服务中去。2017 年，《志愿服务条例》的颁布实施，就是着眼于解决社会组织人手不足的问题。为了从更高层次上统筹全国志愿服务事业的发展，全国志愿服务的领导机构由原来的共青团转移到文明委。在各地的文明创建活动中，志愿服务得到了长足发展。

## 三、司法体制改革

地方行政领导干部的权力主要体现在两个方面。一是掌握着各种可以影响社会成员经济利益损益的政策权力，如行政审批。二是个别领导干部通过打招呼、批条子的方式干预司法审判。党的十八大以来，我国首先在司法系统掀起问责风暴。

2013 年，党的十八届三中全会提出要深化司法体制改革，加快建设公正高效权威的社会主义司法制度。改革的重点是去行政化和超越地方主义，在地方行政权力与司法审判权力之间筑起一道“高墙”，缩小行政权力不当使用的空间。

首先，完善司法责任追究机制。2014 年，党的十八届四中全会提出实行办案质量终身负责制和错案责任倒查问责制，确保案件处理经得起法律和历史的检验。2015 年，最高检、最高法分别发文，按照“谁办案谁负责、谁决定谁负责”的原则，建立起法官、检察官对办案质量终身负责的制度。司法责任制建立的前提是办案必须是独立的，行政领导干部不能插手。为此，2015 年，中央深改组第十次会议审议通过了《领导干部干预司法活动、插手具体案件处理的记录、通报和责任追究规定》，一方面要求司法人员对领导干部干预司法案件进行全面记录，另一方面要求党委政法委对领导干部干预司法活动进行通报。同时，纪检监察机构对领导干部干预司法行为和司法人员不如实记录行为进行责任追究。

其次，推行法官员额制度。长期以来，我国法官、检察官的人事管理以行政化为主导。在司法部门中，行政人员占比过大，一线专业办案人员数量偏少，资源配置与职务晋升，以行政职务的高低为核心标准。法官、检察官的行政化管理，弱化了司法的专业性和独立性，为行政权力干预司法活动提供了便利。从 2014 年起，全国各地法官、检察官员额制度陆续启动。具体措施有三个。一是对于现有人员实行分类管理，分成法官、司法辅助人员和司法行政人员。党政人员不能再“双肩挑”，一旦入额，就要免去党政职务；二是实行员额法官专业等级与行政职级完全脱钩，建立独立的专业等级序列和专业等级晋升制度，法官专业等级的晋升不再依赖行政职务，而是取决于个人的专业能力。三是制定激励导向的工资制度。建立法官员额独立的工资体系，基本工资由专业等级决定，奖金由办案数量与治理决定。

最后，推行省级以下司法机构人财物统一管理。行政干预司法的一个主要原因在于地方司法机构的人、财、物都是由地方政府解决的，这就导致了地方司法机构对于地方政府的依附性。为此，党的十八届三中全会提出了推动省级以下地方法院、检察院人、财、物统一管理制度。在人事管理方面，基层法院、检察院领导干部的任免由省委组织部门统一负责；对于法官的任免，由省级法官遴选委员会具体负责。在经费管理方面，2019年，全国有北京、天津、山西等18个省级单位和大连、深圳两个计划单列市实行省级以下地方法院省级统管，省、市、县三级法院为省级政府财政部门一级预算单位，向省级政府财政部门编报预算，预算资金通过国库集中支付系统支付。

上述司法体制改革，大多数研究文献是从法学角度进行分析。毫无疑问，司法责任制、法官员额制以及省级以下司法机构人、财、物统一管理制度，都大大强化了司法机构的独立性和自主性，对于保障司法公平至关重要。但是，从历史的纵向比较和地方政府的视角来看，地方政府的行政权力比以前大大缩减了。

第六章

# 权力清单制度

在政府行政权力从“无序扩张”转向“大幅缩减”的过程中，权力清单制度正式“出场”，它将清单式管理的理念和方法运用到行政组织管理实践中。以权力清单为中介，将大幅削减的行政权力排除在权力清单之外，并对保留下来的权力事项实施流程控制。权力清单制度是特定时代背景下国家治理现代化的重要实践探索，作为一项社会制度，它是价值理念、行为规范、组织机构和保障设施的统一体，在实践中不断优化发展。

## 第一节　时代背景

权力清单制度改革是21世纪尤其是党的十八大以来，党中央巩固行政权力自我收缩的阶段性成果、强化行政权力运行监督的实践延伸。

### 一、思想基础

党的十八大以来，党和国家针对改革开放以来社会主义民主政治发展进程中出现的问责不力和权力腐败问题，就如何约束公权力进入了深入分析总结。

#### （一）权力的两面性

欧洲近代思想家在论述权力时，更加强调权力的破坏性一面，最著名的是英国阿克顿勋爵的名言：“权力导致腐败，绝对的权力导致绝对的腐败。”法国思想家孟德斯鸠指出：“任何有权力的人，都易不当使用权力，这是万古不易的一条经验。有权力的人们使用权力一直到遇有边界的地方为止。”突出强调权力破坏性的一面，导致近代西方社会对政府抱持一种天然的怀疑和不信任态度，国家与社会的二元对立成为一种主导性的社会认知，在深层次上助长了当前欧美国家的政府治理危机。

习近平总书记既高度重视权力的破坏性一面，也非常珍视权力的建设性一面。2015 年，习近平总书记指出："权力是一把双刃剑，在法治轨道上行使可以造福人民，在法律之外行使则必然祸害国家和人民。"说明权力具有破坏性还具有建设性，关键看怎么使用权力，不能因为权力具有破坏性而全盘否定权力。中国古代有一种哲理：国家之权乃是"神器"，是个神圣的东西，非"凡夫俗子"所能用。说明国家权力的存在是积极的、向善的，作为公权力使用者的各级领导干部，要敬畏它，不要轻视它。基于此思想，权力清单制度在制约权力方面不是单纯地为了抑制而抑制，而是要通过清单方式防止权力的不当使用，出发点是让权力的运行发挥出最大的社会效益。

### （二）权力的人民性

在不同的时代和不同的社会制度中，人们对权力的属性具有不同的集体认知。权力从哪里来，权力为谁服务、对谁负责，是任何权力制约理论都必须回答的根本问题。在皇权专制时代，君权被认为是神授予的，权力具有神秘性和个人性。在资本主义国家里，虽然意识形态话语一直强调权力是人民赋予的，但在实际运作过程中，公权力被打上了资本的烙印，公权力的行使被大资本所左右，同时为大资本所服务。2010 年，习近平总书记在中央党校秋季开学典礼讲话中指出，马克思主义权力观概括起来就是两句话：权为民所赋，权为民所用。第一，权力来源于人民。习近平总书记强调，国家的一切权力属于人民，人民是国家的主人，权力是人民赋予的。第二，权力服务于人民。习近平总书记指出，领导干部不论在什么岗位，都只有为人民服务的义务，都要把人民群众利益放在行使权力的最高位置，把人民群众满意作为行使权力的根本标准。第三，权力对人民负责。习近平总书记特别强调对公权力使用的问责，人民赋予的权力必须对人民负责，权力本身就意味着责任，有权必有责、有责要担当、失责必追究。第四，权力受人民监督。为了保障权力对人民负责，就必须加强监督，特别是来自人民群众的监督。习近平总书记强调，各级领导干部要自觉接受人民群众的监督。权力清单制度以权力公开的方式，让人民群众监督政府权力的使用边界，发挥人民群众在权力制约中的主体性地位。

### （三）为官用权的标准

权力制约绝不是为了制约而制约，而是为了实现权力使用的最大社会效益。权力制约的最低目标是防止贪腐行为，但是不贪腐却碌碌无为的庸政懒政怠政问题，对国家和社会的危害也不容小觑。那么，为官用权的理想状态应该是什么样的？从习近平总书记的系列讲话中可以概括出以下五个方面。一是一心为公，习近平总书记在多个场合都讲道：当官就不要发财，发财就不要当官。要廉洁自律，耐得住清贫，把为人民谋幸福作为终生追求。二是依法用权，为官者不能打着为公的名义践踏法律，所有的用权行为必须守住法律的底线。三是履责用权，为官者首先要立足自身岗位职责来使用权力。习近平总书记指出，每个干部都要扎扎实实履职尽责，要把高标准履职尽责作为基本要求。四是务实用权，为官用权不仅需要情怀担当，更需要脚踏实地，以理性务实的作风科学地行使权力，保障权力使用的最大社会产出。五是刚直用权，要求为官者面对各种歪风邪气，要敢于较真，敢于碰硬；面对重大原则问题，要立场坚定、旗帜鲜明，做到用权不媚俗、不逢迎。上述为官用权的标准，由低到高层层递进，完全做到当然难度很大，但是它提供了一个标杆，也为权力制约提供了一个评估的基点。一个良好的权力制约体系不是把权力限制得越来越小、越来越死，而是把权力使用者的负向因素抑制住，把正向因素最大限度地释放出来，为全面深化改革保驾护航。

### （四）权力约束的系统性

权力必须得有约束，权力约束必须具有系统性。2013 年 1 月，习近平总书记在中国共产党第十八届中央纪律检查委员会第二次全体会议上发表重要讲话，提出了权力制约的“笼子论”。他指出：要加强对权力运行的制约和监督，把权力关进制度的笼子里，形成不敢腐的惩戒机制、不能腐的防范机制、不易腐的保障机制。

“笼子论”意味着权力监督需要一个体系化的网络，单一力量和单一方式都不可能真正制约权力。首先是立规矩。2012 年 12 月 4 日，党的十八大刚闭幕不久，以习近平同志为核心的新一届党中央就提出了关于改进工作作风、密切联系群众的“八项规定”，中央率先垂范，通过严肃查处和曝光典型案件，在短期内为全国党员领导干部的公权力使用树立起严格的规矩。2015 年，党中央相继出台《中国共产党廉洁自律准则》《中国共产党纪律处分条例》《中国共产党问责条例》《中国共产党党内监督条例》《中国共产党巡视工作条例》《中国共产党纪律检查机关监督执纪工作规则》等制度规范，为党员干部的公权力行使扎紧制度篱笆。在治国方面，也以立规矩为第一要务。2016 年，党的十八届四中全会通过了《中共中央关于全面推进依法治国若干重大问题的决定》，紧接着又成立了中央全面依法治国领导小组，通过司法体制的全面改革，为公权力的使用织密法治之网。其次是依靠人民群众的监督。习近平总书记多次强调，让人民监督权力，让权力在阳光下运行，是把权力关进制度笼子的根本之策。

## 二、实践基础

### （一）行政权力收缩后的巩固之策

如前所述，进入 21 世纪以来，为适应现代市场经济发展的需要，推进国家治理体系和治理能力的现代化，党中央战略性地调整政府与市场、政府与社会的关系，通过简政放权、“放管服”等行政体制改革，转变政府职能，主动缩小行政权力的范围和边界，扩大市场经营和社会运行的自主空间，通过行政权自我缩小、赋权社会两个方面的努力，实现有限政府下的有效治理目的。

权力收缩意味着某些部门、某些个人的利益会受到压制，要预防可能出现权力的反弹性扩张，出现所谓的“割韭菜”效应。比如，前述提到的行政乱收费现象，国家从 20 世纪 90 年代初就出台了整治措施，但是一直没有形成长效治理机制，每隔几年就要整治一次，一旦停下来就会发生反弹。行政审批制度改革，从 2001 年开始，国务院推动一批又一批行政审批事项被取消或调整，但是整体改革成效仍有待加强。

行政权力边减边增的主要原因是监管不力。国务院对如何加强监管提出了清单管理的思路，即把取消、清理之后剩下的行政权力事项以清单的方式列出来并向社会公布，清单之外的一律作废；除非上级政府有调整，清单之内的数字是多少就是多少，不能增也不能减。这就限制了减下去的行政权力再次增加的空间。在职业资格大幅取消后，2017 年，国务院公布了国家职业资格目录。李克强总理在谈到此事说道：“这几年，我们通过‘七连清’，让职业资格认定和许可事项显著‘瘦身’。我们还要进一步深化这项改革，用公开透明的清单目录，挤压‘暗箱操作’和寻租空间!”

由此可以看出，权力清单制度被认为是行政职权大幅收缩之后解决权力反弹、构建长效机制的重要措施。从这个意义上来说，权力清单制度是以简政放权的改革实践为基础，如果没有简政放权的改革，就无法列出“权力清单”，也就不会出现防止权力再度扩张的问题，更没有权力清单制度实施的问题需求了。

### （二）目录管理的丰富与发展

清单管理属于管理学领域的概念，清单式管理在国外公私机构管理中已有较多应用。但是，中国政府提出的权力清单制度，从世界范围来看都具有首创性，没有哪个国家或地区的政府，如此大规模地通过清单的形式向全社会晾晒自己的权力。权力清单制度是中国政府在推进国家治理体系和治理能力现代化实践中不断探索的结果，是中国政府基于自身历史经验、解决自身治理问题的一种创新性做法，其中最重要的体现就是目录管理。

目录和清单有很多相似之处，甚至有时候是混合使用的。它们的共同之处是都以简洁明了的方式将关键事项列出来供大家查阅，帮助人们把复杂、抽象的事物简单化、具体化、数字化，便于查阅和学习。在传统的科层制管理中，文牍主义主要表现为各种形式的行政公文，其用语正式但中庸、模糊，执行部门在具体执行过程中具有较大的自主空间。随着新技术的大量涌现，社会经济形势变得愈加复杂起来，各国政府为了强化对复杂社会经济的管理，有能力、有必要向集权的方向发展。此时，对于中央政府而言，要将复杂的管理事务贯彻落实到执行环节，必须将复杂的管理事务进行简单化处理，将其中的关键事项以清单或目录的方式呈现，既便于理解又便于执行，同时便于随时根据形势变化进行调整，目录管理或清单管理因此得以推广。

一般而言，能够以目录或清单列明的管理事项，都非常具体而细小，因而，目录或清单管理可以说是一种精细化管理方式。在计划经济时期，政府职能部门就经常编制各种目录，如 1963 年，江西省人民委员会下达了农产品派购目录。改革开放以后，随着政府职能的转变，目录管理有所减少，但仍然存在。如在 1990 年，国家教委制定了《授予博士、硕士学位和培养研究生的学科、专业目录》，对国内高校所有专业进行了系统的归类。1992 年，国家物价局颁发了《国家物价局及国家有关部门分工管理价格的轻工商品目录》（1992 年修订本），将诸如盐、化学药品、卷烟纸等商品及其价格管理的内容和定价形式一一列出。

分税制改革之后，中央政府的财力大大增强，对社会经济事务的管理调控能力也明显提高，以目录为抓手的精细化管理手段再次得到广泛运用。1998 年，财政部发布《1998 年全国性及中央部门行政事业性收费项目目录》，此后，财政部每年都会编制年度收费项目目录。进入 21 世纪以来，政府部门编制目录日益增多，如国家医保药品目录、中小学教学用书目录、鼓励外商投资产业目录、紧缺人才需求目录、政府集中采购目录等。

通过对历史脉络的梳理不难看出，从 2014 年开始全面推行的权力清单制度，实际上是长期以来目录管理方式在行政权力制约实践中的应用。如果没有长期以来目录管理的实践积淀，权力清单制度可能也无法被提出来。它反映了国家将精细化管理从市场领域推广到行政改革领域。

**（三）政务公开的进一步深化**

权力清单制度不仅要求各行政机构制定部门权力清单，还要求各行政部门将编制的权力清单“晒”出来，通过在门户网站等公共平台公开自己的“权力家底”，以接受人民群众的监督，让权力运行在公开、透明的环境下进行。这是权力清单制度在目录管理基础上的创新，也是权力清单制度实现权力制约功能的关键一环。

2000 年，中组部下发了《关于推行党政领导干部任前公示制的意见》，成为中国政府全面推进政务公开的前奏。2003 年发生“非典”疫情，党中央开始重视政务信息的公开工作。

2007 年，国务院颁布《中华人民共和国政府信息公开条例》，并于 2008 年 5 月 1 日正式实施。在党中央、国务院的坚强领导下，从 2008 年起，国务院每年都针对政务公开工作专门下文，制定完善的考核约束机制，全国各地形成了一种公开、透明的新型政务文化。2009 年，中纪委、中组部在江苏省睢宁县、河北省成安县、四川省成都市武侯区三个县（区）级政府开展“县委权力公开透明运行”试点。

2013 年，党的十八届三中全会将推进政务公开作为国家治理体系和治理能力现代化的重要组成部分。2013 年底，中纪委对 10 起违反中央八项规定精神的典型问题发出实名通报，实名通报逐渐成为常态。2016 年，中共中央办公厅、国务院办公厅印发《关于全面推进政务公开工作的意见》指出，公开透明是法治政府的基本特征，全面推进政务公开，要坚持以公开为常态、不公开为例外，推进行政决策公开、执行公开、管理公开、服务公开和结果公开。2017年底，中共中央印发《中国共产党党务公开条例（试行）》，将信息公开从政府行政部门扩展到党务部门，促进了信息公开在公共部门的全覆盖，彰显了党中央推进政务公开、强化权力监督的坚强决心和战略定力。

权力清单制度正是在中国政府全面推进政务公开的实践中形成的，它提倡的权力公开是政务公开的内在组成部分，是对政务公开内容的拓展。因为政务公开主要是公开政府的行政事务，如在2013年，国务院办公厅下文，要求各地方政府将行政审批、财政预算决算和“三公”经费、保障性住房信息、食品药品安全信息、环境保护信息、安全生产信息、价格和收费信息、征地拆迁信息、以教育为重点的公共企事业单位信息等九大类作为政府信息公开的重点。权力清单制度所要公开的是政府机关做事背后的权力及其依据，二者之间具有前后相继的历史联系。没有公开、透明的政务文化，权力清单制度的“晾晒权力家底”几乎是不可能的，因此，政务公开为权力清单制度提供了实践基础。目前，多数地方政府在其门户网站公布权力清单时，把权力清单放在政务公开的一个模块中，凸显了在地方政府官员的认知中，权力清单在于政务公开。

## 第二节　构成要素

权力清单作为一项社会制度，包含价值、规范、组织和实施等基本构成要素。要全面理解权力清单制度，有必要从价值理念、行为规范、组织机构和保障设施四个要素层面进行分析。

### 一、价值理念

#### （一）依法行政

权力清单制度于2014年正式在全国范围内推行，它的直接推动力量是2014年10月23日党的十八届四中全会审议通过的《中共中央关于全面推进依法治国若干重大问题的决定》，由此可以看出，权力清单制度是推进全面依法治国的内在组成部分，支撑权力清单制度的价值理念首先是依法行政。

在《中共中央关于全面推进依法治国若干重大问题的决定》第三部分“深入推进依法行政，加快建设法治政府”中提到了权力清单制度，具体表述如下。

> （一）依法全面履行政府职能。完善行政组织和行政程序法律制度，推进机构、职能、权限、程序、责任法定化。行政机关要坚持法定职责必须为、法无授权不可为，勇于负责、敢于担当，坚决纠正不作为、乱作为，坚决克服懒政、怠政，坚决惩处失职、渎职。行政机关不得法外设定权力，没有法律法规依据不得作出减损公民、法人和其他组织合法权益或者增加其义务的决定。推行政府权力清单制度，坚决消除权力设租寻租空间。

此表述将权力清单制度放在依法行政的视域中，将权力清单的制定依据进行了明确，即职权法定，按照现有法律法规确定各级政府职能的行政权力边界，没有法律规定的权力不能写到权力清单中，自然也就不能为之。依法行政将行政机关的行政行为纳入法律框架。首先，行政机关及个人权力的获得必须有法律依据，在权力清单制度中表现为将行政机关所拥有的每项权力事项的法律依据列出来，没有法律依据的权力事项是无法成立的。其次，行政机关在权力使用过程中要严格依照法律规程的程序进行，使程序正义得到重视和维护。在编制权力清单制度中，要根据相关法律、法规为每个权力事项绘制权力运行流程图，体现权力运行中的依法行政理念。最后，在权力运行结束后，行政主体要对自己的行政行为承担相应的法律责任，如有群众投诉、检举等事项发生，也要按照《中华人民共和国行政诉讼法》等法律程序承担法律后果。权力清单制度将依法行政的理念从权力获取扩展到权力运行和权力法律责任追究，是对依法行政理念的全面践行。

### （二）责任行政

党的十八大以来，习近平总书记多次提到责任意识和担当精神。2014年2月7日，习近平主席在俄罗斯索契接受俄罗斯电视台专访时谈到，中国共产党坚持执政为民，人民对美好生活的向往就是我们的奋斗目标。我的执政理念，概括说就是：为人民服务，担当起该担当的责任。权力清单制度以习近平总书记异常珍视的责任担当精神为支撑，是现代责任行政理论的最好注脚。

在传统的皇权社会或教权社会中，政府的权力被蒙上了神秘的面纱，政府的行为不具有可验证性。在现代民主社会，人民委托政府行使公共权力，政府必须对人民负责，责任政治由此而生。责任政治是维系政治有效性的重要机制，责任政治是现代民主社会的制度安排。责任行政是制约公权力的有效方式，它要求权力与责任的对等与统一。有权力就要有责任，大权力有大责任，小权力有小责任，不允许只有权力没有责任。在社会主义中国，政府的权力来源于人民，一切行政行为必须对人民负责，以人民满意不满意作为基本评判标准。

权力清单制度在实践中至少包括权力清单、责任清单和负面清单。其中的责任清单，是在责任行政的价值理念驱动下形成的，也是中国特色责任行政伦理的体现。在权力清单制度实施的早期阶段，权力清单和责任清单是分开列出的，权力清单把政府职能部门的权力事项列举出来，责任清单把政府职能部门的主要职责细化为具体的职责事项，并以清单的形式列举出来。后来，为了便于将权力与责任匹配起来，权力清单和责任清单合在一起。责任被具体化到具体的行使流程中，行政主体对于行政相对人应该负有哪些责任，以清单的形式呈现出来，这样的安排更加有利于强化对权力运行的监督。如果在哪个环节上没有尽职履责，行政相对人就可以进行投诉。

权责清单的目的是把政府行政机关的权力和责任一一“晾晒”出来，让人民群众看得懂，并以此为依据对公权力的行使履行人民监督，通过人民群众的监督，督促行政机关工作人员依法尽职履责。实质上是把政府为群众办事的过程看成行政主体与行政相对人之间的法律互动，双方都有各自的权利与义务，不允许任何一方只行使权利而不履行义务，是对责任行政原则的践行和体现。

### （三）有限行政

自 20 世纪以来，政府行政的发展表现为两个看似自相矛盾的趋势：一方面，政府行政权力强化，行政领域扩大，行政职能增加，即所谓扩张行政；另一方面，行政强制弱化，行政法关系主体平等化及双方行为关系从命令与服从转变为服务与合作，相对人配合与参与程序的普遍化和法制化，即所谓有限行政。党的十八大以来，党中央、国务院在全面深化改革的实践中，在环境保护、文明创建、党的建设等领域扩张了政府的行政权力。更重要的是，通过简政放权、发挥市场在资源配置中的基础性作用、培育社会组织等，使政府、市场与社会之间的体制性分权趋于理性化，形成有限政府、市场决定与社会自主的关系模式。

有限政府理论来源于实践中的政府失败现象，在有限政府理论看来，政府并不是万能的，其也有失败的地方。因此，政府要回归自身的本职功能，管好“有形的手”，为市场这只“无形的手”的功能发挥创设条件。李克强总理多次提到，要管好政府这只“有形的手”，把错装在政府身上的“手”换成市场的“手”。基于这种理念，权力清单制度的最直接目标在于减少权力和限制权力。

权力清单制度是在中央大幅收缩行政权力的过程中实施的，它用数字的方式强制性地减少地方政府各部门的行政职权。特别是 2001 年以来，中央政府已经取消的行政权力事项，都不能在权力清单中出现。地方政府在宣传本级政府编制的权力清单时，一般都会将自己削减了多少行政权力事项作为一项“成绩”加以凸显。这说明权力清单制度具有减权的功能，而其背后的价值理念就是有限行政。将行政审批、行政许可、行政处罚等强制性行政权力减至最小，以更趋平等性的服务作为行政权力行使的主要方式。

### （四）阳光行政

秘密型政府从国家中心主义的立场出发，基于政府独立性、国家安全性等理由，认为政府信息没必要让社会大众知晓，这样做对国家和社会都有好处。随着近代民主政治的发展，国家行政权力的扩张与社会大众权利意识的增强形成了尖锐的矛盾。此时，要求公权力运行公开、透明的呼声越来越高，阳光行政在社会压力下逐渐发展成为一种新的行政文化。阳光行政从社会中心主义的立场出发，基于知情权、权力监督等理由，认为政府掌握的除涉及国家安全之外的一切信息外，都应该让社会大众知晓，主动接受人民群众的监督。

中国共产党始终坚持以人民为中心，这种政治主张与阳光行政坚持的社会中心主义立场具有契合之处。在党和政府的主动赋权之下，社会大众借助互联网平台越来越关注政府的行为，对公权力运行起到了很好的监督和制约作用。权力清单制度之所以要把政府职能部门的权力事项公之于众，是因为背后的价值理念是阳光行政的理念。2013 年 11 月 12 日，党的十八届三中全会审议通过了《中共中央关于全面深化改革若干重大问题的决定》，在该决定第三部分，将权力清单制度纳入全面推进政务公开名下进行阐述，具体内容如下：

> （六）全面推进政务公开。坚持以公开为常态、不公开为例外原则，推进决策公开、执行公开、管理公开、服务公开、结果公开。各级政府及其工作部门依据权力清单，向社会全面公开政府职能、法律依据、实施主体、职责权限、管理流程、监督方式等事项。重点推进财政预算、公共资源配置、重大建设项目批准和实施、社会公益事业建设等领域的政府信息公开。

从以上表述可以看出，权力清单受阳光行政理念的直接影响。权力清单将政府机构各职能部门所拥有的职能、法律依据、实施主体、职责权限、管理流程、监督方式等事项全部向社会公开，既是阳光行政理念的体现，又是对阳光行政实践的深化和拓展。

## 二、行为规范

### （一）权力清单

2015 年，中共中央办公厅、国务院办公厅联合下发了《关于推行地方各级政府工作部门权力清单制度的指导意见》，对于地方各级政府工作部门实施权力清单制度做出了明确的行为规范，主要包括七个方面。

一是全面梳理现有行政职权。参照行政许可、行政处罚、行政强制、行政征收、行政给付、行政检查、行政确认、行政奖励、行政裁决和其他类别的分类方式，结合本地实际，对地方各级政府工作部门行使的直接面对公民、法人和其他组织的行政职权，进行全面彻底的梳理，对每条权责事项列明设定依据，汇总形成部门行政职权目录。这里明确了行政职权的范围，即只包括了直接面对公民、法人和其他组织的行政职权，面向政府系统内部的行政职权不在清单编制范围之列。同时，在梳理行政职权的时候要进行分门别类，这种分类参考了行政法的框架。

二是清理调整行政职权。中央规定，在全面梳理行政职权的基础上，要按照职权法定原则，对现有行政职权进行清理和调整。主要分为三种情况：①没有法定依据的行政职权，在一般情况下要及时取消，认为确有保留必要的，在按照程序向上级主管部门申请并获得批准后方可保留；②可下放的行政职权，虽有法定依据，但根据简政放权原则，适合下级政府部门行使的，应下放给下级政府部门，并做好上下级部门之间的权力对接工作；③对于虽有法定依据但不符合全面深化改革要求、法定依据相互矛盾、调整对象消失、多年不发生管理行为的行政职权，应予以取消或调整。这一规定要求将地方各级政府工作部门的行政职权全面“瘦身”，把不合法、不合理、不必要的行政职权给予取消或调整。

三是对保留的行政职权进行审查。取消或调整的工作一般由各行政部门自行开展。但是，由于部门利益的存在，个别职能部门会出现尽量保留更多权力事项的倾向。此时，地方各级政府要指定机构编制委员会办公室、法制办等超越性的职能部门对各职能部门的权力清单进行合法性、合理性和必要性审查。中央还规定，遵循先立后破的原则，对于需要修改法律的，要首先修改法律规定，其次调整行政职权。同时，在审查阶段要广泛听取社会各界的意见，把结果进行公示。公示无异议的权力清单，需要得到同级党委、政府的确认。

四是优化权力运行流程。在权力清单编制之后，还有对保留的行政权责事项，按照透明、高效、便捷的原则，逐条制定行政权力运行流程图，尽量减少工作环节，规范行政裁量权的使用，明确每个环节的承办主体(具体到科室)、办理标准、办理程序、办理时限、监督方式等，提高行政权力运行的科学化、规范化水平。

五是公布权力清单。地方各级政府将确认后的权力清单，除保密事项外，将每项职权的名称、编码、类型、依据、行使主体、流程图和监督方式等，以清单形式及时在政府网站等载体上进行公布。这里对权力清单公布的内容、形式载体都给予了明确规定。

六是建立权力清单动态调整机制。权力清单不是固定不变的，随着中央简政放权工作的持续深入，可能会有更多的行政职权被取消、下放或调整，此时，权力清单的制度化调整就非常必要。中央规定，地方各级政府在权力清单公布之后，要建立权力清单动态调整机制，根据法律法规立改废释情况、机构和职能调整情况等，及时调整权力清单，并向社会公布。

七是强化权力监督和问责。中央规定，权力清单公布后，地方各级政府工作部门、依法承担行政职能的事业单位、垂直管理部门设在地方的具有行政职权的机构等，都要严格按照权力清单行使职权，切实维护权力清单的严肃性、规范性和权威性，对不按权力清单履行职权的单位和人员，依纪依法追究责任。

### （二）负面清单

负面清单全称为“市场准入负面清单”。与权力清单制度实施中央指导、地方自行编制与实施的分权化模式不同，市场准入负面清单制度实施中央统一编制、地方负责贯彻执行的集权化模式，目的是实现党的十八届三中全会提出的“实现全国统一的市场准入制度”。

2013 年，市场准入负面清单制度在上海自由贸易试验区中已有尝试，对于外商投资准入实行负面清单管理模式，推行“非禁止即开放”的原则。全国性市场准入制度与权力清单制度一样，都是从 2015 年开始的，但是推进的过程较为谨慎。国务院于 2015 年下发《关于实施市场准入负面清单制度的意见》，对市场准入负面清单制度的意义、要求、实施程序、保障措施、时间安排等进行了原则性说明。直到 2016 年，国家发展改革委和商务部才发布了试行版的市场准入负面清单草案，并在天津、上海、福建、广东 4 个地区进行试点。2017 年，试点地区由 4 个扩大到 15 个。2018 年，全国统一的《市场准入负面清单（2018 年版）》修订完成，市场准入负面清单制度在全国全面推开。从国务院发布的相关政策文件来看，市场准入负面清单制度的主要要求有以下三个方面。

一是强调市场准入负面清单的统一性和权威性。市场准入负面清单由国务院统一制定，实行全国一张单子。未经国务院授权，各地区、各部门不得自行发布市场准入负面清单，不得擅自增减、变更市场准入负面清单条目。

二是实行市场准入负面清单分类管理。按照准入事项的限制程度，将市场准入负面清单分为禁止准入类和许可准入类。禁止准入类的事项主要包括国家法律法规严格禁止、国家产业政策明令淘汰、违规开展的金融或互联网经营活动。对禁止准入事项，市场主体不得进入，各地、各级行政机关一律不予审批、核准，不得办理有关手续。许可准入类事项主要指那些有必要发展，但涉及国家安全等因素，因而需要加强前置管理的事项。2018 年修订的负面清单中一共列举了 147 项许可准入类事项，如“未获得许可，不得从事涉核生产经营”“未获得相应资质，不得制作车辆登记证书、行驶证、号牌、驾驶证”等。对于许可准入事项，市场主体有两种选择：第一，提出申请，行政机关依法依规做出是否予以准入的决定；第二，依照政府规定的准入条件和准入方式合规进入。除国家列出的禁止准入、许可准入之外的所有行业、领域、业务等，各类市场主体皆可依法平等进入，政府无权干涉其进入行为。

三是完善市场准入负面清单落实机制。国务院要求，行政机关要完善与市场准入负面清单制度相适应的准入机制，除市场准入负面清单之外的事项一律不再审批核准外，对于许可准入事项，也要简化程序，探索实行承诺式准入。建立与市场准入负面清单制度相适应的行政审批体制，结合权力清单制度，制定市场准入事项（许可准入类）行政审批清单，规范审批流程，简化审批程序，实现“一网告知、一网受理、一网办结、一网监管”。完善事后监管体系，市场准入的全面并不意味着政府什么都不管了，中央要求，各地、各级行政机关要完善与市场准入负面清单制度相适应的监管机制，如告知性备案、准入信息公示、行业自律、社会信用体系等。

## 三、组织机构

一项社会制度要完成其预期的制度目标，必须由完善的组织体系保证其贯彻落实，组织机构是社会制度的载体。权力清单制度是一项由中央政府推动、各级地方政府全面参与的制度，它内嵌于中国特有的行政组织体系中。

### （一）全面深化改革委员会

改革开放以来，在中国渐进式的改革过程中，最大的经验就是增量改革先行，在原有体制之外培育一种新的体制，并以新体制的优势倒逼原有体制改革。但是，这种改革经验在进入21世纪后，逐渐形成了跨越两种体制的既得利益格局，使党和政府进一步的改革难度加大，即改革进了深水区。

在此背景下，以习近平同志为核心的党中央在党的十八届三中全会上提出了全面深化改革的战略，并在全面加强党的建设条件下成立更具超越性的党委直接领导下的改革领导机构。2013年，在中央层面成立了超越行政部门的中央全面深化改革领导小组，由习近平总书记任组长。与1998年设立的国家发展和改革委员会相比，中央全面深化改革领导小组超越了国务院各职能部门，受党中央直接领导，在全面加强党的建设背景下，超越性更强，政治立场和政治觉悟更高，更有利于深水区改革的推动。

中央全面深化改革领导小组的主要职责是研究确定经济体制、政治体制、文化体制、社会体制、生态文明体制和党的建设制度等方面改革的重大原则、方针政策、总体方案；统一部署全国性重大改革；统筹协调处理全局性、长远性、跨地区跨部门的重大改革问题；指导、推动、督促中央有关重大改革政策措施的组织落实。2018 年，中央全面深化改革领导小组升格为中央全面深化改革委员会，组织机制更加健全，更有利于从顶层设计上推动触及深层利益格局的改革。2015 年 1 月 30 日，中央全面深化改革领导小组第九次会议研究了推行地方各级政府权力清单制度等问题。3 月 24 日，中共中央办公厅、国务院办公厅联合下发《关于推行地方各级政府工作部门权力清单制度的指导意见》；10 月，国务院下发《关于实行市场准入负面清单制度的意见》。从这个时间序列上可以看出，权力清单制度是由中央全面深化改革领导小组推动发起的，中央全面深化改革领导小组是权力清单制度的领导和决策机构。

中央全面深化改革领导小组以及中央全面深化改革委员会的组织设置，是我国民主集中制制度优势充分发挥的体现，有利于推动深层次改革。按照科层制管理逻辑中“上下对应”的机构设置原则，从省、市到县、乡镇，各地方党委纷纷成立党委直接领导下的全面深化改革委员会，由地方党委“一把手”担任委员会主任，设立常设办公机构——改革办，一般由党委秘书长兼任，体现党的全面领导。当中央全面深化改革委员会有重要会议和重要改革精神时，地方各级全面深化改革委员会也要开会学习中央会议精神，研究贯彻落实中央深改委的改革精神和改革方案。这样一来，地方政府各行政机关实施的权力清单制度，便是在党的领导下推进的，具有党委“一把手”部署的推行动力，由党的先进性做后盾，确保权力清单制度正确的政治方向。

### （二）推行权力清单制度工作领导小组

基于行政发包制的逻辑，地方政府党政负责人对于落实本地区权力清单制度具有直接领导责任。在纵向监督考核、横向竞争的压力下，地方政府为了做好本地区权力清单制度推行工作，投入了巨大的人力和物力。由于权力清单制度涉及各个行政职能部门，因此，地方政府对于推行权力清单制度，有必要成立一个跨部门协调机构。从媒体报道来看，大多数省级以下的地方政府都成立了推行权力清单制度工作领导小组，一般由行政“一把手”担任组长。如在2015年，广西钦州市政府成立了钦州市推行政府部门权力清单制度工作领导小组，由市长担任组长，市委副书记、常务副市长、市委组织部部长、市委秘书长担任副组长，成员由市政府秘书长、机构编制委员会办公室主任以及发展改革委、财政局、人社局、法制办等部门“一把手”组成，办公室设在市机构编制委员会办公室。安阳市政府建立“两单”领导小组例会制度，传达学习国务院、省委省政府、省“两单”领导小组和市委、市政府关于推行权力清单和责任清单制度的重要指示精神，听取各工作组和市有关部门关于推行“两单”制度的工作汇报。研究决定需要报请市委、市政府审批决定的内容，研究审定试点单位上报的权力清单和责任清单，确定模板，征求县（市、区）政府、市级相关部门、社会各界代表关于市政府确定的各部门权力清单的意见。领导小组既来自各职能部门，又跨越了各职能部门，有利于实现集中统一领导。

在政府权力清单制度工作领导小组的统一领导下，各职能部门为完成本部门权力清单制度工作任务，仍然需要统一各科室的力量。此时，职能部门内部成立跨越科室的推行权力清单制度工作领导小组就成为必需。2015年，广西壮族自治区工商局成立了推行权力清单制度工作领导小组，由局长担任组长，领导班子成员任副组长，各处室负责人任成员，领导小组下设办公室。从人员组成可以看出，所有领导班子成员都要参与，便于“自上而下”的行政动员。各处室负责人作为领导小组成员，便于将基层执行中的意见收集起来并上传至决策层，各处室负责人参与决策的构成也便于理解本部门的执行方案，有利于在各处室的执行。

### （三）机构编制委员会办公室

2015年中央下发的《关于推行地方各级政府工作部门权力清单制度的指导意见》指出，中央机构编制委员会办公室、国务院法制办要加强对地方的指导，地方各级机构编制部门和政府法制部门要切实负起责任，在同级党委和政府的领导下，会同有关部门积极做好推行权力清单制度工作。说明在权力清单制度的具体实施环节，负责统筹协调的主要是地方各级机构编制部门和政府法制部门。

编制是中国特色人事管理制度的产物，它的主要目的是根据国家财政经济实力，对公共部门工作人员的工资待遇实施计划调控。1950 年，我国成立了全国编制委员会，办事机构设在财政部，因为编制与财政的关系最为密切，有多少正式编制就意味着国家财政要负担多少人的工资福利待遇。在统收统支的管理体制下，基于软预算约束的逻辑，各行政机关和企事业单位都有强烈的扩大本部门编制的冲动。但编制的扩张会给国家财政支出带来巨大压力，所以管理编制成为计划经济管理的重要内容。

改革开放以后，随着国有企业改革与事业单位改制，体制外部门从业人员数量远远超过了体制内从业人员数量，但如何防止党政机关、事业单位、公有制企业等体制内编制的扩张，为体制外让渡更大的空间，仍然是改革的关键环节。1978 年，国家编制委员会得到恢复；1991 年，设立了中央机构编制委员会，由国务院总理兼任委员会主任，是党中央的议事协调机构。中央机构编制委员会办公室是中央机构编制委员会的常设机构，在中央机构编制委员会领导下开展工作。2008 年，经中央机构编制委员会批准，中央机构编制委员会设立行政管理体制改革司，意味着像权力清单制度这种与行政管理体制改革相关的事务，都是其管理职责。与中央政府的机构设置一致，各级地方政府都成立了机构编制委员会办公室，成为地方权力清单制实施中的管理主体。从相关媒体报道看，地方机构编制委员会办公室负责制定本地区权力清单制度编制的具体方案，审查各职能部门提交的权力清单，对各职能部门专业人员开展权力清单知识培训等。有的地方，县级政府机构编制委员会办公室还负责对各乡镇权力清单的梳理和制定工作。

由于编制对地方政府各职能部门具有至关重要的意义，而编制管理则集中于机构编制委员会办公室，因此各职能部门都“有求于”机构编制委员会办公室，对于机构编制委员会办公室布置的权力清单工作，都要认真贯彻落实。一方面是因为机构编制委员会办公室代表着地方党委，另一方面是因为机构编制委员会办公室决定着各职能部门的编制数。所以，由机构编制委员会办公室统筹协调各职能部门的权力清单工作，具有管理上、动员上的有效性。

## 四、保障设施

社会制度的正常运行离不开特定设施条件的支持。在做社会分析时，制度的设施要素一般由物质设施和象征设施组成。物质设施即保证制度运行的“硬条件”，如机器设备、空间、资金等；象征设施即保证制度运行的“软条件”，如能够增强社会制度正确性的符号系统。

### （一）物质设施

权力清单制度的运行得益于互联网技术，没有互联网技术的支持，权力清单的编制和运行会遭遇难以想象的难题。因此，互联网技术是权力清单制度最重要的物质设施。

首先，互联网为权力清单编制中的文件查阅提供便捷化支持。在部门权力清单编制工作中，需要全面梳理本部门所有行政职责事项及其相应的设定依据。对于一些行政职责较多的部门来说，可能需要查阅几千条法律法规。如果没有以互联网为平台的政务公开，这些法律法规文件的收集和查阅就需要很长时间。有了互联网的支持，工作人员通过搜索引擎就可以便捷地查找到所需要的法律法规，然后根据法律法规细化本部门的具体行政权责事项。

其次，移动互联网为权力清单编制工作中的沟通协调提供支持。权力清单的编制，不仅需要上下级部门之间频繁的沟通，还需要职能部门之间、部门内部各处室之间、处室内部各岗位之间的沟通。在纵向沟通中，仅权力清单审核小组就需要与各职能部门至少进行三次互动，即一审反馈、再审反馈和三审反馈。由于没有成形的经验可供借鉴，下级在编制过程中有很多疑问，都需要逐级向“两单”领导小组办公室反馈，领导小组办公室在与相关机构、人员沟通之后再逐级向下答疑解惑。在横向沟通中，职能交叉的部门之间，需要多次协调沟通权责的部门归属，部门内部各处室之间也存在诸多权责交叉的沟通问题。移动互联网为这些沟通协调提供了强大的支持。

最后，互联网为权力清单的发布提供了平台支持。权力清单的功能发挥离不开公开，如果社会大众看不到政府部门的权力清单，就无从通过权力清单来监督政府部门的权力运行。因此，公开发布对于权力清单的运行具有重要的意义。国务院在推行权力清单制度的实施意见中也指出，要通过各种平台将权力清单向社会进行公布，让社会大众普遍知晓政府行政机关的权力、责任清单，让权力运行在社会大众的目光凝视下合规、合法地进行。互联网为权力清单的发布提供了平台支持，门户网站、部门网站、微信公众号以及省级政府搭建的权力清单统一发布平台、在线政府服务平台等，都为权力清单的发布提供了技术支持。社会大众可以便捷地了解各行政机关的权力清单，方便了社会大众依靠权力清单监督政府行为。如果没有互联网平台作为支撑，权力清单还得按照传统的“上墙模式”。在人口流动如此频繁的社会背景下，很多人可能会无法知晓地方政府的权力清单。

### （二）象征设施

权力清单制度的实施必须有一套证明其合法性的观念系统给予支撑，如果多数成员对该制度持“不认可、不接受”的态度，即使再完善的组织体系，也无法成功推进制度的运行。权力清单制度能够比较顺利地建立并实践，背后一定存在一套论证其合法性的象征设施作为支撑。

权力清单制度具有深厚的民意基础。权力清单制度戳中了长期以来政民关系的痛点，即行政权力扩张造成的“扰民”问题。在党全心全意为人民服务的根本宗旨下，民意就是最大的正确性，权力清单制度通过行政权的大幅度削减和规范运行以解决人民群众被权力“刁难”的问题，得到了人民群众的广泛拥护和支持。

权力清单制度体现了党和国家的意志。权力清单制度是在2013年党的十八届三中全会上提出来的，党的十八届三中全会的主题是全面深化改革。因此，权力清单制度是中共中央推进国家治理体系和治理能力现代化的重要举措，是党的意志和人民意志的高度统一。权力清单制度是在全面从严治党的历史背景下，党中央制定的重大方针政策，是经过多方论证，在征求了党内外各方面意见的基础上形成的，作为党员和地方党组织，有坚决维护和严格贯彻执行的义务。2015年，中共中央印发的《中国共产党纪律处分条例》规定：通过信息网络、广播、电视、报刊、书籍、讲座、论坛、报告会、座谈会等方式，妄议中央大政方针，破坏党的集中统一的，情节严重的，给予开除党籍处分。权力清单制度的推行是在各级党委直接领导下贯彻实施的，从党内政治纪律的角度来看，各级党组织和党员领导干部都有坚决拥护及认真贯彻执行的义务。从各地的贯彻实施情况来看，地方党委都把权力清单制度实施作为一项政治任务来抓，体现了高度集中的党性自觉原则。权力清单制度从2014年在全国推广到现在已经有七年多的时间，没有受到任何“杂音”的干扰，一直处在持续完善深化的过程中，如果没有高度集中的党性自觉原则作为支撑，那么制度就可能会受各方面的“干扰”而半途而废。

## 第三节 实施概况

中国权力清单制度的推行，遵循了“地方试点—中央总结—全面推广”的基本路径，涵盖了上至国务院、下至乡镇的所有层级政府，一些地区的村庄也实施了小微权力清单制度。

### 一、中央政府层面

#### （一）首“晒”行政审批权力清单

2014年，国务院各部委在部门门户网站首“晒”行政审批权力清单，为全国地方政府推行权力清单制度做了一个榜样和示范。国务院对各部门的行政审批事项清单进行了汇总，并予以公开发布，而且设置了在线意见提交功能，显示了中央国家机关在制定权力清单时积极吸收社会意见的开放态度。本次公布行政审批事项清单的国务院部门一共有60个，实现了国务院职能部门的全覆盖，国家安全部、国家保密局、国家密码局没有开通部门门户网站的、涉及国家秘密的行政机构也公布了涉密之外的行政审批事项清单，60个部门共有1235项行政审批权力事项，把自2001以来国务院历次取消的行政审批权力事项统统排除在权力清单之外，显示了中央国家机关行政权力“瘦身”的力度。从部门来看，行政审批事项数目排名前五的部门依次是税务总局（87项）、国家林业局（76项）、证监会（63项）、中国民航局（56项）、国家新闻出版广电总局（53项）（见表6-1）。

所谓非行政许可审批，是指行政机关自行设定的行政审批事项，往往没有法律、法规或国务院决定的支持，属于“灰色地带”，背后隐藏着部门利益。到2015年，国务院决定彻底结束非行政许可审批，对改革后剩余的国务院部门367项目非行政许可审批事项，取消49项，转为行政许可

20 项，其他的调整为政府内部审批或以权力清单的形式加以规范。

**表 6-1 国务院各部门行政审批事项清单（按项目总数排序）**

单位：项

| 序号 | 部门名称 | 项目总数 | 行政许可数 | 非行政许可审批数 |
|---|---|---|---|---|
| 1 | 税务总局 | 87 | 7 | 80 |
| 2 | 国家林业局 | 76 | 37 | 39 |
| 3 | 证监会 | 63 | 53 | 10 |
| 4 | 中国民航局 | 56 | 53 | 3 |
| 5 | 国家新闻出版广电总局 | 53 | 48 | 5 |
| 6 | 交通运输部 | 52 | 50 | 2 |
| 7 | 农业部 | 46 | 40 | 6 |
| 8 | 国土资源部 | 45 | 12 | 33 |
| 9 | 水利部 | 42 | 27 | 15 |
| 10 | 工业和信息化部 | 39 | 34 | 5 |
| 11 | 保监会 | 34 | 34 | 0 |
| 12 | 公安部 | 30 | 29 | 1 |
| 13 | 环境保护部 | 30 | 29 | 1 |
| 14 | 质检总局 | 29 | 29 | 0 |
| 15 | 食品药品监管总局 | 29 | 27 | 2 |
| 16 | 国家海洋局 | 29 | 20 | 9 |
| 17 | 国家发展改革委 | 25 | 12 | 13 |
| 18 | 教育部 | 24 | 11 | 13 |
| 19 | 住房城乡建设部 | 23 | 16 | 7 |
| 20 | 国家文物局 | 22 | 21 | 1 |
| 21 | 人力资源社会保障部 | 21 | 6 | 15 |
| 22 | 商务部 | 21 | 19 | 2 |
| 23 | 人民银行 | 21 | 21 | 0 |
| 24 | 海关总署 | 20 | 10 | 10 |
| 25 | 卫生计生委 | 19 | 17 | 2 |
| 26 | 国家国防科工局 | 19 | 14 | 5 |
| 27 | 财政部 | 18 | 9 | 9 |

**续表**

| 序号 | 部门名称 | 项目总数 | 行政许可数 | 非行政许可审批数 |
| --- | --- | --- | --- | --- |
| 28 | 国家外汇局 | 18 | 18 | 0 |
| 29 | 国家能源局 | 17 | 9 | 8 |
| 30 | 中国气象局 | 16 | 12 | 4 |
| 31 | 科技部 | 14 | 2 | 12 |
| 32 | 国家宗教局 | 14 | 10 | 4 |
| 33 | 国家烟草局 | 14 | 14 | 0 |
| 34 | 国家铁路局 | 14 | 8 | 6 |
| 35 | 国家密码局 | 14 | 11 | 3 |
| 36 | 安全监管总局 | 13 | 11 | 2 |
| 37 | 民政部 | 11 | 7 | 4 |
| 38 | 国家测绘地理信息局 | 11 | 9 | 2 |
| 39 | 国家知识产权局 | 10 | 2 | 8 |
| 40 | 司法部 | 9 | 8 | 1 |
| 41 | 体育总局 | 9 | 5 | 4 |
| 42 | 银监会 | 9 | 9 | 0 |
| 43 | 国家邮政局 | 9 | 9 | 0 |
| 44 | 国家外专局 | 8 | 3 | 5 |
| 45 | 工商总局 | 7 | 3 | 4 |
| 46 | 国家旅游局 | 6 | 5 | 1 |
| 47 | 国家国管局 | 6 | 3 | 3 |
| 48 | 国家粮食局 | 6 | 4 | 2 |
| 49 | 国家档案局 | 6 | 4 | 2 |
| 50 | 文化部 | 4 | 4 | 0 |
| 51 | 国家民委 | 3 | 0 | 3 |
| 52 | 国家统计局 | 3 | 2 | 1 |
| 53 | 国新办 | 3 | 3 | 0 |
| 54 | 国家地震局 | 3 | 3 | 0 |
| 55 | 国家保密局 | 3 | 3 | 0 |
| 56 | 安全部 | 1 | 1 | 0 |

续表

| 序号 | 部门名称 | 项目总数 | 行政许可数 | 非行政许可审批数 |
|---|---|---|---|---|
| 57 | 国资委 | 1 | 0 | 1 |
| 58 | 国侨办 | 1 | 1 | 0 |
| 59 | 港澳办 | 1 | 1 | 0 |
| 60 | 国台办 | 1 | 0 | 1 |
| 合计 | | 1235 | 868 | 367 |

资料来源：人民网（2014 年 3 月 17 日）。

### （二）完整权力清单的编制试点

2016 年，在吸收地方政府权力清单推进经验的基础上，国务院办公厅制定了《国务院部门权力和责任清单编制试点方案》，决定在国家发展改革委、民政部、司法部、文化部、海关总署、税务总局、证监会七个试点部门开展试点，要求试点部门于 2016 年底前完成试点工作。文件要求七个试点部门将权力和责任事项结合起来，并参照行政许可、行政处罚、行政强制、行政征收、行政给付、行政检查、行政确认、行政奖励、行政裁决和其他类别的分类方式，对行政权责事项进行全面梳理并逐项列明设定依据。由此可以看出，国务院的试点方案其实是认可了地方政府实施的“权责合一”和“9+X”的编制模式。

从媒体相关报道来看，国务院试点部门的权力清单于 2017 年才陆续公布，比原定时间节点有所推迟。2017 年，税务总局发布了《国家税务总局权力和责任清单（试行）》，公布了 27 个权力事项，涉及税务管理、税费征收、税务检查、纳税服务四个领域，从管理领域、权责事项、子项、设定依据、履责方式、追责情形六个维度予以阐述，与地方政府部门制定的权力清单相比，税务总局制定的权力清单形式化程度较低，表述具有较高的概括性，“含金量”明显高于地方政府。2017 年 6 月，文化部发布了《文化部艺术发展、文化产业、公共文化、非物质文化遗产保护领域专项权力和责任清单（试行）》，一共有四大领域 33 个权责事项。如表 6-2 所示，艺术发展领域组织实施戏曲振兴工程权责事项的清单内容，在格式的设计上与税务总局发布的权责清单完全一样，有领域、权责事项、子项、设定依据、履责方式和追责情形六项内容，说明国务院试点部门在编制权责清单时，已经有了统一规范的格式标准。与 2014 年公布的行政审批权力清单相比，试点部门公布的权责清单包括了权力清单和责任清单两项内容，而且采取了“以权定责”的“权责合一”模式。但是从领域、权责事项再到子项的演绎式职权确定则又遵循了“以责定权”的逻辑，巧妙解决了地方政府在制定权力清单时“以权定责”和“以责定权”之间的张力。另外，试点部门公布的权责清单内容更加广泛，既超出了原来行政审批的狭小范围，也比地方政府“9+X”的范围要大。因为“9+X”主要指向政府行政机构所拥有的损益性行政权力，如行政审批、行政处罚、行政征收等，而试点部门公布的权责清单除了损益性行政权力事项外，还有大量的授益性行政权力，如文化部所列的组织实施戏曲振兴过程权责事项等。这体现了权责清单制度在内容上的扩展，从强制性权力向服务性权力的拓展，为后来的一体化在线政务服务平台建设提供了支持。与地方政府公布的权责清单相比，国务院试点部门公布的权力清单在履责方式和追责情形方面较为笼统。

**表 6-2 文化部艺术发展领域组织实施戏曲振兴工程权力清单和责任清单**

| 领域 | 艺术发展领域 |
|---|---|
| 权责事项 | 组织实施戏曲振兴工程 |
| 子项 | 全国地方戏曲剧种普查 |
| 设定依据 | 1.《国务院办公厅关于支持地方戏曲传承发展若干政策的通知》（国办发〔2015〕52号）;<br>2.《中华人民共和国国民经济和社会发展第十三个五年规划纲要》专栏25：文化重大工程;<br>3. 中共中央办公厅 国务院办公厅印发《关于实施中华优秀传统文化传承发展工程的意见》第三部分第十一条 |
| 履责方式 | 一、相关程序和要求<br>1. 文化部应该在其门户网站公布普查目标、普查范围和内容、工作原则、工作机构、项目步骤、时间安排、数据管理和成果应用等;<br>2. 文化部组织各省落实普查工作;<br>3. 文化部组织专家对普查结果进行验收评估。<br>二、事中事后监管<br>文化部负责监督各省普查工作执行进度 |

续表

| 领域 | 艺术发展领域 |
| --- | --- |
| 追责情形 | 行政机关履行行政职责存在下列情形的，应当承担相应责任：<br>1. 未按规定要求向行政相对人公布普查工作范围、内容、原则、机构及程序、材料、要求、时限等事项的；<br>2. 对符合法定条件的申请人不予受理或不在规定期限内进行评审的；<br>3. 未按规定程序擅自变更程序或标准的；<br>4. 其他违纪违法行为 |

资料来源：笔者整理。

国务院试点部门权力清单陆续公布后，接下来的工作应该是把试点经验进行总结概括后向所有国务院部门进行推广。但是从调查结果来看，多数国务院部门并没有发布完整版本的权责清单。中国社会科学院国家法治指数研究中心对 2019 年度 49 个国务院部门权力清单公开情况进行了第三方评估。结果显示，只有国家林业和草原局、国家铁路局、国家药品监督管理局和税务总局四个部门公布了权力清单。而且，有三个部门的权力清单仍然只有行政许可这一类权力事项。这其中的原因可能有两个。一是 2018 年是中国机构改革年，国务院各部门要进行大幅度的撤销、合并、新设等调整，这就意味着原来各部门的权力和责任设定需要进行大范围的调整，在机构没有调整到位时，部门权力清单的制定就没有多大的实际意义，因为待调整之后还要进行大幅度修改。另外，调整后的行政机构，在部门职权的认定上仍然需要一个学习和磨合的过程，在制定权力清单时也会出现一定的困难。二是国务院在推行权力清单制度的思路上出现重大转变。

### （三）权力清单与一体化在线政府服务的融合

2018 年，国务院发布《关于加快推进全国一体化在线政务服务平台建设的指导意见》（国发〔2018〕27 号），将权力清单制度与一体化在线政务服务平台建设融合推进，发挥权力清单制度提升政务服务效能的功能，是中国权力清单制度发展的一个重大转向：从原来的权力约束扩展到政务服务，从原来的各级政府“单干”转向全国或者全省范围的“一体化”。

一体化在线政务服务平台跨越各地区、各层级、各行政部门，实现协同办理，关键是要解决标准统一的问题，尤其是行政权力事项及其办理流程，都要实现全国统一。这意味着需要将原来各省、市、县、乡自行编制的权力清单进一步进行统一和完善，制定全国标准统一的行政权力和政务服务事项清单。国务院的指导意见对此也做了部署，主要有以下四条。

1. 编制全国标准统一的行政权力事项目录清单，以依申请办理的行政权力事项为重点，推动实现同一事项名称、编码、依据、类型等基本要素在国家、省、市、县四级统一。

2. 编制公共服务事项清单及办事指南，全面梳理教育、医疗、住房、社保、民政、扶贫、公共法律服务等与群众日常生产生活密切相关的公共服务事项，逐步推进公共服务事项规范化。

3. 推进办事要件和办事指南标准化、规范化，在编制行政权力事项目录清单和公共服务事项清单基础上，完善政务服务事项受理条件、申请材料、中介服务、办理流程等信息要素。

4. 建设国家政务服务平台事项库，与各地区和国务院有关部门政务服务事项库联通，推动实现一库汇聚、应上尽上。建立全国联动的政务服务事项动态管理机制，逐步实现各区域、各层级、各渠道发布的政务服务事项数据同源、同步更新。

从上述四条指导意见中不难看出，一体化政务服务平台仍然需要权力清单，而且这个清单出于技术的要求，需要全国一个标准，权力事项的行使流程也要全国统一。同时，除了行使权力外，还要提供各种政务服务。例如，在国家政务服务平台上，教育部提供的热门政务服务包括：国（境）外学历学位认证、学位认证、高等教育学历证书查询、国（境）外学历学位证书在线查询、高等教育学历认证、自费出国留学人员存档服务、全国大学英语四六级考试成绩查询、中小学教师资格考试成绩查询等17项服务。如果说以前的权力清单制度是分散化实施的话，那么纳入国家政务服务平台之后的权力清单则需要集中统一。

2018年10月，国务院办公厅电子政务办公室发布了《国家政务服务平台标准》，对政务服务事项目录和实施清单提出了新的编码标准和要求，这意味着原来由各地自行制定的权力清单事项编码标准将被全国统一标准逐渐取代。2019年5月31日，国家政务服务平台开始试运行，国务院各部门的权力清单被全部纳入试运行的国家政务服务平台上，部门网站就失去了发布权力清单的必要和意义。所以，导致中国社会科学院国家法治指数研究中心在评估国务院权力清单发布情况时，发现了公布部门少、公布内容不全面的问题。

如果说以前的权力清单是线上、线下分离的话，那么纳入国家政务服务平台之后的权力清单则实现了线上查阅和线上办理的统一。如果说以前的权力清单只凸显权力的行使，那么纳入国家政务服务平台之后的权力清单则实现了与服务的融合。因此，纳入国家政务服务平台之后的权力清单制度可以说是原来权力清单制度的升级版。从试运行的国家政务服务平台上可以看到，平台上既有直通国务院部门的在线政务服务，也有直通各地方政府的在线政府服务。国务院部门的一体化在线政务服务一共涵盖了45个部门，以行政审批为主的权力事项共有728项，以信息查询为主的政务服务事项共用294项（见表6-3）。[①] 每个政务服务办事事项包括基本信息、办理流程、办理材料目录、受理条件、收费标准、设定依据、常见问题等。其中，基本信息主要包括：权力类型、办件类型、实施主体、行使层级、承诺办结时限、法定办结时限、是否收费、到办事现场次数、咨询方式、监督投诉方式、办理时间、办理地点。与权力清单编制内容相比，纳入国家政务服务平台的行政权力事项清单，基本内容是一致的，只是增加了行使层级、到办事现场次数等与跨层级办理、线上办理相关的信息。基于此，权力清单制度并没有因为一体化政务服务平台而中止，而被嵌入这个平台，并且更有利于其功能的发挥。反过来说，一体化政务服务平台不仅能优化政府公共服务，还有推进政府简政放权、规范行政权力运行的功能。从表6-3可以看出，在国家政务服务试运行平台上，以行政审批为主的办事事项最多的部门是农业农村部，共有74项办事事项，其次是水利部，有62项办事事项。从整体上来看，与乡村振兴、环境保护、金融有关的部门，办事事项相对较多。服务事项数最多的部门是民政部，一共推出了19项服务事项；其次是公安部和教育部，各自推出了17项服务事项。

**表6-3　国务院部门在线政务服务平台权力事项及服务事项数目统计**

单位：项

| 部门名称 | 办事事项 | 服务事项 |
|---|---|---|
| 农业农村部 | 74 | 6 |
| 水利部 | 62 | 8 |
| 中国证券监督管理委员会 | 61 | 9 |

① 平台上显示涵盖国务院45个部门的1376项政务服务事项，但由于国家税务总局的权责事项清单连接打不开，加上有关服务项目的算法可能不一致，导致服务事项数量不等于1376。

续表

| 部门名称 | 办事事项 | 服务事项 |
| --- | --- | --- |
| 中国民用航空局 | 50 | 3 |
| 自然资源部 | 48 | 3 |
| 国家林业和草原局 | 34 | 3 |
| 生态环境部 | 29 | 8 |
| 国家药品监督管理局 | 29 | 0 |
| 国家发展改革委 | 28 | 5 |
| 国家广播电视总局 | 27 | 7 |
| 中国银行保险监督管理委员会 | 25 | 3 |
| 交通运输部 | 24 | 10 |
| 海关总署 | 18 | 10 |
| 商务部 | 17 | 8 |
| 民政部 | 15 | 19 |
| 应急管理部 | 15 | 10 |
| 国家卫生健康委员会 | 12 | 7 |
| 国家外汇管理局 | 12 | 8 |
| 住房和城乡建设部 | 11 | 2 |
| 教育部 | 10 | 17 |
| 国家市场监督管理总局 | 10 | 13 |
| 国家烟草专卖局 | 10 | 6 |
| 公安部 | 9 | 17 |
| 中国人民银行 | 9 | 2 |
| 国家铁路局 | 9 | 2 |
| 工业和信息化部 | 8 | 0 |
| 国家邮政局 | 8 | 8 |
| 国家文物局 | 8 | 3 |
| 科学技术部 | 7 | 7 |
| 国家知识产权局 | 7 | 4 |
| 司法部 | 6 | 10 |
| 文化和旅游部 | 5 | 9 |

续表

| 部门名称 | 办事事项 | 服务事项 |
| --- | --- | --- |
| 国家体育总局 | 5 | 5 |
| 国家能源局 | 4 | 0 |
| 财政部 | 3 | 7 |
| 人力资源社会保障部 | 3 | 11 |
| 退役军人事务部 | 3 | 10 |
| 中国气象局 | 3 | 6 |
| 国家移民管理局 | 3 | 13 |
| 国家矿山安全监察局 | 3 | 0 |
| 国家统计局 | 2 | 1 |
| 国家机关事务管理局 | 2 | 2 |
| 国家医疗保障局 | 0 | 1 |
| 国家粮食和物资储备局 | 0 | 11 |
| 税务总局 | — | — |
| 合计 | 728 | 294 |

## 二、地方政府层面

### （一）地方探索阶段

在地方政府层面，省级政府成为地方政府权力清单制度实施的主要决策者和组织者。省级政府既要直接领导省政府所属职能部门权力清单编制工作，又要指导地方政府权力清单制度推行工作。按照国务院的统一部署，2015 年底前，省级政府部门要完成权力清单编制工作，市、县两级政府在 2016 年底前基本完成所属部门的权力清单编制工作。鉴于部分地区推进工作比较慢，2017 年才开始陆续发布本级政府部门编制的权力清单。我们把 2018 年之前地方政府推进权力清单工作称为“制度的探索期”。

2015 年，国务院对地方政府权力清单制度的推行只是出台了一个指导性意见，需要各省级政府结合本地实际，制定全省统一的权力清单分类标准和实施方案。由于缺乏国内外现成经验可供借鉴，在紧张的任务压力驱动下，各省政府基于工作人员自身对于权力清单制度的不同理解，制定了地方性的实施方案，结果导致各省公布的权力清单在数量上差异巨大。2015年，河南39个省政府机构共发布3035项权力事项，湖北59个省政府机构所列出的权力事项为2638项。以科技审批权力事项为例，山西公布了37项，安徽公布了39项，而辽宁只有9项。从各省发展和改革委员会公布的行政审批权力事项来看，陕西有11项，安徽有25项，而辽宁只有9项。对于教育领域的行政审批事项，辽宁仅公布了2项，安徽则公布了40项，山西也仅公布了7项。如果依照“职权法定”原则，在全国范围内，不同地区相同职能部门的行政职权应该是高度同构的，因为它们的行政职权都来自相同的法律法规或上级政府的政策规定。但是，从各地公布的权力清单来看，不同省份、不同城市，甚至相邻的两个县级政府的相同职能部门，所公布的权力清单都存在巨大的差异，这就让人难以理解，导致许多学者将各地权力清单的数量差异看作权力清单制实施的“问题”。

孟庆国的研究表明，省级政府权力清单制度实施的差异性主要表现在：①对权力清单概念的理解不同。有的省仅公布了行政审批和行政许可权力事项，大多数省将所有权力事项予以公布。②对权力清单和责任清单的关系理解不同。“权责合一”模式强调“以权定责”，明晰每个权力事项所对应的职责及其追责机制；“权责分列”模式强调“以责定权”，依据国家法律、法规、规章、“三定”规定及行政规范性文件，划分各部门的行政职权，避免出现部门间职权的交叉重叠。③对权力事项分类的不同。主要有“9+X”和“10+X”两种模式，行政处罚、行政强制、行政征收、行政给付、行政奖励、行政确认、行政裁决是各省级政府都有的权力事项类型，但在行政审批、行政许可、行政征用等权力事项上，各省表现出了很大的差异。④对权力清单编制主体的理解不同。在编制主体上，有的省认为仅指政府行政部门，而有的省则将承担行政职能的事业单位部分地纳入编制主体，有的省将承担行政职能的党委部门也纳入其中。

但是，从各地负责权力清单编制人员的角度来看，主要原因有二，一是主观理解不同，二是归纳法的编制逻辑。

这种行政人员“自下而上”、由具体到抽象的归纳式编制逻辑，造成各地权力清单编制的巨大差异。一方面，各地情况不同，虽然上级政府赋予了其相同的行政权力，但是可能有部分权力在该地方根本就没有行使的条件，所以就没有必要列到本地政府部门的权力清单中。例如，开采矿产资源的审批，毫无疑问，在有矿产资源的地区，是当地自然资源局的一项重要行政权力事项。但是，在一些没有任何矿产资源的地区，当地的自然资源局虽然从理论上也拥有这项行政权力，却没有实施的条件，所以也就没有必要列到权力清单事项中。另一方面，事项是对一件事情的概括和分解，而具体如何概括和分解，主要取决于权力清单编制者的主观认知。例如，行政处罚，河南省嵩县教育体育局列出了七个事项，而同属洛阳市管辖的、地理上相邻的汝阳县教育体育局则列出了八个事项，且两地所列出的行政处罚权力事项只有三项是相同的（见表6-4）。为什么会出现这种差异？一是语言表述方面的问题，例如，对于民办学校违法行为的处罚，汝阳县教育体育局列出两个权力事项：对民办学校违反规定办学开展教学活动等行为的处罚，擅自分立、合并民办学校的处罚。嵩县教育体育局则将两个事项概括为一个事项：对民办学校办学过程中违法行为的处罚。一个“违法行为”就将教学违法行为和机构分立合违法行为全部涵盖了。二是收集的法律文件不同，嵩县教育体育局从《校车安全管理条例》中找到一个“学校违反校车管理条例的处罚”行政处罚权力事项，而汝阳县教育体育局的权力清单编制人员可能没有注意到这一行政法规。同时，汝阳县教育体育局从《中华人民共和国义务教育法》中找到一个“对父母或者其他法定监护人无正当理由不送适龄儿童、少年入学接受义务教育的处罚”的行政处罚权力事项，而嵩县教育体育局则没有注意到这一法律规定。

**表6-4 嵩县与汝阳县教育体育局行政处罚权力事项一览**

| 序号 | 河南省嵩县教育体育局权力事项（行政处罚） |
|---|---|
| 1 | 对使用假教师资格证书的处罚《〈教师资格条例〉实施办法》 |
| 2 | 对民办学校办学过程中违法行为的处罚《中华人民共和国民办教育促进法》 |
| 3 | 对弄虚作假、骗取中小学教师资格的处罚《教师资格条例》 |
| 4 | 对教师品行不良、侮辱学生，影响恶劣的处罚《中华人民共和国教师法》 |
| 5 | 对违反法律、法规和国家有关规定开办学校或其他教育机构的处罚《中华人民共和国教育法》 |
| 6 | 对父母或者其他法定监护人无正当理由不送适龄儿童、少年入学接受义务教育的处罚《中华人民共和国义务教育法》 |
| 7 | 对因教育考试机构管理混乱、考试工作人员玩忽职守，造成考点或者考场纪律混乱，作弊现象严重的处罚《国家教育考试违规处理办法》 |
| **序号** | **河南省汝阳县教育体育局权力事项（行政处罚）** |
| 1 | 对民办学校违反规定办学开展教学活动等行为的处罚《中华人民共和国民办教育促进法》 |

续表

| 序号 | 河南省嵩县教育体育局权力事项（行政处罚） |
|---|---|
| 2 | 对使用假教师资格证书的处罚《〈教师资格条例〉实施办法》 |
| 3 | 考点或考场纪律混乱，作弊严重的处罚《国家教育考试违规处理办法》 |
| 4 | 对教师品行不良、侮辱学生，影响恶劣的处罚《中华人民共和国教师法》 |
| 5 | 发布虚假招生简章或者广告，骗取钱财的处罚《中华人民共和国民办教育促进法》 |
| 6 | 学校违反校车管理条例的处罚《校车安全管理条例》 |
| 7 | 擅自分立、合并民办学校的处罚《中华人民共和国民办教育促进法》 |
| 8 | 违反规定颁发学位证书、学历证书或者其他学业证书的处罚《中华人民共和国教育法》 |

通过上述分析不难发现，权力清单像一个工具箱，而权力事项清单则是特定主体在使用其中某些权力工具时的行动细化。工具箱很大，但是对于某个部门来说，只能按照管理活动的需要而各取所需。在具体的实践过程中，需要不断尝试和学习。例如，当遇到群众的投诉时，行政当局的第一反应是这个问题“归不归我们管”，而要回答这个问题的基本方法就是查阅相关的法律法规和政策文件，在知道了归谁管理以及如何管理后，就知道了本部门拥有这样一个权力事项，以后遇到类似问题时可照此办理。

但是，在“自上而下”的权力清单编制工作中，职能部门编制的不是作为行为正当性条件的权力清单，而是权力行使活动的细化。由于权力行使活动的复杂性，权力行使活动的细化存在无限细分的可能性，导致权力事项清单比工具箱更加复杂。部门行政权力事项的编制主要是通过对相关法律法规文件的梳理获得，与日常权力实践的联系不大。从有限理性的角度来看，面对如此众多的法律法规，每个权力清单事项的编制人员，都不可能穷尽文件的所有细节性规定。所以，个人因素对于权力事项清单的编制会产生重要影响。

### （二）标准化建设阶段

2018 年，针对探索阶段地方政府在权力清单推进工作中出现的标准不统一、内容差异大、权责事项不对等、动态调整机制不健全、清单实用性不强等问题，《中央机构编制委员会办公室、法制办关于深入推进和完善地方各级政府工作部门权责清单制度的指导意见》（中央机构编制委员会办公室发〔2018〕23 号）提出，要推进权责清单标准化、规范化建设，实现同一行政职权事项在省、市、县三级的名称、类型、依据、编码等要素基本一致，同层级政府同一工作部门的行政职权数量基本相近，做到横向可比对、纵向可衔接，实现权力清单两单融合，解决权力清单和责任清单“两张皮”问题。在推进地方权力清单制度的探索期，地方权力清单的编制是以“块”为主的，每级政府是一个相对独立的编制单位，较少考虑各职能部门与上下级职能部门之间的清单对接问题。在深入推进和完善阶段，中央提出地方政府可探索条块结合的清单编制方式，先由省（区、市）政府各部门分别牵头梳理本系统省、市、县三级权责事项的标准清单，再纳入各级政府部门权责清单体系运行。

在中央意见指导下，从2018年开始，各地政府开始对原来编制的权责清单进行规范和调整。以内蒙古为例，2018年，内蒙古自治区机构编制委员会办公室牵头制定了《行政审批制度改革“八张清单”编制规范》《行政权力事项编码规则》《行政权力事项运行指南编写规范》《行政权力事项业务手册编写规范》，实行统一行政权力事项在自治区、盟市、旗县（市、区）三级政府部门的名称、依据、编码、类型、基本流程五个要素上基本一致，形成一个通用权责清单。各级政府机构只需在通用权责清单的基础上进行微调和确认，报同级政府审核小组审核同意，即可对外公布，形成本部门权力清单。由于这项工作正处在推进过程中，各地推进的速度不一，导致各地方公布的权力清单仍然表现出巨大的差异性，因为有的地方公布了调整的、统一规范的权力清单，有的地方政府仍然停留在老版本基础上。但是，最终的发展趋势一定是走向标准化和规范化。以内蒙古自治区政府门户网站公布的自治区政府部门权责清单为例，和全国绝大多数地方政府的做法相同，内蒙古自治区网站提供了两种权责清单的检索方式，一是按部门检索，共有机构改革调整之后的自治区政府职能部门38个；二是按照权力类型检索，包括行政许可、行政给付、行政确认、行政奖励、行政裁决、行政处罚、行政强制、行政征收、行政监督检查、其他行政权力十大类。每个权责事项通过超链接可以看到其权责清单，有权力名称、权力类别、责任主体、设定依据、责任事项、追责情形和追责依据七个方面的内容。每个权责事项页面又设置了“办事指南”超链接，包括基本信息、受理条件、设定依据、收费标准和依据、办理流程及流程图、办事情形与材料、办理地点、常见问题八个方面的内容。办事指南的设计与《国家政务服务平台标准》（C0109. 2—2018）基本一致，强化了权责清单的服务功能。例如，在办理流程部分，分受理、审查和办结三个环节分别列出办理人员姓名、办理时限、审查标准、办理结果和是否存在特殊环节。在办理情形与材料部分，还要对所提交材料的名称、类型、形式、来源、份数、填报须知以及申请表下载进行说明，极大地方便了行政相对人的办事准备工作。浙江、湖北等省份的权责清单直接与网上办事平台连接，将查看权责清单、业务办理准备、业务办理及监督有机融合在一起，解决了权责清单实用性不强的突出问题。

除此之外，内蒙古在发布自治区政府部门权责清单时还编写了一个说明，其中有两条是这样表述的：①为方便监督，权责清单在自治区政务服务网上设置了在线建议功能。对某项行政权力的真实性、合法性、合理性的建议，可在该部门在线建议平台上提出；认为该部门存在实际实施但未列入目录的权力，可在政务服务网上该部门的在线建议平台上提出。②公布的权责清单不是对现有行政权力予以固化，而是对权责清单实行动态调整机制，积极推动权责清单的调整和优化，确保清单规范准确。上述说明表明，公布的权责清单未必是完整的，有可能存在实际实施但未列入的现象，继续延伸的话，在权责清单标准化建设的初期阶段，“清单之外无权力”原则的实施可能需要看特定的条件。如果某一行政机构实际行使的某项权力确实没有法律法规上的依据，也不在公布的权责清单中，那就是违法行为；如果行政机构行使的某项行政职权，没有列在权责清单中，但有明确的法律法规依据，仍然是合法的，不受“清单之外无权力”原则的约束。因为这项制度远没有达到完善的地步，我们不能以权力清单缺乏法律约束力为由否定该制度。

随着一体化在线政务服务平台的运行，一些省份直接把权责清单连接到政务服务平台；一些省份做了分开处理，政务公开栏目仍对权责清单进行公开，同时在政务服务网站上，将权责清单及其办事指南、公共服务事项清单融合在一起。省级以下地方政府在权责清单标准化建设方面相对落后，有的地方政府公布的权责清单仍然是之前的老版本，需要继续完善。

### （三）权力清单中的权力结构

权力的本质是社会关系，《不列颠百科全书》将权力定义为“一个人或多人的行为使另一个人或多人的行为发生改变的一种关系”。简而言之，权力是权力主体对权力客体行为的影响，这种影响主要分为支持性和限制性两种。从行政法的角度来看，支持性的权力行为被称为“授益性行政行为”，它对行政相对人来说是有益的；限制性的权力行为被称为“损益性行政行为”，即它对行政相对人而言是直接有害的。

从河南省人民政府、洛阳市人民政府和嵩县人民政府三个具有行政隶属关系的三级政府公布的权力清单中，收集到各权力类型中权力事项的数量分布，如表 6-5 所示。从省、市、县三级政府部门公布的权责事项总数来说，省政府最少，一共有 2831 项；县级政府次之，一共有 3929 项；地级市级政府最多，一共有 3990 项，呈“金字塔”结构。一般而言，政府行政层级越高，行政权力越大。但是，权力清单所公布的行政权力，主要是与社会相连接的权力，不包括行政系统内部上级对下级的权力。行政层级越高的政府，与社会直接相连接的渠道越少，如中央政府或省级政府，主要通过行政命令指导基层政府对于社会的直接干预行为。因此，行政层级越低的政府，拥有的行政权责事项越多。

此外，在各级政府所公布的权责清单中，损益性行政权力都占绝对多数，而且层级越低的政府部门占比越大。在地方权责清单规范化编制过程中，一般采用“9+X”的分类模式，这就意味着权力主体对权力客体行为的影响至少有九种方式：行政许可、行政处罚、行政强制、行政检查、行政确认、行政征收、行政给付、行政奖励和行政裁决。在这九种影响方式中，行政许可、行政确认、行政给付和行政奖励属于授益性的行政权力事项，但在政府机构全部行政职权中所占比重很低。如表 6-5 所示，在嵩县人民政府门户网站公布的权力清单中，行政许可有 254 项，行政确认有 59 项，行政给付有 24 项，行政奖励有 17 项，四类合计仅占该县政府职能部门行政职权数量的 9.0%。在洛阳市政府公布的权力清单中，行政许可（313 项）、行政确认（72 项）、行政给付（3 项）、行政奖励（35 项）四类合计占市级政府部门权力事项总数的 10.6%。在河南省政府层面，行政许可（322 项）、行政确认（56 项）、行政给付（9 项）、行政奖励（12 项）四类合计占省级政府部门权力事项总数的 14.09%。总之，授益性行政权力事项占比低，行政层级越低的政府，占比越低。与此相反，损益性行政权力事项占绝对多数，尤其是行政处罚，在省、市、县三级政府的占比分别为 60.37%、74.19%、81.45%，呈现出政府层级越低，占比越高的趋势。

表 6-5　河南省、洛阳市、嵩县三级政府权力清单中权力类型结构比较

| 职权类型 | 嵩县 | | 洛阳市 | | 河南省 | |
|---|---|---|---|---|---|---|
| | 数量/项 | 百分比/% | 数量/项 | 百分比/% | 数量/项 | 百分比/% |
| 行政许可 | 254 | 6.46 | 313 | 7.84 | 322 | 11.37 |
| 行政处罚 | 3200 | 81.45 | 2960 | 74.19 | 1709 | 60.37 |
| 行政强制 | 127 | 3.23 | 97 | 2.43 | 88 | 3.11 |
| 行政检查 | 122 | 3.11 | 239 | 5.99 | 162 | 5.72 |
| 行政确认 | 59 | 1.50 | 72 | 1.80 | 56 | 1.98 |
| 行政征收 | 17 | 0.43 | 10 | 0.25 | 10 | 0.35 |
| 行政给付 | 24 | 0.61 | 3 | 0.08 | 9 | 0.32 |
| 行政奖励 | 17 | 0.43 | 35 | 0.88 | 12 | 0.42 |
| 行政裁决 | 4 | 0.10 | 18 | 0.45 | 4 | 0.14 |
| 其他职权 | 105 | 2.68 | 243 | 6.09 | 459 | 16.22 |
| 合计 | 3929 | 100.00 | 3990 | 100 | 2831 | 100.00 |

与行政处罚的高占比形成鲜明对比的是行政许可，在省级政府层面占到 11.37%，只有行政处罚（60.37%）占比的 1/5。在地级市政府层面，行政许占比为 7.84%，只有行政处罚（74.19%）占比的 1/10 左右。在县级政府层面，行政许可占比更低，为 6.46%，只有行政处罚（81.45%）占比的 8%。这与行政审批制度改革有直接关系，连续十多年十几批次的审批权取消与下放，使得以行政审批为主要内容的行政许可权力事项大幅缩减，而以事中、事后监管为主要手段的行政处罚占比相对提高。

当然，并不是说授益性行政权力就一定能够被社会大众支持和接受。如果权力行使不当，照样会招来社会的不满和矛盾，如行政给付和行政奖励。行政给付是行政主体为行政相对人提供物质或与物质利益相关的权益的行为，如教育部门对于家庭经济困难学生给予资金资助。行政奖励是行政主体对行政相对人给予物质或精神表彰，如司法部门对优秀人民调解员的表彰和奖励。这种鼓励行为对社会大众来说是乐见其成的，但是在行政相对人的选择和给付、奖励等级确认过程中，行政主体的权力就凸显出来，如果这种权力得不到有效制约，就会产生各种寻租和腐败行为，引发社会的不满。

1999 年 5 月 23 日，陕西省咸阳市七名群众在渡沣河时不幸翻船，附

近村民王任伟、马随意等数十名群众闻讯赶到，抢险救人。5月26日，沣东镇党委、政府做出《关于对王任伟、邵军孝等人见义勇为先进事迹进行表彰的决定》，授予王任伟等5人“见义勇为先进个人”荣誉称号，并给予500元或200元不等的物质奖励，对马随意等9人给予通报表扬。马随意认为自己在抢救落水人员的过程中出力最大，要求镇政府给予自己与王任伟等5人一样的待遇，在要求被镇政府拒绝之后遂开始上访，并于2000年9月22日将沣东镇政府告上法院。从这个案例可以看出，政府的行政奖励行为，虽然不需要社会付出任何代价，但是也可能引起社会的不满。核心问题是资源分配的公平性问题，必须保证那些真正需要的人、应该得到的人获得；否则会给行政相对人的心理造成不公平、被剥夺的不良感受，激发社会矛盾。

在同一层级的政府中，不同部门的权力大小存在明显差别。从基层公务员的角度来看，在基层政府系统中，发展和改革委员会、财政局、公安局、交通局等部门都是“实权部门”。但是如表6-6，在河南省嵩县人民政府所公布的县级政府部门权责清单中，这些所谓的“实权部门”的权力事项却普遍偏少，如发展和改革委员会的权力事项只有80项，财政局也只有103项，与权力事项数量最多的市场监管局相比，仅为其1/10、1/7。权力事项数量最多的五个部门分别是市场监管局、住房和城乡建设局、卫生健康委员会、农业农村局、应急管理局，五个部门的权力事项占全县政府系统职能部门权力事项总数的50%，这五个部门的职责都以服务和监管为主。

之所以出现所谓“实权部门”权力事项少于服务监管部门，主要是因为2019年的地方政府机构改革，对主要部门职权进行了深度调整。市场监管局是由原来的工商行政管理局、质量技术监督局、食品药品监督管理局、知识产权局以及发展改革委的价格监督检查和反垄断执法职责、商务局的经营者集中反垄断相关职责等整合而成，因此其权力事项数量最多。从部门间权力格局的变化可以看出，自党的十八大以来，在党纪国法的严格约束下，公权力寻租的空间日益被压缩，判断一个部门权力大小的标准不再是部门直接掌控的人、财、物的多寡，而是对于市场、社会的干预和影响程度。那些与工商企业组织、社会大众生活密切相关的政府职能部门，理所当然是权力最大的政府部门。

表 6-6　河南省嵩县权责清单中各职能部门权力事项分布

| 部门名称 | 权责事项数/项 | 百分比/% |
| --- | --- | --- |
| 市场监管局 | 775 | 19.38 |
| 住房和城乡建设局 | 397 | 9.93 |
| 卫生健康委员会 | 303 | 7.58 |
| 农业农村局 | 282 | 7.05 |
| 应急管理局 | 260 | 6.50 |
| 文化广电和旅游局 | 258 | 6.45 |
| 公安局 | 245 | 6.13 |
| 交通运输局 | 233 | 5.83 |
| 环境保护局 | 213 | 5.33 |
| 林业局 | 154 | 3.85 |
| 自然资源局 | 142 | 3.55 |
| 财政局 | 103 | 2.58 |
| 水利局 | 103 | 2.58 |
| 人力资源和社会保障局 | 92 | 2.30 |
| 城市管理局 | 88 | 2.20 |
| 发展和改革委员会 | 80 | 2.00 |
| 民政局 | 78 | 1.95 |
| 司法局 | 71 | 1.78 |
| 教育体育局 | 21 | 0.53 |
| 审计局 | 20 | 0.50 |
| 退役军人事务局 | 18 | 0.45 |
| 统计局 | 17 | 0.43 |
| 商务局 | 15 | 0.38 |
| 民族宗教事务局 | 13 | 0.33 |
| 档案局 | 10 | 0.25 |
| 科技和工业信息化局 | 5 | 0.13 |
| 公务员局 | 3 | 0.08 |
| 合计 | 3999 | 100.00 |

这种新的部门间权力数量分布格局在地级市政府和省级政府层面同样出现。如表 6-7 所示，不管是洛阳市政府还是河南省政府，市场监管局都是权力事项数量排名第一的部门。应急管理局是机构改革后新设立的政府机构，在洛阳市政府层面，权力数量排名第三，在河南省政府层面，权力数量排名第六，成为与社会大众日常生活相关度很高的职能部门。总体来看，权责清单所反映的部门间权力格局的变化，从侧面印证了国家治理结构改革的发展方向，在行政权力规范化运行的基础上，那些与社会大众日常生活关联度最大的政府部门，承担越来越多的服务型、监管型职责。

**表 6-7　洛阳市、河南省两级政府权责事项数量前十单位比较**

| 洛阳市 | | | 河南省 | | |
|---|---|---|---|---|---|
| 部门名称 | 权力事项/项 | 百分比/% | 部门名称 | 权力事项/项 | 百分比/% |
| 市场监管局 | 755 | 18.92 | 市场监管局 | 538 | 19.00 |
| 交通运输局 | 365 | 9.15 | 药监局 | 222 | 7.84 |
| 应急管理局 | 333 | 8.35 | 卫生健康委 | 200 | 7.06 |
| 公安局 | 324 | 8.12 | 水利厅 | 198 | 6.99 |
| 住房和城乡建设局 | 323 | 8.10 | 农业农村厅 | 179 | 6.32 |
| 卫生健康委 | 320 | 8.02 | 应急受理厅 | 164 | 5.79 |
| 文化广电和旅游局 | 205 | 5.14 | 林业局 | 134 | 4.73 |
| 农业农村局 | 192 | 4.81 | 自然资源厅 | 133 | 4.70 |
| 自然资源和规划局 | 169 | 4.24 | 文化和旅游厅 | 123 | 4.34 |
| 城市管理局 | 132 | 3.31 | 生态环境厅 | 84 | 2.97 |

如前所述，从权力事项总数来看，层级越高的政府，权力事项数量越少；行政层级越低的政府，权力事项数量越多。但是，如果细分到各职能部门的话，则呈现出更多元化的分布格局。如表 6-8 所示，对于绝大多数政府部门来说，省级层面的权力事项数目远远少于市级政府和县级政府层面的权力事项数目，如住房和城乡建设局（厅），省级层面只有权力事项 63 项，而市级层面和县级层面则分别有 323 项和 397 项。这与中国政府纵向层级分工结构具有一致性，即中央政府和省一级政府主要负责“出政策”，具体公共服务职能的实现主要靠市、县、乡三级政府。但是也有例外，如省政府商务局（厅）权力事项数为 74 项，远远多于市级商务局

（20 项）和县级商务局（15 项）；水利局（厅）也是如此，省水利厅有 198 项权力事项，而市、县级水利局则分别只有 60 项和 103 项权力事项。通过查阅具体的权责清单内容发现，这两个部门的省级机构权力事项明显偏多，主要多在行政处罚权上，省商务厅的 74 项权力事项清单中，仅行政处罚权力事项就有 38 项，而洛阳市商务局的行政处罚权力事项数目为零。省水利厅共有 198 项权力事项，仅行政处罚权力事项就有 117 项，洛阳市水利局的行政处罚权力事项数仅有 22 项。说明简政放权的改革主要集中在行政审批方面，在行政处罚权方面，部分政府机构的权力仍然集中在高层级政府。在市级政府和县级政府的比较中，大多数部门的权力事项数量呈现出县级政府多于市级政府的特点。例外情况出现在公安局、应急管理局、交通运输局。可能与管理区域有关，这三个部门在城市区域的管理内容多于农村地区，导致以管理城市为主的市级政府职能部门权力事项数量多于以管理农村为主的县级政府。

**表 6-8 不同行政层级政府部门权力事项数量对比**

单位：项

| 厅局名称 | 省政府 | 市政府 | 县政府 |
|---|---|---|---|
| 住房和城乡建设局（厅） | 63 | 323 | 397 |
| 发展和改革委员会 | 33 | 33 | 80 |
| 公安局 | 15 | 324 | 245 |
| 卫生健康委 | 200 | 320 | 397 |
| 农业农村局（厅） | 179 | 192 | 282 |
| 应急管理局（厅） | 164 | 333 | 260 |
| 民政局（厅） | 37 | 45 | 78 |
| 交通运输局（厅） | 64 | 365 | 233 |
| 财政局（厅） | 81 | 49 | 103 |
| 统计局 | 12 | 13 | 17 |
| 市场监管局 | 538 | 755 | 775 |
| 生态环境局（厅） | 84 | 95 | 213 |
| 商务局（厅） | 74 | 20 | 15 |
| 水利局（厅） | 198 | 60 | 103 |

## 三、村级小微权力清单

2015年，国务院在部署地方政府推进权力清单制度时，设定的范围只是地方各级政府工作部门和承担行政职能的事业单位，村级层面由于不属于政府行政序列，所以并没有被纳入权力清单制度强制实施范围。但是，早在2014年，浙江省宁海县就制定了《宁海县村级小微权力清单三十六条》，既有权力事项，又有重大决策事项“五议”的流程设计，同时还要求上墙公开，与后来的权力清单制度的基本规定要素具有一致性，依此规范村级组织和村干部的权力使用行为。实际上，宁海县早在2013年就着手探索村级小微权力清单，这时，全国范围的权力清单制度还没有被提出，国内最早实施省级政府权力清单的浙江省是在2014年才开始的。由此可以推断，浙江省宁海县在国内首次实施村级小微权力清单制度，内生动力是其产生的主要原因。从新闻媒体的报道来看，宁海县隶属浙江省宁波市，2019年被评为全国综合实力百强县（市），村庄集体经济实力雄厚。即便如此，宁海县在宁波市仍属于“落后”县（市），浙江省政府、宁波市政府对于宁海农村的各种财政支持规模也是中西部地区难以想象的。2013年，一些行政村最多每年可以得到上级政府上千万元的资金支持。在管理制度不健全、权力运行缺乏有效监管的制度环境下，村级腐败问题非常突出，严重阻碍村集体经济发展，村庄内部社会矛盾加剧。特别是，在村庄民主选举过程中，拉帮结派问题突出，引发了严重的社会治理问题。2013年，由宁海县纪委牵头，组织县政府职能部门分管领导、乡镇政府负责人以及村干部，联合起草村级小微权力清单。2018年，宁海县的村级小微权力清单制度被写入《中共中央　国务院关于实施乡村振兴战略的意见》：推行村级小微权力清单制度，加大基层小微权力腐败惩处力度。

获得中央和省政府高度肯定后，宁海县政府的改革动力得到进一步强化，在实践中不断优化、完善村级小微权力清单制度，于2018年推出了升级版的《村级小微权力清单36条》。如表6-9所示，宁海县村级小微权力清单把村级组织的管理事项分成了11大类，涉及村级组织人、财、物管理的方方面面，既有具体的权力事项又有权力事项执行的流程图，与上级政府部门制定的权力清单有相似之处。不同之处在于，上级政府部门制定的权力清单都有明确的设定依据，而村级小微权力清单中的权力事项则没有列明设定依据。因为村级组织属于村民自治性组织，其权力行使在行政法范围内找不到具体法律法规或政策依据。此外，上级政府制定的权力事项办理流程图，主要规范行政主体和行政相对人双方的权利与义务，而宁海县村级小微权力清单中的权力事项流程图则更加复杂，它突出了村监事会、党员大会、村民代表大会的民主监督机制。例如，在村级重大事项“五议决策法”流程图中，重大事项先由村党组织提议，再经村“三委”（村党支部委员会、村民委员会、村监事会）联席会议商议，方案公示15天之后由党员大会审议，审议结果最终由村民代表大会表决，表决结果通过后再公示三天。公示无异议的方案由村委会组织实施，在此过程中，村监事会负责全程监督。由此可以看出，宁海县村级权力清单在执行中需要在组织层面进行分权化设计，通过政务公开的方式让村民各组织主体的权力行使行为进行问责式监督，解决了旧有体制中村干部权力高度集中、运行不透明的问题。

**表6-9 宁海县新版村级小微权力清单36条**

| 事项分类 | 事项名称及序号 |
|---|---|
| 村级重大决策事项 | 村级重大事项“五议决策法”流程图（1） |
| 村级采购事项 | 物资、服务采购；微型工程；小型工程；法定规模标准以上工程流程图（2~5） |
| 村级财务管理事项 | 财务开支票据审批；现金支取（转账支付）；非村干部报酬补贴发放；招待费支出流程图（6~9） |
| 村级工作人员任用事项 | 民兵连干部和预建党支部成员任用；治调人员任用；文书、出纳（报账员）任（聘）用；临时用人、用工流程图（10~13） |
| 阳光村务事项 | 党务公开；村务公开；财务公开流程图（14~16） |
| 村级集体资源和资产处置事项 | 集体资源性资产处置；财产物资管理；集体土地征收及征收款发放流程图（17~19） |
| 村民宅基地申请事项 | 农村宅基地审批流程图（20） |
| 村民救助、救灾款申请事项 | 低保（五保）申请；救灾、救济款物发放；被征地农民基本生活保障参保登记；困难救助申请；残疾人两项补贴申请；党内关爱基金申领流程图（21~26） |
| 村民用章管理事项 | 印章管理；户口迁移；分户；殡葬管理；水、电开户申请流程图（27~31） |
| 计划生育服务事项 | 流动人口婚育证明办理；计划生育家庭奖励扶助金发放流程图（32~33） |
| 服务村民其他事项 | 矛盾纠纷调解；党员组织关系迁转；发展党员工作流程图（34~36） |

2017年以来，随着国务院、省、市、县、乡各层级政府部门的权力清单制度基本完成，各地区陆续尝试推行村级小微权力清单制度，特别是2018年，《中共中央　国务院关于实施乡村振兴战略的意见》将推进村级小微权力清单制度上升到国家战略层面。由于国家层面没有出台具体的实施方案，各地推进的速度没有像政府行政部门权力清单制度那样快。目前，全国只有浙江、宁夏、陕西等省区有省级层面的制度出台。在地市级层面，江苏省盐城市、河南省洛阳市、湖南省娄底市、山东省临沂市等在省政府没有统一部署的情况下开展了自主探索。

以陕西省为例，2020年，省民政厅、省委组织部联合印发《关于推行村级"小微权力"清单制度的意见》。与全国政府部门权力清单制度实施机构的跨部门、联动性的组织设置相比，村级小微权力清单主要以负责基层组织建设的民政部门和主管干部工作的组织部门联合推动。（宁夏的村级小微权力清单制度也是自治区民政厅和自治区党委组织部联合推动的）陕西省的村级小微权力清单制度内容主要包括：①编制权力清单和责任清单，如村级"小微权力"事项清单和村级班子主要负责人责任清单两张单子；②规范权力运行流程，基本流程与浙江省宁海县的流程相似，包括"四议"（村党组织提议、村两委会商议、村党员大会商议、村民代表大会决议）和"两公开"（决议结果公示、实施结果公开）；③完善监督机制，村务监督委员会监督、群众监督和乡镇党委对村干部实行事前、事中、事后"三提醒"制度。

## 第四节　制度效果与制度张力

### 一、权力清单制度实施效果

#### （一）巩固了简政放权的改革成果

如前所述，自2002年起，为加快建立现代社会主义市场经济制度，国务院开始大力推进行政审批制度改革。以国务院各部委为直接改革对象，强制性要求取消和下放不必要的行政职权，并以公开的方式接受社会监督。国务院持续进行简政放权改革，至2015年，先后取消的行政权力事项已经达到数千项之多。那么，这些已经被取消的行政权力事项、被清理废止的文件，如何在地方各级政府得到切实的贯彻落实，避免出现“权力反弹”和“扭曲执行”，是国家治理方面的一个极大考验。

在中央政府率先垂范之后，权力清单制度的实施，以行政命令的方式要求各级地方政府梳理自身权力家底，中央政府明令取消的行政权力事项绝对不能再次出现在地方行政部门的权力清单中；中央政府明令废止的文件不能再作为地方政府部门行政权力的依据和来源；中央政府制定的市场准入负面清单之外的行业、领域及业务，地方政府不能在这些方面设置“禁止性”的权利事项。从各地公布的权力清单来看，很少出现与中央政府近几年简政放权改革相悖的情况，这也是地方政府在权力清单编制审核工作中的重点审核事项，是权力清单的底线要求。

从各地公布的权力清单可以看出，地方政府部门权力事项的设定依据都以法律、法规和国务院部门规章为主，地方政府的政策性文件已经很少出现在权力清单权力设定依据之列。在各地制定的权力清单调整方案中，地方政府部门权力事项的调整动力主要来自中央政府。自 2015 年权力清单制度广泛实施以来，地方政府的行政职权范围与中央政府保持了较高的一致性，中央政府取消一批行政收费项目，地方政府及时跟进；中央政府取消一批行政审批事项，地方政府也不敢懈怠。在权力清单“高瞄准”约束下，“令行禁止”得到了体现。中央政府从行政职权的“入口处”控制了地方政府部门的行政职权向减少、简化的方向发展。在调研中，群众表示切实感受到了这种变化，地方政府行政职权得到了明显的收缩，行政乱收费得到了明显遏制，行政审批大大减少，行政中介服务得到了有效管控，对于巩固简政放权改革成果具有积极的促进作用。从通俗意义上来讲，权力清单就像地方政府头上戴的一个“紧箍咒”，监督地方政府按照中央政府确定的权力范围行使职权，避免了历次简政放权改革权力削减之后再次反弹增加的老问题。

同时，权力清单以一条条权力事项及清晰、明确的行使流程形式展示给社会大众，将地方政府“扭曲”中央政府改革方案的空间减至最小。在“连城县某真空空心机砖厂诉连城县环境保护局环保行政处罚”一案中，原告未经被告实施环境影响评价，将原审批生产的空心砖擅自改为生产实心砖。被告连城县环境保护局将《建设项目环境保护管理条例》中规定的“责令停止建设”偷换成了“责令停止生产”，对原告做出了“责令停止生产”的行政处罚，超越了部门职权范围。如果该县环境保护局将部门职权范围精确到具体的权责事项，如河南省S县环境保护局权力清单的一条权责事项“对建设项目的性质、规模、地点或者采用的生产工艺发生重大变化，未重新报批建设项目环境影响报告书、环境影响报告表或者环境影响登记表的处罚”，就会减少行政越权行为的发生。权力清单以“事项”“清单”的方式，将权力的行使规定得明明白白，减少了行政权力不当使用的问题。

### （二）完善了行政自制的实现机制

所谓行政自制，是指行政主体自发地约束其所实施的行政行为，使其行政权在合法合理的范围内运行的一种自主行为，是行政主体对自身违法或不当行为的自我控制。行政自制是世界各国政府规范权力行使的通行做法，在德国有行政规则，在美国有非立法性规则。美国法学家特伦斯·丹提斯与阿兰·佩兹认为，传统宪法学对规制行政机关的路径仅限于外部控制，即只通过议会和法院来控制行政机关，这种主流方法虽然重要，但现在议会和法院根本无法完成控制任务，所以应更多地关注行政机关的自我控制，且内部控制是外部控制得以运转的必要依据。

如前所述，权力清单制度体现了依法行政、责任行政、有限行政、阳光行政等现代化的政府治理理念。权力清单制度以行政权力的自我主动收缩和自我规范为主要目标，它与行政自制的目标和理念具有明显的一致性与契合性。行政自制的首要条件是职权的明晰化，权力清单制度的实施以权力大普查的方式，第一次系统地对各行政部门的权力家底进行了一次全面清查，以“权力大扫除”的方式将过期的、不符合规定的、没有存在必要的、不合理的权力事项统统“清除”掉，在为各部门权力“净身”的同时帮助行政人员认识岗位职权范围和边界，为行政人员自觉地将权力行使行为约束在边界之内提供了遵循。如果每个行政部门的行政职权都是一本“糊涂账”，“说不清道不明”，行政人员凭着感觉做事，就无法做到行政自制。

行政自制需要行政人员提升法治意识。在权力清单的编制过程中，各级地方政府通过“运动式”的动员，大多数地方行政人员都不同程度地参与其中，经过“清权、减权、确权、晒权、制权”五个环节，地方行政人员的权力家底清楚了，权力运行的程序明白了，权力行使相对应的责任也清晰了。这实际上是一次全员式的行政法律知识学习和教育活动，对于地方行政人员约束自身的权力行使行为具有直接的促进作用。

毫无疑问，权力清单对于行政人员的行政行为具有很强的约束力，限制了职权行使中的自由度，是保护行政主体正当权益的重要工具。权力清单在合法性、合理性反思的基础上优化了行政业务流程，使行政程序的各个环节得以明晰化、规范化和责任化，为人民群众依据权力清单问责相关行政主体提供了强大的支持。在此背景下，一方面，行政人员要督促自身严格按照流程处理各种公共事务活动，尽量保持程序上的公平和正义；另一方面，如果遭遇人民群众“刁难式”投诉、检举行为，行政人员可以依据权力清单来进行“自我维权”。因此，权力清单对于地方行政人员的主要作用在于促进其行政自律，而不仅仅是被动式的他律。在各地的司法判决实践中，虽然权力清单已经成为人民法院频繁采信的重要证据之一，但有关权力清单法律属性的认定问题仍然存在模糊之处，多数司法判决没有明确权力清单的法律属性。实际上，权力清单具不具有法律属性并不影响其约束行政权力行使的功能，权力清单为地方政府行政人员的行政行为提供了一个可遵循的规则，提供对规则的遵守实现行政自制的目标。从统计的角度来看，那些由于行政违法行为而被告上法庭的是极少数部门和行政人员，大多数行政人员都遵循了权力清单提供的权力行使规范，这其中的机制主要是行政自律。

### （三）打造了规范用权的制度之笼

党的十八大以来，习近平总书记多次强调，要把权力关进制度的笼子里，形成不敢腐的惩戒机制、不能腐的防范机制、不易腐的保障机制。权力清单制度打造了行政人员规范用权的制度之笼，为促进依法行政、建设法治政府提供了制度保障。

权力清单制度将行政部门的职权范围以清单的方式公之于众，强化了上下级政府之间的纵向监督。在权力清单制度实施之前，地方政府部门的行政权力，不仅群众不知道，上级政府部门也不清楚。一方面，由于部门职权的设定依据很多；另一方面，由于部门职责和岗位职责抽象笼统。权力清单制度的实施，将各级政府部门的权力家底“晾晒”出来，大大减少了上下级政府之间权力底数的信息不对称状态，上级政府可以很容易发现地方政府部门的违规越权行为，这为约束地方政府行政部门规范用权提供了强有力的纵向监督机制。

权力清单制度将部门权力事项及其运行流程和追责机制公之于众，强化了人民群众的社会监督机制。一旦发现有超出权力清单之外的权力行使行为，或者出现权力清单内的行政职权不依法履行的行为，人民群众就可以根据权力清单通过检举、投诉、上诉等多元化渠道维权。一旦人民群众发起依单制权的维权行动，纪检监察机关、上级政府、公检法等部门就要因权力清单开启对地方政府部门的监督、检查。由此可以看出，权力清单实际上是编织了一张纵横联动的监督大网，对地方政府部门的规范用权进行全方位的监督。

随着司法体制改革，地方公检法系统与地方政府之间的关系越来越趋于独立。各地人民检察院在考核压力下，更多地肩负起行政公益诉讼的职责，可对地方政府部门或负责人提供公诉。人民法院在行政诉讼案件中的独立性明显增强，胜诉率大大提高。同时，在加强党的建设实践中，纪委、监委的监督也日益制度化。权力清单制度的实施，为强化同级监督提供了支持。

总之，权力清单制度使纵向监督、横向监督和同级监督机制得以强化与完善，将地方政府部门的职权行使行为关进了一个严密的监督之网中。这一制度化的规范行政用权监督体系，较成功地驯服了行政权力的“恣意妄为性”和“无限膨胀性”，在行政权力控制的实践中具有重要的理论意义和实践意义。

## 二、权力清单制度存在的问题

### （一）制度目标与制度实践之间的张力

权力清单制度的目标之一是把各级政府部门的行政权力家底“搞清楚、弄明白”，但是在实际的制度实践过程中发现，还有很多工作要做。

首先，权力本身的抽象性决定了权力无法用准确的数字加以量化。权力是一种资源或者影响力，最大的影响力可能就是权力行使主体什么事情都没有做，权力行使的对象就自觉地将自身行为调整到权力主体期望的轨道上，这是权力威力的最高体现。将无法准确用数字衡量的权力强行地用数字加以衡量，导致地方政府在权力清单编制过程中可能会玩“数字游戏”。由此可以看出，权责事项不能代表部门权力的全部内容，有的权力清单中列明的权责事项，一直都没有对应的行政行为发生，就不能说该部门有一项行政权力事项。相应地，权力清单中即使没有列明某个权责事项，也不代表该部门没有这方面的影响力。

其次，行政事务的多变性和复杂性使部门权责事项数不清。地方政府尤其是基层政府部门，管理的行政事务具有复杂性和多样性特点，在列举行政权责事项清单的过程中存在无限细分、列举不尽的问题。例如，交警部门拥有对违章车辆的行政处罚权，但是车辆具有多样性，有小汽车、大卡车、出租车等，不一而足，而且违章的情况、程度不同，行政处罚的方式和力度也不一样。所以，对于违章车辆的行政处罚这一权责事项可以无限细分。而且，由于社会的多变性，新的社会问题形态会不断地纳入行政管理的范畴中，权力清单即使有动态调整机制，也难以应付多变的社会变迁。

最后，权力的关系属性决定了难以孤立地用数字来衡量权力。从社会学的角度来看，权力是一种特殊类型的社会关系，对于弱者而言，强者可以运用自己掌握的资源左右和影响弱者的行为，此时强者对于弱者拥有较大的权力。但是，弱者的弱也是相对的，弱者在面临强者的侵害时会动用“弱者的武器”，以隐秘的方式瓦解强者的侵害行为。而且，权力关系很多时候表现为约束关系，必须放置在一个复杂的关系网中，通过各主体的力量对比关系分析来判断某个权力主体权力的大小与多少。不管权力对象，仅仅追求权力主体权力事项的多少，即使列出了权责事项的具体数字，也无法用这一数字来准确判断某一行政机构权力的“多”与“少”。

正是由于权力清单制度目标与制度实践之间存在张力，导致在列举权责事项的过程中出现列举不完全的问题。少数部门列举不完全可能是工作态度问题，但是如果大多数政府部门公布的权力清单都存在列举不全面问题，就说明工作本身具有局限性。

### （二）清单属性与清单功能之间的张力

2015 年，在权力清单制度刚刚推行的时候，其具有法律属性是一种社会共识，“行政权力进清单、清单之外无权力”成为权力清单制度面向全社会的最响亮宣示。这就意味着权力清单相当于法律、法规，具有应有的法律约束力，行政机关不按照权力清单行使职权就是违法行为。从权力清单的发布内容来看，每个权责事项的设定依据实际上就是法律，如果两者之间的联系没有法律上的漏洞，权力清单和法律、法规就会有重合的地方，权力清单包含法律、法规。因此，将权力清单等同于法律、法规是有事实基础的。而且，如果权力清单具有法律属性和法律约束力，权力清单的重要性也会大大凸显，对于地方行政机关的依法行政行为的震慑力和约束力也会更加强大。

但是，由于制度目标与制度实践之间具有张力，导致各部门发布的权力清单在权责事项数量上的不完整、不完善问题，众多依单制权的行政诉讼，严重影响了各部门的正常行政秩序。在此背景下，权力清单的法律属性在司法实践中被模糊化了。黄学贤和刘益浒的研究表明，2014—2018年，最高人民法院审理的9个与权责清单有关的司法案件，只有1个案件认定权责清单具有法律约束力，其他8个案件，对于权责清单的法律属性采取模糊化处理，没有对权力清单的法律属性和法律效力进行明确认定。在地方人民法院审理的与权责清单有关的司法案件中，有7个案件明确否定了权力清单的法律属性。在北大法宝・司法案例库中，笔者搜索到的与权责清单相关的行政诉讼案件中，大多数判决书对于权力清单的法律属性采取了既不肯定也不否定的模糊化处理方式，极少数司法判决书支持权力清单的法律属性，部分判决书明确否定权力清单的法律属性，尤其是对基层政府公布的权责清单，不予采信的比例更大。

权力清单法律属性的模糊化削弱了权力清单制度权力约束的制度功能。一方面，既然没有法律属性，就不要承担违背权力清单行使职权的法律后果；另一方面，既然权力清单没有法律约束力，地方政府对于权力清单的完善和调整也就不重视了。一些基层政府部门网站上发布的权力清单，还是2016年制定的，至今五年多时间过去了，没有做任何调整，与2019年政府机构改革后的部门职权严重不相符。同时，权力清单法律属性的模糊化，挫伤了群众依单制权的积极性。权力清单法律属性在司法实践的弱化之所以没有得到及时的纠正，可能是因为权力清单内在的不完善性。为了解决权力清单作用弱化的问题，自2018年起，国务院又将权力清单与一体化在线服务平台相结合，通过全国层面的标准化建设，以提升权力清单的规范化，通过强化其服务功能来弥补限权功能上的不足。

### （三）职权细分与职权整合之间的张力

权力清单制度将政府部门以及部门内部各科室的行政职权细分为具体的权力事项，每一个权力事项都有具体的部门、科室、经办人来负责并承担相应的行政责任。从理论上来说，权力清单在最小权力事项单元上进行部门行政权力的划分和认定，把各行政部门之间的权力账本“算清楚了”，这个事情是发展改革委的，那个事情是市场监督管理局的，一清二楚，不应该再出现部门之间相互推诿扯皮的事情。但自2015年权力清单制度全面实施以来，行政部门之间推诿扯皮的问题仍然存在。2015年，山东省济南市政府公布了本级政府50个职能部门的权责清单。到了2020年，权力清单制度已经实施了五年，济南市政府又出台了《济南市政府部门制度建设三年行动计划实施方案》，治理的重点仍然是部门权责不清问题。《济南日报》以“着重解决权责交叉、边界不清、遇事推诿、执行不力等问题，济南实施‘三年行动’明晰部门职责边界”为标题进行专门报道。这就说明权力清单制度没有如制度预期那样解决部门权责不清、相互推诿扯皮的问题。

在广东省广州市，“刘某诉广州市卫生健康委”一案就典型地反映出地方政府部门之间职权设定不明确、互相推诿的问题。2015年，刘某的妻子在广东省人民医院乳腺科住院期间死亡，刘某遂于2月13日向广东省卫生健康委发起投诉，理由是主治医生黄某没有取得执业医师证书，且存在玩忽职守、私离岗位的行为。5月11日，广东省卫生健康委出具《广东省卫生计生委信访回复单》，将刘某的投诉转给广州市卫生健康委办理。5月25日，广州卫生健康委做出《医疗纠纷处理告知单》，按照属地管理原则，把问题推给了越秀区卫生健康局。6月15日，越秀区卫生健康局又以“谁发证、谁主管、谁负责”的原则，发函建议该问题由广州市卫生健康委转广东省卫生健康委处理。7月8日，广州市卫生健康委根据越秀区卫生健康局的建议，将刘某的投诉又推给了广东省卫生健康委。10月8日，广东省卫生健康委根据《广东省人民政府关于公布省直部门权责清单（第二批）的决定》（粤府〔2015〕24号）和《广东省人民政府办公厅关于调整省直有关部门职能的通知》（粤府办〔2015〕8号）的规定，认为原由其行使的职权已经下放至市县，又把刘某的投诉推给了广州市卫生健康委。10月13日，广州市卫生健康委以《信访事项转办函》的形式将刘某的投诉举报又转给越秀区卫生健康局。越秀区卫生健康局就管辖职权问题仍然有疑问，遂向有关部门请示，2016年3月5日，广州市卫生健康委才正式对刘某投诉问题进行调查处理。一个简单的医疗纠纷投诉，在省、市、区三级卫生健康部门之间转来转去1年多。此时的部门权责清单已经制定出来并向社会公开发布，为什么仍然没有将三级政府机构之间的职权分清楚，值得反思。

2015 年，权力清单制度的实施，希望以“事项清单”行使把部门职权“弄清楚”，解决推诿扯皮、行政不作为问题。但是，从上述案例可以看出，这一问题仍然没有根本解决，说明权力清单制度在解决这一问题上存在局限性。从实地调研情况来看，权力清单在很大程度上把部门的职权与责任弄清楚了。但由于太细致入微，加上问责力度大，地方行政人员很容易根据权力清单中公布的权责事项来推脱责任。因为以前是抽象行政职权的“大口”对群众需要办理的具体事项的“小口”，“小口”如何变化都在“大口”的范围内，相关职能部门“负有管理责任”是无法逃避的。权力清单实施之后，地方行政部门是用权力清单的“小口”对群众办理具体事项的“小口”，只要稍做“解释”就可以在地方职权之“口”和群众办理事项之“口”之间制造偏差，使推脱部门责任变得比以前更容易。由此可以看出，权力清单将部门行政职权细分之后，在某种程度上出现权力碎片化问题，以细分为借口推脱责任，分与合之间呈现出明显的张力。

# 第七章
# 地方政府的制单行动

权力清单的编制是权力清单制度推行中的重要一环，如果权力清单编制得不好，其应有的制度功能也无法得以发挥。对于地方政府部门而言，权力清单的编制过程也是其权力由大变小的过程。

## 第一节　约束环境与实施策略

### 一、约束环境

在中央政府的推动下，权力清单制度在各地方迅速推行。2014 年，当国务院各部门权力清单尚未完全公布的时候，浙江省在全国首次“晒”出了 42 个省级行政部门的完整权力清单。这说明，权力清单制度遵循了“地方先行—中央总结—全国推广”的基本创新路径。进入 2015 年，随着中央权力清单制度实施时间表的公布，各省纷纷加快推进速度，全年共有 22 个省区市公布了省级政府部门的权力清单，截至 2016 年底，全国（除港澳台）31 个省区市均已完成省级政府部门权力清单的公布工作。

要理解地方政府的权力清单编制行为，需要思考其面临的约束环境。首先是时间的约束。中央机构编制委员会办公室从 2014 年开始部署地方政府的权力清单编制工作，如果从 2015 年底的规定完成时限来计算，大多数省区市是以一年左右的时间完成权力清单的编制和公开工作的。按照一般情况，省级政府一般会提前完成任务。例如，河南省规定，省级政府职能部门公布权力清单的完成时间是 2015 年 9 月底以前，实际完成的时间可能更短。当省级政府完成权力清单工作编制工作后，再下文指导各市、县的权力清单编制工作，以 2016 年底的截止时间来计算，差不多需要在同样短的时间内完成。时间紧迫，是地方政府权力清单编制工作面临的最大约束因素。

其次是知识的约束。编制和公开各职能部门的权力清单，对于中国各级政府来说都是第一次，因为以前从来没有做过，没有“惯例”可资借鉴。权力事项的梳理和法律依据的追溯，需要宽广的法律知识。同时，什么叫权力，权力如何分类？都没有具体的框框和规矩可以照搬。按照中央的要求，地方政府编制的权力清单既要符合法律规定和中央简政放权的基本精神，又要因地制宜符合本地、本部门实际。这就意味着地方政府部门编制的权力清单既要与中央保持一致又不能与其他地方完全一样。对于地方政府部门中权力清单的具体编制人员来说，需要多方面的知识。因此，知识的匮乏是地方政府权力清单编制工作面临的第二大约束因素。

最后是考核的约束。2015 年，中共中央办公厅、国务院办公厅联合下发的《关于推行地方各级政府工作部门权力清单制度的指导意见》指出，上级政府要加强对下级政府的指导和督促检查。同时，权力清单的编制还受到社会的强约束。因为在权力清单编制的初期，强调把权力清单等同于法律意义上的实体。2014 年，李克强总理在谈到权力清单时指出，政府要拿出“权力清单”，明确政府该做什么，做到“法无授权不可为”；给出“负面清单”，明确企业不该干什么，做到“法无禁止皆可为”；理出“责任清单”，明确政府该怎么管市场，做到“法定责任必须为”。这就意味着，制定权力清单是一个非常严肃的事情，一旦权力清单公布，就是在社会面前立下了一个法律合同。

## 二、实施策略

在三重约束下，地方政府推进权力清单编制工作的行动策略主要包括以下三个方面。第一，学习。权力清单编制工作牵涉政府机构绝大多数职能部门，在没有任何惯例可以依循的情况下，学习自然是最重要的。从实地调研情况来看，各地方政府一般由编制办牵头负责权力清单编制工作。编制办首先要学习，学习中央推进权力清单制度的基本精神，弄明白权力清单是什么东西，然后结合本地实际提出一个具有可操作性的实施标准和实施框架。在这方面，从中央到地方，编制办系统举行了多种培训和经验交流活动，为地方政府编制部门的学习提供了支持。例如，在 2015 年 7 月，中央机构编制委员会办公室在北京举办了深化行政审批制度改革及简政放权培训研讨班。9 月，中央机构编制委员会办公室又在安徽合肥召开了推进权责清单工作座谈会。座谈会上，安徽省做经验介绍，黑龙江、江苏等七个省份做了重点发言，与会省份交流了工作经验。以此类推，各地方政府的机构编制委员会办公室机构也为下属机构编制委员会办公室部门提供了各种学习、培训和交流的机会。2015 年 3 月，湖南省机构编制委员会办公室在长沙举办了“市县政府工作部门推行权力清单制度工作业务”培训班。通过学习，机构编制委员会办公室工作人员首先掌握了权力清单编制工作的基本知识，为各地方政府开展本地政府机关部门权力清单编制工作奠定了基础。机构编制委员会办公室负责人员，通过培训等方式将掌握的“知识”传播到下属机构或职能部门。2015 年，开封市委编制办在开展权力清单编制工作时，组织了针对各部门业务骨干的集中专题培训，为具体实施权力清单制度做好知识上的准备工作。

第二，自查。虽然机构编制委员会办公室在权力清单编制中扮演着领导者的角色，但机构编制委员会办公室不会对每个职能部门的权力事项一一进行梳理。这其中的原因，一是机构编制委员会办公室人员有限，对于几十个职能部门庞杂的权力事项来说，实在难以应付。二是各部门的业务不同，机构编制委员会办公室工作人员只是掌握了权力清单编制的“通用性”知识，对各业务部门的专门性知识则难以应付。因此，各地方在开展权力清单编制工作时，通行的做法是机构编制委员会办公室负责制定统一的模板表格和操纵手册，各职能部门据此进行部门权责事项的自我梳理。从调研来看，各地基本做法是由“一把手”负责协调和动员，将任务层层分解到各科室。各科室在自查的时候，也是一个“反观自我”的过程：首先，通过相关政策法规反观自身职权的合法性；其次，通过上级政府、其他同行的做法反观自身职权行使的合理性；最后，通过相关职能部门的职权行使反观自身职权的融通性。各职能部门将各科室的权力清单汇总之后，向机构编制委员会办公室提交权力清单自查报告及详细的清单目录。

第三，审核。各职能部门提交自我梳理的权力清单、责任清单及优化的权力运行流程图后，机构编制委员会办公室一般要会同法制办、审改办等部门，从各职能部门抽调相关人员组成审核小组，对每个部门填报的每项权力事项逐一进行审核。在此过程中，一般难以一次性通过审核，需要反复与各职能部门进行反馈和修改，这个过程被称为“三报三回”，即机构编制委员会办公室初审后将意见反馈至各职能部门，各职能部门提出调整补充方案，此为“一报一回”；审核组对职能部门第一次提交的修改方案进行再审，并提出反馈意见，职能部门再行调整补充，此为“二报二回”；各职能部门将调整补充后的权责清单公开向社会征集反馈意见，再次组织审核反馈，此为“三报三回”。但从实际调研结果来看，社会反馈意见较少，说明在权力清单编制工作中，社会大众的参与较为缺乏。

## 第二节　县级政府权责清单质量分析

### 一、指标体系设计

目前，关于权力清单制度的量化评估研究，以省级政府的研究成果居多。从目前的情况来看，省级政府层面的权责清单普遍较为规范，但在差异性和多样化性上不如县级政府。虽然中央在深化权力清单编制的过程中，强调了标准化和规范化建设，但是以县级政府为代表的基层政府所编制的权力清单，在形式上和内容上仍然表现出较大的差异性，值得去深入研究，但是目前学术界对于县级政府权责清单的量化评估研究较为少见。为此，我们以河南省 104 个县级政府在门户网站公布的权责清单为分析对象，通过构建标准化的评估指标体系，以数据的方式呈现各地区的差异性并尝试分析其背后的原因。

如表 7-1 所示，评估指标体系主要有形式完备性、数量适宜性和分类准确性三个一级指标，三个一级指标的权重分别为 60%、20%和 20%。在形式完备性一级指标中，根据国务院和河南省政府对于权力清单内容的规定，将权力清单应该包含的权力事项的最基本内容做出以下赋分设置：名称（1 分）、编码（1 分）、类型（1 分）、依据（1 分）、行使主体（2 分）、流程图（2 分）、监督方式（2 分）。将这七项加总作为评估对象权责清单在形式上的完备性，最低分为 0 分，最高分为 10 分；分数越高，说明权力清单的形式越完备。为了和其他两个一级指标的得分保持可比性，需要做无量纲化的处理。具体的处理公式为

$$G_1=(X-X_{min})/(X_{max}-X_{min})$$

其中，$G_1$ 代表形式完备性指标的标准化指数值，由于是标准化后的得分，其取值范围在 0~1；$X$ 代表评估对象在形式完备性上的得分，即前述七个项目的加总分；$X_{min}$ 代表评估对象中形式完备性得分的最低值，由于本次评估中有两个县的权责清单没有在门户网站上公布，所以形式完备性得分的最低值为零；$X_{max}$ 代表评估对象中形式完备性得分的最大值。

**表 7-1　河南省县级政府部门权责清单评估指标体系**

| 维度及权重 | 指标 | 分值 | 操作说明 |
| --- | --- | --- | --- |
| 形式完备性（60%） | 名称 | 1 | 有此项则赋 1 分或 2 分，无此项则赋 0 分 |
| | 编码 | 1 | |
| | 类型 | 1 | |
| | 依据 | 1 | |
| | 行使主体 | 2 | |
| | 流程图 | 2 | |
| | 监督方式 | 2 | |
| 数量适宜性（20%） | 权责事项总数 | 具体数目 | 按所列条目数 |
| 分类准确性（20%） | 其他类型权责事项数量 | 具体数目 | |

从权力清单制度所要实现的行政机构简政放权制度目标来看，地方政府权力清单中的权责事项越少，代表地方政府在简政放权改革实践中的力度越大。但是，对于基层县级政府而言，行政权力事项的多少主要是由国家法律、法规和上级政府的政策性规定决定的，基层政府自我赋权的合法性空间较小。从各地权责清单所列出的权责事项设定依据来看，主要来自中央政府。在国家法律、法规和政策规定既定的情况下，地方政府所列举的权力清单数量越多，反映地方政府机构权力事项梳理得越细致、越全面，而不是地方政府简政放权改革力度小。但是，凡事都有“度”，如果权力事项数量畸高，就说明编制权力清单的思路可能存在重大缺陷，质量也不可能很高。为此，我们以被评估的 104 个县级政府部门权责事项数量的中位数作为数量最适宜的比较标准，与中位数之差的绝对值越大，表明数量适宜性越差。具体的标准化处理公式为

$$G_2=1-(Y-Y_{min})/(Y_{max}-Y_{min})$$

其中，$G_2$ 代表数量适宜性指标的标准化指数值，取值范围同样在 0~1，数值越大表明权责清单中所列权责事项的数量越适当；$Y$ 代表评估对象部门权责事项数量与中位数之差的绝对值；$Y_{min}$ 代表评估对象中权责事项数量与中位数之差的绝对值的最小值，本次评估中有两个县的权责清单没有在门户网站上公布，所以形式完备性得分的最低值为零；$X_{max}$ 代表评估对象中部门权责事项数量与中位数之差的绝对值的最大值。

权力事项的分类也是基层政府在编制权责清单过程中遇到的一大难题。一方面，是缺乏对行政许可、行政强制、行政征收等法律概念的深入

理解；另一方面是态度不够认真，不懂也不向法律专家咨询，凭着个人的感觉进行分类。这种态度上的不认真，突出表现在其他事项数量畸高。由于分不清楚，最简便易行的做法就是把不清楚的权责事项都归到“其他事项”中。结果是“其他事项”成了无所不包的“大筐”，什么都往里装，有明显的“喧宾夺主”的不对称感，也不符合权力分类的现实。基于此，如果其他权力事项数所占比重过高，则说明其权力事项的分类不够准确。我们以部门权责事项总数作为分母，其他权责事项数量作为分子，计算其他权责事项在权力总数中所占的比重，比重越大，表示该地区权力分类越不准确。该指标的标准化处理公式为

$$G_3=1-(Z-Z_{min})/(Z_{max}-Z_{min})$$

其中，$G_3$ 代表分类准确性指标的标准化指数值，取值范围同样在 0～1，数值越大表明权责清单中所列权责事项的分类越准确；$Z$ 代表评估对象部门其他权责事项占全部权责事项的比例；$Z_{min}$ 代表评估对象中部门其他权责事项所占比例的最小值；$Z_{max}$ 代表评估对象中部门其他权责事项所占比例的最大值。

在上述指标体系中，内容方面的七个指标数据比较容易采集，因为一个县级政府各个部门所列权责事项的清单格式是一致的，只要随机找到一个职能部门的权责事项的清单，就可以进行评分。但是，各个职能部门所公布的权责事项总数及其他权责事项的数量存在非常大的差异，如果把县政府所有职能部门公布的权责事项清单权力事项数目及其他事项数目加总，将是一件极为困难和耗费时间的事情。为了解决这个问题，我们以行政许可权力较集中的发展改革委和与民生最接近的教育体育局两个部门为代表，分别根据上述九个指标及其赋分情况对每个县的发展改革委和教育体育局两个部门公布的权责清单逐一进行评分。① 最终的基层政府权责清单质量指数，是计算发展改革委和教育体育局两个部门质量指数的几何平均数，具体计算公式为

$$G=(F\times J)\hat{}(1/2)\times 100$$

其中，$G$ 代表县级政府权责清单质量指数，取值范围在 0～100，由

① 个别县（市）的机构设置为教育局，体育事项被纳入文广新体局，处理方式是：形式完备性的 7 个指标，统一依照教育局的权责事项格式进行评分，权责事项数量和其他权责事项数量，将文广新体局中与体育有关的权责事项数量和其他权责事项数量挑出来加到教育局的权责清单中来。

前述的三个维度——形式完备性、数量适宜性和分类准确性综合加以体现，取值越大说明权责清单的质量越高；*F* 代表县级政府发展改革委权责清单的质量指数，取值范围在 0~1；*J* 代表县级政府教育体育局权责清单的质量指数，取值范围也在 0~1。

## 二、评估结果分析

评估组成员依据上述指标体系对河南省 104 个县级政府门户网站上发展改革委和教育体育局两个部门公布的权责清单进行打分，评估时间在 2021 年 7 月 1—25 日。在对评估数据进行全面整理、核对之后，依照前述计算方法计算出河南省 104 个县（市）权责清单质量指数。

### （一）整体质量处于中等水平

经过统计分析发现，2021 年，河南省 104 个县（市）中，权责清单质量指数得分的平均值为 69. 49 分。结果表明，从平均水平来看，全省县级政府权责清单的质量接近中等水平。从图 7-1 可以看出，全省县级政府权责清单质量指数的分布呈现出明显的负偏态形状。70 分以上的县（市）数量占 55%，60 分以下的县（市）数量仅占 26%。结果说明，就河南省而言，大多数县级政府权责清单的整体质量是很高的。

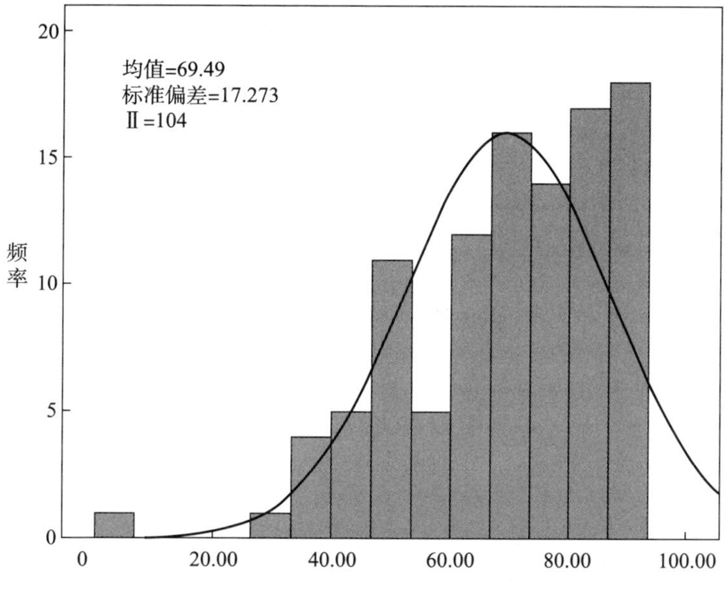


图 7-1　河南省 2021 年县级政府权责清单质量指数直方图

## （二）内部差异明显

虽然整体质量状况处于中等水平，得分高的县（市）占比偏高。但是，各县（市）之间的得分差异仍然很大。如表 7-2 所示，2021 年，洛阳市下辖的洛宁县，权责清单质量指数得分为 92.22 分，位列全省第一。鹿邑县的权责清单在其门户网站上始终找不到，所以各项得分都为零。除鹿邑县之外，位于全省倒数第二的太康县，其权责清单质量指数得分仅有 32.45 分，与最高分洛宁县相差将近 60 分。如果个体之间由于个案的特殊性而缺乏可比性的话，我们以前十位县（市）和后十位县（市）的平均分进行比较，全省排名前十的县（市）平均得分为 90.55 分，排名后十的县（市）平均得分为 35.30 分，两者相差 55.25 分，差距仍然非常明显，说明存在明显的两极分化现象。

表 7-2　河南省排名前十与排名后十县（市）权责清单质量指数得分比较

| 县（市） | 质量指数/分 | 排名 | 县（市） | 质量指数/分 | 排名 |
|---|---|---|---|---|---|
| 洛宁 | 92.22 | 1 | 沈丘 | 43.07 | 104 |
| 汝阳 | 92.15 | 2 | 清丰 | 42.20 | 103 |
| 新安 | 92.06 | 3 | 鄢陵 | 41.99 | 102 |
| 南召 | 91.86 | 4 | 西华 | 41.13 | 101 |
| 巩义市 | 91.82 | 5 | 长葛市 | 39.53 | 100 |
| 濮阳 | 90.97 | 6 | 南乐 | 38.89 | 99 |
| 伊川 | 89.62 | 7 | 内黄 | 37.32 | 98 |
| 新密市 | 88.54 | 8 | 郸城 | 36.37 | 97 |
| 登封市 | 88.41 | 9 | 太康 | 32.45 | 96 |
| 荥阳市 | 87.86 | 10 | 鹿邑 | 0 | 95 |

## （三）各地市平均得分存在明显差异

在国务院和省政府对地方政府部门编制权责清单工作做出原则性规定后，具体的执行方案一般是由地市级政府制定的，这就导致地级市政府对于下辖县级政府部门权责清单的编制质量产生直接影响。如表 7-3 所示，郑州市下辖的 6 个县（市），权责清单质量指数平均得分为 88.48 分，排在全省 17 个地级市的第一位。排在第二、第三位的分别是洛阳市和信阳市，平均得分分别是 82.65 分和 82.24 分。相应地，周口市下辖的 8 个县级政府权责清单质量指数平均分全省最低，只有 43.43 分，连郑州市平均分的一半还不到。排在全省倒数第二、第三位的是许昌市和安阳市，平均得分分别是 49.91 分和 52.53 分，都处在 60 分的及格线以下。

表 7-3 河南省各地市县级政府权责清单质量指数平均值比较

| 地市名称 | 质量指数平均得分/分 | 县（市）个数/个 | 质量指数标准差 |
|---|---|---|---|
| 郑州 | 88.48 | 6 | 1.77 |
| 洛阳 | 82.65 | 9 | 13.88 |
| 信阳 | 82.24 | 8 | 8.40 |
| 焦作 | 78.83 | 6 | 6.59 |
| 商丘 | 78.06 | 7 | 8.07 |
| 平顶山 | 73.50 | 6 | 12.04 |
| 南阳 | 72.73 | 11 | 10.88 |
| 漯河 | 72.06 | 2 | 0.86 |
| 驻马店 | 70.40 | 9 | 8.18 |
| 新乡 | 70.36 | 8 | 11.71 |
| 开封 | 69.27 | 4 | 12.10 |
| 鹤壁 | 61.60 | 2 | 19.91 |
| 濮阳 | 54.02 | 5 | 21.22 |
| 三门峡 | 53.19 | 4 | 6.72 |
| 安阳 | 52.53 | 5 | 10.20 |
| 许昌 | 49.91 | 4 | 11.65 |
| 周口 | 43.43 | 8 | 23.87 |
| 总计 | 69.49 | 104 | 17.27 |

### （四）两部门质量指数高度相关

如前所述，同级政府职能部门的权责清单编制工作，是在政府权责清单领导小组的统一部署下展开的，由编制部门具体负责，在指导手册、内容布局、时间安排、审核程序上具有高度的一致性。这就导致在同一个县（市）的政府职能部门之间，权责清单质量具有高度的同质性特征。在被评估的 104 个县级政府中，发展改革委权责清单质量得分与教育体育局权责清单质量得分的 Pearson 相关系数达到了 0.767。从图 7-2 也可以明显看出，教育体育局权责清单质量得分与发展改革委权责清单质量得分呈现出明显的正相关关系。在此情况下，任选两个政府部门，都能够很好地代表县级政府部门权责清单的基本情况。

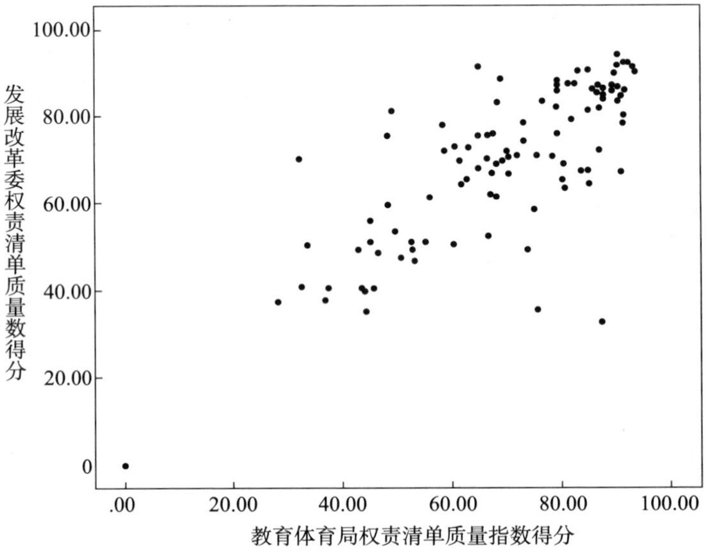


**图 7-2　河南省唐县（市）教育体育局和发展改革委权责清单质量指数得分的散点图**

## （五）权力运行流程图、编码和监督机制缺失较多

在国务院和河南省政府对于权责清单编制的基本要求中，针对每个权责事项，至少要列出事项的名称、权责事项的编码、权力类型、权力事项设定的法律依据、具体到某个科室的行使主体、权力运行流程图和监督方式。这样的安排，从权力监督的角度来看，非常合理，名称、类型和编码有利于识别与检索，设定依据是该项权责事项存在的法律基础，没有这个法律基础，权责事项的存在理由就是个问题，因此也是至关重要的内容。权力行使主体、权力运行流程图和监督机制对于人民群众通过权责清单监督行政权力运行具有重要意义。如表7-4所示，权责事项名称和权力类型的设置比例接近（100%），设定依据和行使主体也有很高的设置比例。设置比例明显偏低的项目有三个：监督方式，有66.3%的县（市）政府部门权责清单中设置了该项内容，意味着还有30%以上的县（市）的权责清单中没有显示监督方式。权责事项的编码，设置此项内容的比例为55.8%，意味着还有

40%以上的县（市）权责清单中缺失此项内容。权力运行流程图的设置比例更低，为 53. 8%。

表 7-4　权责事项各项目的设置比例

| 权责事项内容设置 | 设置的百分比（%） |
|---|---|
| 名称 | 98. 1 |
| 类型 | 98. 1 |
| 依据 | 83. 7 |
| 行使主体 | 81. 7 |
| 监督方式 | 66. 3 |
| 编码 | 55. 8 |
| 权力运行流程图 | 53. 8 |

## （六）权责事项的数量差异大

统计分析发现，在被评估的 104 个县级政府中，发展改革委的权责事项数量平均值为 32. 52 项，教育体育局的权责事项数量平均值为 25. 73 项，前者明显高于后者，这与现实中发展改革委面向社会大众行政职权较多的事实是相符合的。就发展改革委公布的部门权责清单来说，全省 104 个县级政府，最少的只列了三项，最多的则列了 139 项，呈现出明显的分散化特征。就教育体育局公布的权责清单而言，全省 104 个县（市），权责事项数量最少的只有一项，最多的达 74 项，离散趋势也非常明显（见图 7-3）。

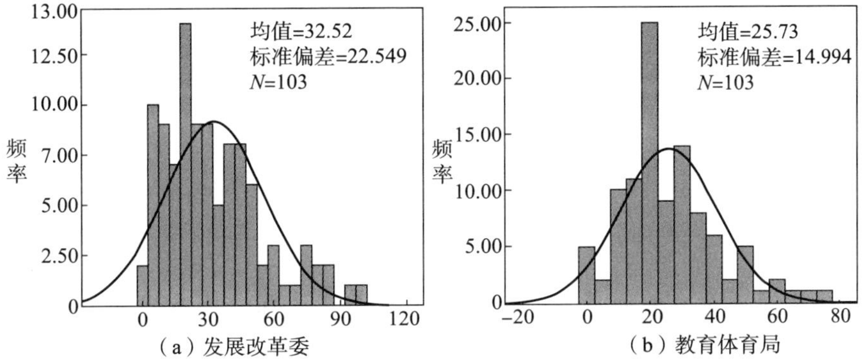


图 7-3　发展改革委和教育体育局权责事项数量的直方图

如前所述，权责事项列得太少或者太多，都可能违背基本事实。其中的原因很多，但根本原因出在管理上。如表 7-5 所示，如果将 104 个被评估的县（市）按照所述地级市分类，那么每个地级市所属县级政府发展改革委权责事项数量的平均值会存在明显差异，新乡市下辖七县的发展改革委权责事项平均数量达到 71 项，而信阳市下辖八县发展改革委权责事项数量的平均值只有 9.25 项。以地级市变量为自变量，以发展改革委权责事项数量为因变量，做单因素方差分析，结果表明各地级市发展改革委权责事项数量的平均值存在显著差异性。这说明各地市政府在部署权责清单编制工作时，对相关问题的理解存在多样性，标准不统一，导致下辖县（市）按照不同的市政府制定的“标准”进行权责清单的编制，最终导致相同职能部门在权责事项数量上“不正常”差异。

**表 7-5 河南省各地市发改委权责事项数量平均值比较**

| 序号 | 地级市 | 平均得分/分 | 县（市）数/个 | 标准差 |
|---|---|---|---|---|
| 1 | 新乡 | 71.00 | 7 | 19.19 |
| 2 | 平顶山 | 47.17 | 6 | 17.97 |
| 3 | 鹤壁 | 44.50 | 2 | 24.75 |
| 4 | 驻马店 | 43.33 | 9 | 16.64 |
| 5 | 安阳 | 38.80 | 5 | 7.73 |
| 6 | 南阳 | 37.09 | 11 | 31.16 |
| 7 | 郑州 | 32.67 | 6 | 3.44 |
| 8 | 洛阳 | 32.11 | 9 | 23.44 |
| 9 | 商丘 | 29.86 | 7 | 17.99 |
| 10 | 濮阳 | 27.00 | 5 | 9.62 |
| 11 | 许昌 | 27.00 | 4 | 24.26 |
| 12 | 三门峡 | 26.75 | 4 | 4.19 |
| 13 | 漯河 | 25.50 | 2 | 23.33 |
| 14 | 开封 | 24.50 | 4 | 25.85 |
| 15 | 焦作 | 17.67 | 6 | 6.22 |
| 16 | 周口 | 14.50 | 8 | 14.03 |
| 17 | 信阳 | 9.25 | 8 | 3.15 |
| 总计 | | 32.52 | 103 | 22.55 |

### （七）部分地区其他权责事项占比明显偏高

权责清单的编制需要将部门的权责事项按照行政许可、行政处罚、行政强制等进行分类，实在无法归到规定的行政权力类别的，将其纳入“其他事项”。如果按照“9+X”的分类标准，意味着至少有九种权力类型可供选择，涵盖了大多数权责事项。所以，其他事项是针对少数实在无法归类的权责事项设立的。但是从评估数据来看，部分县（市）的部门权责清单中，其他权责事项所占比例明显偏高，发展改革委其他权责事项占比最高的达到80%，教育体育局其他权责事项占比最高的也达到61%。如图7-4所示，在两个部门其他权责事项占比的直方图中，有相当多的县（市）其他权责事项占比大于平均值20%。

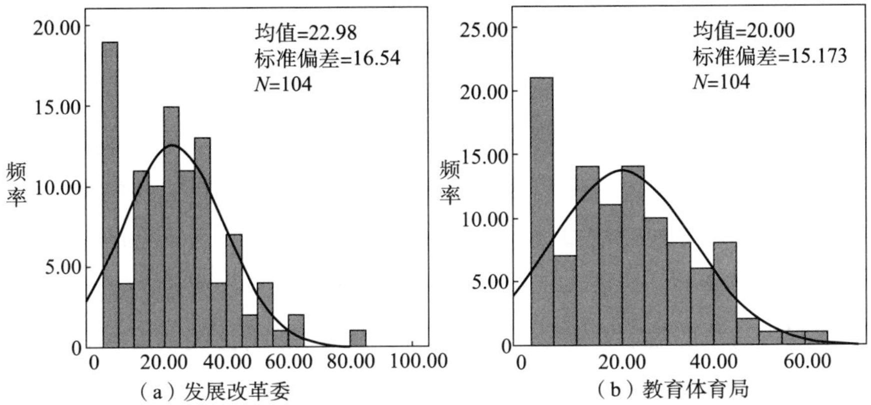


图7-4　发展改革委和教育体育局权责清单中其他权责事项占比的直方图

## 三、县级政府权责清单质量的影响因素

如前所述，在被评估的104个县级政府中，部门权责清单的质量指数存在巨大差异。那么，影响县级政府权责清单质量的因素是什么？为此，我们提出两个研究假设。首先，自党的十八大以来，中央政府加大了对农村的支持力度，在脱贫攻坚和乡村振兴实践中，财政资源、政策资源、社会力量等都向农村倾斜。在此过程中，加强对乡村基层政府权力运行的监管尤为重要。这种监管，除了社会监督外，重要的还是要依靠党和政府系统“自上而下”的纵向监管。在此过程中，地级市政府对农村县级政府的

影响有逐渐强化之势。2017 年，河南省委决定实施了四年的 10 个省直管县，在组织人事、司法隶属、扶贫、环保、人大、政协等领域重新回归原来所属的省辖市统一管理。这一政策调整背后存在多方面的政治意义，说明了在新时代背景下，地级市政府在农村县级政府运行中的领导功能加强了。基于此，农村县级政府的权责清单编制质量，与地级市政府的领导存在直接关系，如果地级市政府重视该项工作，且管理得当，其管辖的县级政府权责清单编制质量就会普遍较高；反之，如果地级市政府不太重视权责清单编制工作，或者领导不当，下辖县级政府权责清单的质量就会普遍不高。综合上述分析，我们提出影响县级政府权责清单质量的政治约束假设：

H1：县级政府权责清单质量受地级市政府的显著影响。

从经济角度来看，部门权责清单的编制需要经济基础。从实地调研来看，作为涉及全县所有政府职能部门的一项全局性工作，县级政府在权责清单编制过程中，要成立专门机构、抽调专门人员、划拨专项经费。在公共财政实力较强的县（市），经费支持较多，负责人员有更强的工作积极性，可能更有利于权责清单编制工作的开展。在财政较为紧张的县（市），由于经济激励缺失，权责清单编制人员的工作积极性会受到较大影响，进而影响权责清单的编制质量。基于此，我们提出影响县级政府权责清单质量的经济约束假设：

H2：人均 GDP 和人均公共财政收入越高的县（市），政府权责清单的质量越高。

为检验上述研究假设，我们收集了河南省 2019 年 104 个县（市）常住人口、人均 GDP、一般公共预算收入、地级市等数据资料，利用多因素协方差分析方法，探讨经济变量（人均 GDP、人均公共财政收入）和政治变量（地级市）对于因变量（县级政府部门权责清单质量指数）的影响。结果如表 7.6 所示，在四个自变量中，人均公共财政收入、人均 GDP、常住人口三个自变量的 $F$ 检验结果都不具有统计显著性，说明经济约束对县级政府权责清单质量的影响不显著。地级市自变量有 17 个取值，$F$ 检验对应的 $p$ 值为 0.025，在 5%显著性水平下具有统计显著性，即政治约束对于县级政府部门权责清单质量具有显著影响。

表 7-6　因变量为权责清单质量指数的多因素协方差分析

| 来源 | Ⅲ型平方和 | *df* | 均方 | *F* | Sig. |
|---|---|---|---|---|---|
| 校正模型 | 7337. 604 | 19 | 386. 190 | 1. 387 | 0. 156 |
| 截距 | 14221. 720 | 1 | 14221. 720 | 51. 064 | 0. 000 |
| 人均公共财政收入 | 204. 732 | 1 | 204. 732 | 0. 735 | 0. 394 |
| 常住人口（万人） | 415. 034 | 1 | 415. 034 | 1. 490 | 0. 226 |
| 人均 GDP | 0. 099 | 1 | 0. 099 | 0. 000 | 0. 985 |
| 地级市 | 7006. 727 | 16 | 437. 920 | 1. 572 | 0. 025 |
| 误差 | 23394. 782 | 84 | 278. 509 | | |
| 总计 | 532883. 100 | 104 | | | |
| 校正的总计 | 30732. 387 | 103 | | | |

# 第三节　制单行动的逻辑

## 一、任务逻辑

2015 年，中共中央办公厅、国务院办公厅印发《关于推行地方各级政府工作部门权力清单制度的指导意见》，对各级地方政府的权力清单制度实施下达“任务”。在行政发包制的模式下，任务一级一级向下传达。对于地方政府及其职能部门负责人来说，全面完成上级政策文件中的“规定动作”，不拖后腿，按部就班，成为大多数地方政府部门权力清单编制工作的常态化要求。

这种以任务为驱动的权力清单实施逻辑，是科层制体系中行政人员理性选择的具体体现。与招商引资、土地开发工作不同，实施权力清单制度，难以给地方政府带来直接的经济效益，且要耗费一定的公共资源。这使得地方政府在实施权责清单制度时，缺乏内在的经济激励机制。同时，权力清单制度改革与文明城市创建工作不同，权力清单制度的实施缺乏评价工作好坏的信号机制。文明城市如果创建成功了，通过中央文明委的授牌和全社会的公示，在上级政府和社会大众面前，是显示领导人执政成绩的一个强烈信号。在既没有经济激励也没有政绩激励的情况下，不少地方政府领导抱着“完成任务”的态度，将工作目标仅限定在完成文件上的规定动作，至于深入实施权力清单制度管理的长效机制，则甚少考虑。各地在推行权责清单制度过程中高度集权与高度分权并存，高度集权表现在制单形式上的高度统一和高度标准化，高度分权体现在清单内容方面，所以出现了如前述评估结果所表现出的那种“有组织的无序”状态。

安东尼·唐斯认为，信息传递机制和内部控制机制是官僚体系运作的核心，行政层级越多，信息扭曲的可能性越大。在全面从严治党的新时代背景下，晋升越来越多地依靠正式的信息传递渠道。在此背景下，地方行政人员对于行动目标的选择，往往以行动内容对政绩显示的强度为标准，越能够被上级政府领导和社会大众“看到”的公共行动，对行政机构的激励作用越强。由于缺乏政治信号功能，一些地方政府部门在推动权力清单制度过程中仅以“完成任务”为主。

但是，政治信号机制并不是完全客观、被动的存在，它是在行动中建构起来的。如果完全按照中央政府的规定动作来走，确实不具有明显的政治信号功能。但是，在完成中央政府规定动作的基础上，通过对权力清单制度运行机制的创新，使权力清单制度重新具有了政治信号机制的功能。创新主要表现在纵向创新、横向创新、内容创新三个方面，纵向创新的主要做法是将权力清单制度下级政府延伸，例如，率先推行村级小微权力清单，从侧面“凸显”权力清单制度推行的“深度”。横向创新的主要做法是从政府机关扩展到事业单位、党委机关等，从侧面“凸显”权力清单制度推行的“广度”。内容创新的主要做法是在其他行政管理领域套用清单管理的做法，如宁夏民政厅推出的“社区治理服务大联动清单”，山东省利津县出台的社区工作准入事项清单等，从侧面“凸显”权力清单制度推行的“灵活度”。

但是，在权力清单“母体制度”的运作机制没有健全完善的时候，以“摊大饼”式的“创新”凸显权力清单制度推行的“政绩”，对于国家权力清单制度在基层的贯彻落实具有明显的消极影响。首先，任务型的行动逻辑以满足上级政府的要求为主要目标，没有考虑地方的实际情况，不利于权力清单制度在地方的实际运行。其次，任务型的行动逻辑只注重短期性效果，没有对权责清单的预期社会后果进行科学评估。当权责清单公布后，人民群众依照权责清单“问责”政府部门的时候才意识到问题的严重性，此时的地方政府，多以弱化权责清单法律效力的方式“应对”来自社会的“挑战”，在部分行政诉讼案件中，人民法院对原告提交的权责清单“不予采信”。最后，任务型的行动逻辑以满足文字工作为主，很多地方政府在网上公布的权责清单很标准、很规范，但仅仅是挂在网上而已，并没有完善的使用权责清单的管理机制。权责清单公布的办事流程，在实际中并没有完全执行，该要的证明还是得要。《人民日报》收到一些群众来信，反映有关部门明文规定已取消的证明事项，在具体办事时仍要求开具。甘肃某县的陈旭要申请大学生创业贷款，银行要求出具单身证明，陈旭无奈只好到社区居委会，经过几番折腾，才拿到了“未婚”的证明。地方权力清单制度已经推行了五年左右的时间，为什么仍然存在明显违背权力清单规定的行政服务问题？这与地方政府没有切实制定权力清单有效运行机制有直接关系，背后的深层动因是任务型的行动逻辑。

## 二、效率逻辑

权力清单作为插入的一个紧急任务，在确保重点工作不受影响的情况下，一些地方政府在推行权力清单工作时隐含着一种“能省则省”的效率逻辑，在完成任务的前提下，力争费时最短投入最少。地方政府始终处在一个多任务代理的约束环境中，特别是在中央提出“三大攻坚战”之后，基层政府在脱贫攻坚、环境保护、经济发展等方面面临巨大压力，普遍存在人手不足、时间紧迫、经费紧张等问题。与脱贫攻坚、环境保护工作的“硬”任务相比，权力清单制度改革是一项“软任务”，当推行权力清单改革的任务下达之后，地方政府要根据任务的轻重缓急、重要程度进行排序。

因此，在地方官员的注意力分配上，脱贫攻坚和环境保护占据了主导性优势，考核相对较“软化”的权力清单改革工作，则会以更有“效率”的方式加以完成，以便为更重要的工作任务留出更多的资源。首先，在时间分配上，争取以最少的时间完成工作任务，各地以权力清单为内容的专门会议很少，把权力清单编制的时间安排压缩得很短，河南省X县统计局的权力清单梳理自查工作仅用了五天时间。在时间压力下，权责清单工作打破了原来的行政程序，进行紧急处理，导致参与人员仓促完成工作。事实上，权力清单作为一项基础性的行政制度改革工作，最需要全员参与、持久对话和长效运行机制。其次，在人员分配上，争取以最少的人力投入完成工作任务，除了编制办和法制办全员参与外，每个职能部门都仅有一人专门负责，确保其他更重要的工作有更多的人员。再次，在经费投入上，多数基层政府没有划拨专项经费支持，而是以“零经济成本”来完成权力清单的编制工作。最后，几乎无争议地完成了权力的分配。按照常理来说，权力对于行政部门和个人而言都是至关重要的，权力的大小决定了部门的重要性和个人的发展空间。但是，在基层政府编制权责清单过程中，有关权力分配的争议很少出现。

效率逻辑以最小的投入“圆满”地完成了权力清单的编制工作，具有积极的一面。但是由于投入不够，导致权力清单制度的效能没有得到完全、持久地释放。首先，部分地区、部分部门权力清单梳理得太过粗糙，一个部门列出的权责事项总数仅有三项，明显不全面。有的权责事项表述过于笼统，不具有可操作性，仅仅是为了应付表格的上报，不具有具体行政实践中的指导功能。其次，参与人员较少，没有起到对全体行政人员法治教育的作用，个别部门是负责人一个人在“闭门造车”，没有召开专门的会议进行集体讨论，存在很多明显漏洞。调研中，甚至有行政人员不知道本部门的权力清单。这就意味着，其在执行公务过程中并没有依照权力清单行使。再次，缺乏与职能交叉重叠部门的充分交流与沟通，导致部门之间的权责边界仍然不清楚。由于在权力清单编制过程中，行政人员以“填表”为主，没有意识到权力清单是部门或个人“影响力”的依据，以甚少争议的方式完成本该有争议的事情。但是，在具体执行环节，这种在制定过程中被掩盖的争议开始浮出水面。在与权力清单有关的行政诉讼案件中，行政部门之间权责不清的问题仍然存在，说明权责清单在编制过程中并没有经过充分沟通和协商。最后，效率逻辑导致本本为上，对于权力清单的制度化运行机制缺乏安排，大大降低了权责清单的权力约束功能。

## 三、权变逻辑

自 2015 年以来，权力清单制度改革处在一个变动不居的制度环境中。首先，国务院的行政审批制度改革一直在持续，每年都有数量不等的行政职权被取消、下放、合并或调整。其次，2018 年，国务院出台了《关于加快推进全国一体化在线政务服务平台建设的指导意见》，标志着自 2015 年推行的权力清单制度改革发生重大转向。原来的权力清单改革工作主要由编制办负责，标准化程度较低，各省、各市、各县都有自己的标准。2018年调整之后，由于强化了权力清单服务功能，一体化在线服务平台是由电子政务与大数据管理局负责运营，权力清单的编制也是由其负责管理，出台了新的全国通用的权责事项分类标准，清单的内容也从职权扩大到服务。最后，2018年，国务院政府机构改革方案正式实施，正部级机构减少了八个，副部级机构减少了七个。紧接着，地方政府的机构改革方案也广泛铺开。行政机构改革直接导致原有行政部门的职责权限发生深刻变化，这使得静态的权力清单难以适应政府机构改革的新局面。除了中央层面，省级政府、地市级政府一方面要随着政策的调整及时改变地方权力清单改革的工作部署；另一方面针对具体的执行环节，地方政府的工作思路和策略处在不断地调整与改变中。

从社会功能主义的理论来看，地方政府在政策变化的情况下，基于权变逻辑可以达到三方面的效果。首先，完成上级文件规定的权力清单编制工作，对于职能部门依法行政具有积极的促进作用；其次，为后续的制度改革留下回旋的余地和空间；最后，有利于地方行政秩序的稳定。但是，权变逻辑影响权力清单制度的稳定性，对于其法律功能的发挥产生不利影响。

# 第八章

# 行政人员依单用权状况

权力清单是地方政府行政人员具体参与编制的，权力清单为地方政府行政人员的依法行政提供了操作指南和法律依据。地方政府行政人员对权力清单的主观认知以及使用，直接决定了权力清单制度功能的实现。因此，了解地方政府行政人员在权力清单制度运行中的行为取向，对于理解权力清单制度具有至关重要的意义。

## 第一节 权力清单的感知与使用

### 一、对部门权力清单的知晓度

如表 8-1 所示，在受访的 704 名地方政府工作人员中，对工作部门权力清单表示“非常了解”的有 193 人，占调查样本的 27.41%；表示“比较了解”的有 158 人，占调查样本的 22.44%；表示“一般了解”的有 176 人，占调查样本的 25%。三者合计有近 75%的受访者了解所在工作单位的权力清单；表示“比较不了解”和“非常不了解”的受访者只占调查样本的 13.35%；还有 11.79%的受访者表示本部门没有编制权力清单，主要集中在党委、人大、政协、群团组织等非政府系统。总体来看，地方行政人员对于部门权力清单具有较高的知晓度。

表 8-1 对本部门权力清单的了解程度

| 是否了解本部门权力清单 | 频数/人 | 百分比/% |
|---|---|---|
| 非常了解 | 193 | 27.41 |
| 比较了解 | 158 | 22.44 |

续表

| 是否了解本部门权力清单 | 频数/人 | 百分比/% |
|---|---|---|
| 一般了解 | 176 | 25.00 |
| 比较不了解 | 78 | 11.08 |
| 非常不了解 | 16 | 2.27 |
| 部门没有编制权力清单 | 83 | 11.79 |
| 合计 | 704 | 100.00 |

将受访者对于部门权力清单"非常了解"和"比较了解"合并为"了解"，对权责清单"比较不了解"和"非常不了解"合并为"不了解"，删去"部门没有编制部门权力清单"的受访者，我们比较不同行政级别的政府公务员对于部门权力清单的知晓度。如表 8-2 所示，行政级别越低的受访者，表示"了解"部门权力清单的比例越低；行政级别越高的公务员中，表示"了解"部门权力清单的比例越高。在办事员中，了解部门权力清单的受访者占比为 50.14%，而在正科级职员中，了解部门权力清单的占比则为 78.72%。这可能与权力清单编制过程中行政级别越高参与比例越大有关联。

**表 8-2　行政级别与部门权力清单了解度交叉表**

| 是否了解部门权力清单 | 行政级别 | | | | | | |
|---|---|---|---|---|---|---|---|
| | 办事员 | 科员 | 副科 | 正科 | 副处 | 正处 | 编外人员 |
| 了解/% | 50.14 | 53.33 | 63.10 | 78.72 | 77.78 | 100.00 | 54.55 |
| 一般了解/% | 31.83 | 30.00 | 23.81 | 17.02 | 11.11 | 0.00 | 45.45 |
| 不了解/% | 18.03 | 16.67 | 13.10 | 4.26 | 11.11 | 0.00 | 0.00 |
| 计数/人 | 30 | 355 | 168 | 47 | 9 | 1 | 11 |

权力清单主要是为政府公务员的行政工作提供指导，工作性质不同，权力清单的意义也不同。尤其是，对于行政执法人员来说，权力清单为其执法行为提供了法律依据和工作流程上的指导，对于维护程序公正具有重要意义，使用得越多就必然了解得越多。对于专业技术类或综合管理类的行政工作，直接面对人民群众的机会偏少，权力清单的指导功能相对较弱，从事这些行政工作的公务员对于部门权力清单的知晓度也相对较低。如表 8-3 所示，在 212 名从事行政执法类工作的受访者中，有 63.68%的

人了解部门权力清单，比例明显高于综合管理类和专业技术类。

**表 8-3　工作性质与部门权力清单了解度交叉表**

| 是否了解部门权力清单 | 工作性质 | | | |
|---|---|---|---|---|
| | 综合管理类 | 行政执法类 | 专业技术类 | 其他 |
| 了解/% | 54.42 | 63.68 | 36.84 | 42.86 |
| 一般了解/% | 29.01 | 24.53 | 42.11 | 39.29 |
| 不了解/% | 16.57 | 11.79 | 21.05 | 17.86 |
| 计数/人 | 362 | 212 | 19 | 28 |

从调研情况来看，由于权力清单制度的推行是“自上而下”展开的，层级越高的政府越重视，公布的权力清单越详细、越规范，实施机制越健全。基层政府由于重视程度不够，政策文件在下达至基层政府时，理解也会出现明显偏差，导致基层政府工作人员对于权力清单的知晓度偏低。如表 8-4 所示，在乡镇（街道）工作的受访者中，对于部门权力清单“了解”的受访者比例只有 40.00%，而在县（区）级工作的受访者中，了解部门权力清单的受访者比例则上升到 56.05%，在地市级政府工作的受访者，了解部门权力清单的受访者比重达到 64.08%。在省级政府部门工作的受访者，了解部门权责清单的受访者比重又下降了，可能与样本数（只有 18 个）偏少有关。

**表 8-4　政府行政层级与部门权力清单了解度交叉表**

| 是否了解部门权力清单 | 政府行政层级 | | | | |
|---|---|---|---|---|---|
| | 乡镇（街道） | 县（区）级 | 地市级 | 省级 | 其他 |
| 了解/% | 40.00 | 56.05 | 64.08 | 55.56 | 60.00 |
| 一般了解/% | 35.24 | 28.63 | 25.71 | 16.67 | 40.00 |
| 不了解/% | 24.76 | 15.32 | 10.20 | 27.78 | 0 |
| 计数/人 | 105 | 248 | 245 | 18 | 5 |

## 二、对权力清单的认知度

如前所述，权力清单涉及部门权力事项的名称、类型、依据、责任及追责、流程图等多方面的内容，而且有的政府部门权力事项达几百项之多，地方行政人员能否理解直接决定着其功能的发挥。如表 8-5 所示，在

704名受访者中，有266人表示对于部门权力清单“完全看懂”，占调查样本的37.78%，还有31.68%的受访者表示“部分懂”，有15.63%的受访者表示“懂一点”，有1.56%的受访者表示“完全不懂”。总体来看，在地方政府工作的行政人员，还有很大比例的人员对部门权力清单没有完全理解，这也是一些部门为了权力清单的正常运行而专门举行培训的原因。

**表8-5 对本部门权力清单的认知度**

| 是否看懂部门权力清单 | 频数/人 | 百分比/% |
|---|---|---|
| 完全看懂 | 266 | 37.78 |
| 部分懂 | 223 | 31.68 |
| 懂一点 | 110 | 15.63 |
| 完全不懂 | 11 | 1.56 |
| 部门没有权力清单 | 94 | 13.35 |
| 合计 | 704 | 100.00 |

按照常理，教育水平越高，理解能力应该越强，更能够看懂部门权力清单。但是统计分析发现，教育水平越高的受访者，完全看懂部门权力清单的比例反而越低。出现这种“反常”现象的主要原因是教育水平越高者入职年限往往越短，真正影响权力清单认知度的因素是工作经验。如表8-6所示，入职行政机关的年限越长，“完全看懂”部门权力清单的受访者比例越高，在入职行政机关三年以下的受访者中，有26.79%的人表示“完全看懂”部门权力清单，入职行政机关3~6年的受访者，这一比例上升至36.80%，在入职行政机关12年及以上的受访者中，“完全看懂”部门权力清单的比例达到52.50%。

**表8-6 入职行政机关年限与权力清单认知度的交叉表**

| 是否看懂权力清单 | 入职行政机关年限 | | | | |
|---|---|---|---|---|---|
| | 0~3(含)年 | 3~6(含)年 | 6~9(含)年 | 9~12(含)年 | 12年及以上 |
| 完全看懂/% | 26.79 | 36.80 | 41.49 | 42.22 | 52.50 |
| 部分懂/% | 50.00 | 43.20 | 32.98 | 33.33 | 35.00 |
| 懂一点/% | 19.64 | 17.60 | 23.40 | 22.22 | 11.25 |
| 完全不懂/% | 3.57 | 2.40 | 2.13 | 2.23 | 1.25 |
| 计数/人 | 56 | 125 | 94 | 45 | 80 |

从表 8-7 可以看出，行政级别越高的被访者，“完全看懂”部门权力清单的比例越高。在办事员中，有 23. 08%的受访者“完全看懂”部门权力清单；在科员中，“完全看懂”部门权力清单的比例上升至 34. 47%；在副科级公务员中，有 56. 10%的受访者“完全看懂”部门权力清单；在正科级公务员中，这一比例上升到 75. 00%。在副处、正处级受访者中，“完全看懂”部门权力清单的受访者比例明显下降，主要原因是样本量太少所致，没有比较的意义。

**表 8-7　行政级别与权力清单认知度的交叉表**

| 是否看懂权力清单 | 行政级别 | | | | | | |
|---|---|---|---|---|---|---|---|
| | 办事员 | 科员 | 副科 | 正科 | 副处 | 正处 | 编外 |
| 完全看懂/% | 23. 08 | 34. 47 | 56. 10 | 75. 00 | 44. 44 | 100. 00 | 54. 55 |
| 部分懂/% | 38. 46 | 42. 17 | 28. 05 | 20. 83 | 44. 44 | 0 | 45. 45 |
| 懂一点/% | 34. 62 | 20. 80 | 15. 24 | 4. 17 | 11. 12 | 0 | 0 |
| 完全不懂/% | 3. 84 | 2. 56 | 0. 61 | 0 | 0 | 0 | 0 |
| 计数/人 | 26 | 351 | 164 | 48 | 9 | 1 | 11 |

从政府行政层级的角度来看，不同层级的公务员，对于部门权力清单的认知度也存在明显的差异。如表 8-8 所示，在乡镇（街道）工作的受访者中，有 30. 69%的人表示能够“完全看懂”部门权力清单；在县（区）级政府部门工作的受访者中，有 43. 90%的人能够“完全看懂”部门权力清单；到地市级，这一比例上升到 49. 79%。在省级政府部门工作的样本数只有 17 人，没有比较价值，不予考虑。总体而言，政府行政层级越高的公务员，对于部门权力清单的认知度越高，这与高层级政府部门公务员教育水平高、权力清单运行机制较健全有密切关系。

**表 8-8　政府行政层级与部门权力清单认知度交叉表**

| 是否看懂部门权力清单 | 政府行政层级 | | | | |
|---|---|---|---|---|---|
| | 乡镇（街道） | 县（区）级 | 地市级 | 省级 | 其他 |
| 完全看懂/% | 30. 69 | 43. 90 | 49. 79 | 29. 41 | 40. 00 |
| 部分懂/% | 34. 65 | 35. 77 | 36. 10 | 58. 82 | 60. 00 |
| 懂一点/% | 29. 70 | 18. 29 | 13. 69 | 11. 77 | 0 |
| 完全不懂/% | 4. 96 | 2. 04 | 0. 42 | 0 | 0 |
| 计数/人 | 101 | 246 | 241 | 17 | 5 |

## 三、对权力清单的使用

权力清单为行政人员行使职权划定了明确的权力边界和责任边界，所谓“行政权力进清单，清单之外无权力”。但是从表 8-9 可以看出，地方政府公务员了解岗位职权最常用的途径是“查看相关政策文件”，有 77.98%的受访者选择该项，是所有选项中比例最高的。其次是“业务培训”，有 74.57%的受访者表示通过“业务培训”了解岗位职权。此外，“领导交代”和自己在“实践中摸索”分别有 66.34%和 62.93%的受访者选择。只有 58.81%的受访者表示通过“权力清单”了解岗位职权。总体来看，权力清单在帮助政府行政人员了解岗位职权的功能方面并没有得到有效发挥。

表 8-9　了解岗位职权的途径

| 通过何种途径了解岗位职权 | 百分比/% |
|---|---|
| 查看相关政策文件 | 77.98 |
| 业务培训 | 74.57 |
| 领导交代 | 66.34 |
| 实践中摸索 | 62.93 |
| 权力清单 | 58.81 |
| 同事介绍 | 42.76 |
| 其他 | 12.50 |

权力清单为地方政府行政人员的职权行使提供了指南和参考，它告诉行政人员权力的边界在哪里、权力行使的基本流程是什么、行政相对人的条件等关键信息。但是从表 8-10 可以看出，“法律法规和政策规定”仍是地方公务员行使职权的最主要依据，有 84.70%的受访者选择该项；其次是“权力清单”，有 72.90%的受访者选择该项。同时，“按照领导要求”“依据科室惯例”也是地方政府公务员行使职权时的主要依据，说明地方政府公务员在行使职权时并不完全依照法律规定，领导者个人因素以及传统因素也具有相当程度的影响。

表 8-10　行使职权依据的分布

| 行使职权的依据 | 百分比/% |
| --- | --- |
| 法律法规和政策规定 | 84.70 |
| 权力清单 | 72.90 |
| 按照领导要求 | 51.80 |
| 依据科室惯例 | 41.60 |
| 模仿同事的做法 | 14.80 |
| 凭感觉或常识 | 7.00 |
| 其他 | 5.70 |

通过部门权力清单了解岗位职权的前提是行政人员知晓部门权力清单，如果不甚了解，就无法通过权力清单去了解工作岗位的职权范围。从表 8-11 可以看出，在对部门权力清单“了解”的受访者中，有 78.06%的人表示通过权力清单了解岗位职权；在对部门权力清单“一般了解”的受访者中，有 47.16%的人通过权力清单了解岗位职权，有 31.91%的人不了解权力清单但是了解岗位职权，明显呈现出对部门权力清单了解越少，对岗位职权的了解比重越低。

表 8-11　权力清单知晓度与权力清单使用情况的交叉表

| 是否通过权力清单了解岗位职权 | 是否了解部门权力清单 | | |
| --- | --- | --- | --- |
| | 了解 | 一般了解 | 不了解 |
| 是/% | 78.06 | 47.16 | 31.91 |
| 否/% | 21.94 | 52.84 | 68.09 |
| 计数/人 | 351 | 176 | 94 |

如表 8-12 所示，政府行政层级不同，工作人员通过权力清单了解岗位职权的比例也存在明显差异。在乡镇（街道）工作的受访者中，只有 45.97%的人通过权力清单了解岗位职权，而在县（区）政府工作的受访者中，这一比例提高至 58.16%，在地市级政府部门工作的受访者中，通过权力清单了解岗位职权的比例最高，达到 64.84%。在省级政府部门工作的受访者只有 19 人，数据不具有可比性。总体来看，政府行政层级越高的公务员，通过权力清单了解岗位职权的比重越高。

表 8-12　政府行政层级与是否通过权力清单了解岗位职权的交叉表

| 是否通过权力清单了解岗位职权 | 政府行政层级 | | | | |
|---|---|---|---|---|---|
| | 乡镇（街道） | 县（区）级 | 地市级 | 省级 | 其他 |
| 是/% | 45.97 | 58.16 | 64.84 | 63.16 | 66.67 |
| 否/% | 54.03 | 41.84 | 35.16 | 36.84 | 33.33 |
| 计数/人 | 124 | 282 | 273 | 19 | 6 |

# 第二节　行政职权的大小与变化

## 一、行政职权的大小

权力清单制度通过对行政权力的约束和规范，让行政人员对部门、科室、个人、领导权力大小的感知产生直接影响。如表 8-13 所示，在 704 名地方政府行政人员中，10.37%的受访者认为所在部门的权力“很大”，认为部门权力“较大”的受访者比例为 23.72%，37.64%的受访者认为部门权力“一般”，分别有 11.65%和 13.21%的受访者认为部门权力“较小”和“很小”。总体来说，地方政府行政人员对于所在政府部门的权力大小的认知比较多元化和分散化，没有像某些指标的取值一样高度集中在一两个选择上。

表 8-13　所在部门权力的大小

| 部门权力大小 | 频数/人 | 百分比/% |
|---|---|---|
| 很大 | 73 | 10.37 |
| 较大 | 167 | 23.72 |
| 一般 | 265 | 37.64 |
| 较小 | 82 | 11.65 |
| 很小 | 93 | 13.21 |
| 不清楚 | 24 | 3.41 |
| 合计 | 704 | 100.00 |

为了简化数据，将认为部门权力“很大”和“较大”的进行合并，重新赋值为 1，统称为“大”；将“一般”和“不清楚”进行合并，重新赋

值为2，统称为“一般”；将“较小”和“很小”进行合并，重新赋值为3，统称为“小”。对于地方政府行政人员而言，部门权力的大小主要取决于有无行政执法权，有行政执法权的部门，拥有较高的行政权力。如表8-14所示，在从事综合管理类和专业技术类工作的行政人员中，分别有33.09%和30.33%的受访者认为部门权力大，明显低于行政执法类受访者的比例（38.86%）。

**表8-14　工作性质与部门权力大小的交叉表**

| 部门权力大小 | 工作性质 | | | |
|---|---|---|---|---|
| | 综合管理类 | 行政执法类 | 专业技术类 | 其他 |
| 大/% | 33.09 | 38.86 | 30.33 | 27.78 |
| 一般/% | 40.88 | 40.68 | 42.86 | 44.44 |
| 小/% | 26.03 | 20.46 | 26.81 | 27.78 |
| 计数/人 | 411 | 236 | 21 | 36 |

在科层制体系中，层级越高的政府部门，其行政权力越大。但是从表8-15可以看出，在乡镇（街道）工作的行政人员，认为部门权力大的比例最小，只有22.58%，明显小于其他政府层级。认为部门权力大的受访者比例最高的不是省级政府和地市级政府，而是县（区）级政府，达到40.78%。可能为以下两方面原因：一是县（区）级政府自2004年全国乡镇机构改革后回收了乡镇政府的大部分行政职权；二是县（区）级政府在依法行政方面明显弱于地市级和省级政府，权力寻租空间更大。

**表8-15　政府行政层级与部门权力大小的交叉表**

| 部门权力大小 | 政府行政层级 | | | | |
|---|---|---|---|---|---|
| | 乡镇（街道） | 县（区）级 | 地市级 | 省级 | 其他 |
| 大/% | 22.58 | 40.78 | 32.97 | 36.84 | 0 |
| 一般/% | 46.77 | 38.30 | 41.39 | 21.05 | 100.00 |
| 小/% | 30.65 | 20.92 | 25.64 | 42.11 | 0 |
| 计数/人 | 124 | 282 | 273 | 19 | 6 |

与部门权力大小认知的多元化、分散化不同，在被问及个人权力的大小时，仅有1.56%的受访者认为个人权力“很大”，仅有2.13%的受访者认为个人权力“较大”，认为个人权力“一般”的受访者占样本总数的

24.29%，大多数人认为自己的权力小，其中，认为“较小”的占16.48%，认为“很小”的占比最大，达到51.42%（见表8-16）。

**表8-16　行政人员个人权力的大小**

| 个人权力大小 | 频数/人 | 百分比/% |
|---|---|---|
| 很大 | 11 | 1.56 |
| 较大 | 15 | 2.13 |
| 一般 | 171 | 24.29 |
| 较小 | 116 | 16.48 |
| 很小 | 362 | 51.42 |
| 不清楚 | 29 | 4.12 |
| 合计 | 704 | 100.00 |

按照科层制权力的配置逻辑，行政级别越高的公务员，行政职权越大。如表8-17所示，除了副处级、正处级由于样本量过小不考虑之外，在办事员、科员、副科级、正科级四个行政级别上，行政级别越高的受访者，认为自己权力大的比例越高。办事员的行政级别最低，认为个人权力大的受访者比例也最低，为23.33%；正科级公务员中，认为自己权力大的比例为41.82%，比办事员群体高出近20个百分点。

**表8-17　行政级别与个人权力大小的交叉表**

| 个人权力大小 | 行政级别 | | | | | | |
|---|---|---|---|---|---|---|---|
| | 办事员 | 科员 | 副科 | 正科 | 副处 | 正处 | 编外 |
| 大/% | 23.33 | 24.74 | 34.25 | 41.82 | 37.50 | 100.00 | 41.67 |
| 较小/% | 13.34 | 17.01 | 19.88 | 12.73 | 37.50 | 0 | 0 |
| 很小/% | 63.33 | 58.25 | 45.86 | 45.45 | 25.00 | 0 | 58.33 |
| 计数/人 | 30 | 388 | 181 | 55 | 8 | 1 | 12 |

对于行政人员而言，个人权力的大小不仅取决于赋予的岗位职权，还取决于职权行使的自由空间。如果工作中自由裁量的空间很大，权力使用者更能产生支配感，会增加对于自己权力很大的认知。如表8-18所示，认为工作中自由裁量权“很大”的受访者中，有64.71%的人认为自己的权力大，随着自由裁量权的减小，认为个人权力大的受访者比例也明显减小；在认为工作中自由裁量权“很小”的受访者中，仅有17.68%的受访

者认为自己的权力大，比自由裁量权“很大”的受访者少了将近 50 个百分点。

**表 8-18 自由裁量权与个人权力大小的交叉表**

| 个人权力大小 | 自由裁量权大小 | | | | | |
|---|---|---|---|---|---|---|
| | 很大 | 比较大 | 一般 | 比较小 | 很小 | 不清楚 |
| 大/% | 64. 71 | 47. 92 | 40. 48 | 23. 29 | 17. 68 | 16. 07 |
| 较小/% | 5. 88 | 22. 92 | 20. 00 | 20. 55 | 10. 61 | 19. 64 |
| 很小/% | 29. 41 | 29. 17 | 39. 52 | 56. 16 | 71. 72 | 64. 29 |
| 计数/人 | 17 | 48 | 210 | 146 | 198 | 56 |

与大多数行政人员认为自己权力小不同，大多数认为行政人员部门领导权力大。如表 8-19 所示，在 704 名受访者中，有 7. 67%的行政人员认为部门领导的权力“很大”；有 22. 87%的行政人员认为部门领导的权力“较大”；认为部门领导权力“一般大”的受访者比例最高，达到 40. 63%；分别有 13. 78%和 10. 65%的受访者认为部门领导的权力“较小”和“很小”。

**表 8-19 部门领导权力的大小**

| 部门领导权力大小 | 频数/人 | 百分比/% |
|---|---|---|
| 很大 | 54 | 7. 67 |
| 较大 | 161 | 22. 87 |
| 一般大 | 286 | 40. 63 |
| 较小 | 97 | 13. 78 |
| 很小 | 75 | 10. 65 |
| 不清楚 | 31 | 4. 40 |
| 合计 | 704 | 100. 00 |

将受访者认为部门、科室、个人、部门领导权力“很大”和“较大”的比例之和作为反映不同行政主体权力大小的指标，比例越大说明权力越大。如图 8-1 所示，在 704 名被访的地方政府行政人员中，认为部门权力大的比例最高，为 34. 1%；认为部门领导权力大的比例次之，为 30. 5%；认为科室权力大的比例明显较低，为 15. 3%；认为个人权力大的比例最小，仅为 3. 7%。总体而言，在大多数地方政府行政人员眼里，一个政府

职能部门的权力主要集中在部门整体和部门领导人手中，科室及个人的权力较为有限。

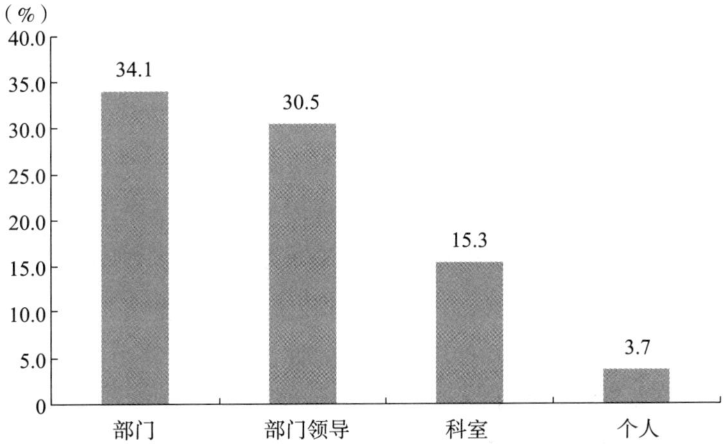


**图 8-1　地方政府行政人员对不同主体权力大小的认知差异**

## 二、自由裁量权

权力清单明确了行政权行使的主体、主体的责任及其追究机制、权力行使的流程图等，将行政人员的自由裁量权大幅压缩，减小了权力运行中的寻租空间。如表 8-20 所示，在受访的 704 名地方政府行政人员中，仅有 2.70%的人认为工作中的自由裁量权“很大”，有 7.10%的受访者认为自由裁量权“较大”，两者合计仅有约 10%的受访者认为工作中自由裁量权大。认为工作中自由裁量权“较小”和“很小”的受访者比例分别是 21.45%和 28.41%，意味着有一半的受访者认为工作中自由裁量权小。此外，还有 30.40%的受访者认为工作的自由裁量权“一般”。总体上来看，在地方政府行政人员中，认为自由裁量权有限的占大多数。

**表 8-20　工作中自由裁量权的大小**

| 工作中自由裁量权的大小 | 频数/人 | 百分比/% |
|---|---|---|
| 很大 | 19 | 2.70 |
| 较大 | 50 | 7.10 |
| 一般 | 214 | 30.40 |
| 较小 | 151 | 21.45 |

续表

| 工作中自由裁量权的大小 | 频数/人 | 百分比/% |
|---|---|---|
| 很小 | 200 | 28.41 |
| 不清楚 | 70 | 9.94 |
| 合计 | 704 | 100.00 |

将认为工作中自由裁量权“很大”“较大”和“一般”的受访者比例之和作为衡量地方政府行政人员自由裁量权大小的指标。如表 8-21 所示，不同行政级别的公务员，自由裁量权的大小明显不同。具体而言，在办事员中，有 28.13%的受访者认为自由裁量权大；在科员中，有 37.19%的受访者认为自由裁量权大。随着行政级别的提高，认为自由裁量权大的受访者比例明显提高，最高的是正科级，在正科级受访者中，有 47.47%的人认为自由裁量权大，副处级、正处级受访者由于样本规模过小，没有比较的意义，不做考虑。总体来说，行政级别越高的行政人员，工作中的自由裁量权越大。

**表 8-21　行政级别与自由裁量权大小的交叉表**

| 工作中自由裁量权的大小 | 行政级别 | | | | | | |
|---|---|---|---|---|---|---|---|
| | 办事员 | 科员 | 副科 | 正科 | 副处 | 正处 | 编外 |
| 大/% | 28.13 | 37.19 | 44.86 | 47.37 | 44.44 | 100.00 | 57.14 |
| 较小/% | 25.00 | 22.41 | 21.08 | 17.54 | 33.33 | 0.00 | 0.00 |
| 很小/% | 37.50 | 29.31 | 26.49 | 26.32 | 11.11 | 0.00 | 28.57 |
| 不清楚/% | 9.37 | 11.07 | 7.57 | 8.77 | 11.12 | 0.00 | 14.29 |
| 计数/人 | 32 | 406 | 185 | 57 | 9 | 1 | 14 |

不同政府行政层级的公务员，自由裁量权的大小存在明显差异。如表 8-22 所示，在乡镇（街道）工作的行政人员中，有 43.55%的受访者认为自由裁量权大，而在县（区）级政府部门工作的行政人员中，这一比例降到了 38.55%。在地市级政府部门工作的行政人员，认为自由裁量权大的受访者比例最低，为 35.90%。省级和其他的样本量过少，不做比较。总体来说，政府行政层级越低，行政人员自由裁量权的空间越大；政府行政层级越高，自由裁量权越小。

**表 8-22　政府行政层级与自由裁量权大小的交叉表**

| 工作中自由裁量权的大小 | 政府行政层级 | | | | |
|---|---|---|---|---|---|
| | 乡镇（街道） | 县（区）级 | 地市级 | 省级 | 其他 |
| 大/% | 43.55 | 38.55 | 35.90 | 36.84 | 66.67 |
| 较小/% | 20.97 | 25.40 | 19.78 | 26.32 | 0 |
| 很小/% | 21.77 | 27.89 | 34.07 | 26.32 | 33.33 |
| 不清楚/% | 13.71 | 8.16 | 10.26 | 10.53 | 0 |
| 计数/人 | 124 | 282 | 273 | 19 | 6 |

如表 8-23 所示，自由裁量权最小的是专业技术类工作的行政人员，仅有 19.05%的受访者认为自由裁量权大。从事行政执法类工作的行政人员，认为自由裁量权大的受访者比例最高，为 43.22%。从事综合管理类工作的行政人员，有 40.15%的受访者认为自由裁量权大。考虑抽样误差的存在，综合管理类和行政执法类之间的差异可能不显著。专业技术类，其自由裁量权明显小于其他两类。

**表 8-23　工作性质与自由裁量权大小的交叉表**

| 工作中自由裁量权的大小 | 工作性质 | | | |
|---|---|---|---|---|
| | 综合管理类 | 行政执法类 | 专业技术类 | 其他 |
| 大/% | 40.15 | 43.22 | 19.05 | 33.33 |
| 较小/% | 20.92 | 22.46 | 23.81 | 19.44 |
| 很小/% | 29.68 | 24.15 | 47.62 | 30.56 |
| 不清楚/% | 9.25 | 10.17 | 9.52 | 16.67 |
| 计数/人 | 411 | 236 | 21 | 36 |

## 三、岗位职权的增减

如前所述，权力清单既是中国政府“自下而上”简政放权改革的结果，又是进一步巩固简政放权改革成果、完善行政权力约束机制的重要制度保障。那么，权力清单制度实施以来，地方政府行政人员是否感受到了简政放权改革的成果？本次调查显示，在 704 名被访者中，有 14.9%的人认为岗位职权比以前“减少很多”，有 12.2%的人认为岗位职权比以前“减少较多”，两者合计表明有不到 30%的地方政府公务员明显感受到岗位职权的减少。分别有 17.0%和 14.2%的受访者表示岗位职权比以前“减少较少”和“减少很少”，说明有超过 30%的地方政府公务员没有明显感受到岗位职权的减少。而且，还有 10.7%的受访者表示岗位职权“不减反增”（见表 8-24）。

**表 8-24 岗位职权增减情况**

| 与以前相比岗位职权是否减少 | 频数/人 | 百分比/% |
|---|---|---|
| 减少很多 | 105 | 14.9 |
| 减少较多 | 86 | 12.2 |
| 减少较少 | 120 | 17.0 |
| 减少很少 | 100 | 14.2 |
| 不减反增 | 75 | 10.7 |
| 不清楚 | 218 | 31.0 |
| 合计 | 704 | 100.0 |

自 2001 年以来，国务院简政放权改革以行政审批制度为重点，对于工作岗位具有行政审批权的公务员来说，应该更能够感受到行政职权的减少。将认为岗位职权比以前“减少很多”和“减少较多”的受访者比例之和作为岗位职权减少的指标，比较不同行政职权工作岗位权力减少的情况。如表 8-25 所示，工作岗位具有行政征收权的受访者，认为职权明显减少的比例最高，达到 50.68%。其次是行政许可，工作岗位具有行政许可权的受访者，有 47.33%的人认为岗位职权明显减少。工作岗位具有行政审批权的受访者，有 41.71%的人认为岗位职权比以前明显减少。相对而言，工作岗位具有行政处罚和行政检查职权的受访者，认为职权明显减少的比例明显偏小。

**表 8-25 不同行政职权下岗位职权减少的比例**

| 岗位是否具有以下职权 | 认为岗位职权明显减少的受访者比重/% |
|---|---|
| 行政征收 | 50.68 |
| 行政许可 | 47.33 |
| 行政审批 | 41.71 |
| 行政处罚 | 37.50 |
| 行政检查 | 36.52 |

如表 8-26 所示，行政级别不同的公务员，对于岗位职权减少情况的认知也不相同。在 406 名科员中，有 23.89%的受访者认为岗位职权“明显减少”，而在副科级公务员中，认为岗位职权“明显减少”的比例则上升到 29.73%，在正科级公务员中，这一比例又有所提升，达到 31.58%。其他行政级别的样本数量过少，比例不具有统计比较的意义。统计显示，有 30%的受访者对于岗位职权的增减持“不清楚”的态度，这种情况在行政级别较低的公务员中表现得更为明显。在办事员中，有 40.63%的受访者对于岗位职权的变化“不清楚”，在科员中有 34.73%的受访者不清楚岗位职权的变化，在副科级和正科级公务员中，不清楚岗位职权变化的比例明显降低。

**表 8-26　行政级别与岗位职权减少的交叉表**

| 岗位职权是否减少 | 行政级别 | | | | | | |
|---|---|---|---|---|---|---|---|
| | 办事员 | 科员 | 副科 | 正科 | 副处 | 正处 | 编外 |
| 明显减少/% | 31.25 | 23.89 | 29.73 | 31.58 | 55.56 | 100.00 | 35.71 |
| 无明显减少/% | 25.00 | 31.03 | 32.97 | 31.58 | 33.33 | 0.00 | 28.57 |
| 不减反增/% | 3.13 | 10.34 | 12.97 | 12.28 | 11.11 | 0 | 0 |
| 不清楚/% | 40.63 | 34.73 | 24.32 | 24.56 | 0.00 | 0 | 35.71 |
| 计数/人 | 32 | 406 | 1850 | 57 | 9 | 1 | 14 |

“自上而下”的权力传导机制会导致基层政府简政放权改革的力度减弱。如表 8-27 所示，在乡镇（街道）工作的受访者中，只有 17.74%的人认为岗位职权“明显减少”，而在县（区）级政府部门工作的受访者中，这一比例则达到 25.53%。在地市级政府部门工作的受访者中，有 33.33%的人认为岗位职权“明显减少”。省级政府部门工作的受访者只有 19 人，比例不具有统计比较意义。总体来看，政府行政层级越低的行政人员，感受到岗位职权减少的比例越低，说明以简政放权为目标的权力清单制度，越是到基层政府，其制度的效应越可能存在逐渐递减的趋势。

**表 8-27　政府行政层级与岗位职权减少的交叉表**

| 岗位职权是否减少 | 政府行政层级 | | | | |
|---|---|---|---|---|---|
| | 乡镇（街道） | 县（区）级 | 地市级 | 省级 | 其他 |
| 明显减少/% | 17.74 | 25.53 | 33.33 | 26.32 | 16.67 |
| 无明显减少/% | 36.29 | 33.69 | 25.27 | 42.11 | 50.00 |

续表

| 岗位职权是否减少 | 政府行政层级 | | | | |
|---|---|---|---|---|---|
| | 乡镇（街道） | 县（区）级 | 地市级 | 省级 | 其他 |
| 不清楚/% | 9.68 | 10.99 | 10.99 | 10.53 | 0 |
| 不减反增/% | 36.29 | 29.79 | 30.40 | 21.05 | 33.33 |
| 计数/人 | 124 | 282 | 273 | 19 | 6 |

党的十八大以来，在党领导一切的基本原则下，党委部门的权力得到提升。在调查中发现，在党委系统工作的受访者中，只有18.39%的人认为岗位职权“明显减少”，而在政府系统工作的受访者中，则有31.04%的人认为岗位职权“明显减少”，这与简政放权改革和权力清单制度主要针对行政系统有直接关系（见表8-28）。

**表8-28 政治系统类型与岗位职权减少的交叉表**

| 岗位职权是否减少 | 政治系统类型 | | | | | |
|---|---|---|---|---|---|---|
| | 党委系统 | 政府系统 | 人大系统 | 政协系统 | 群团系统 | 其他 |
| 明显减少/% | 18.39 | 31.04 | 20.00 | 0 | 13.33 | 29.41 |
| 无明显减少/% | 42.53 | 27.73 | 40.00 | 33.33 | 20.00 | 27.06 |
| 不减反增/% | 8.62 | 13.27 | 20.00 | 0 | 0 | 3.53 |
| 不清楚/% | 30.46 | 27.96 | 20.00 | 66.67 | 66.67 | 40.00 |
| 计数/人 | 174 | 422 | 5 | 3 | 15 | 85 |

## 第三节　职权行使的规范化与理性化

### 一、工作职权的明晰度

权力清单制度通过对部门权力事项的系统梳理，将部门权力“家底”弄清楚，对提高行政人员工作职权的明晰度提供支持。如表8-29所示，在受访的704名地方政府行政人员中，有359人认为对自己的工作职权“非常清楚”，占调查样本的50.99%；认为工作职权“比较清楚”的占调查样本的32.24%；还有14.06%的受访者认为对工作职权“一般清楚”；认为“不太清楚”和“很不清楚”的受访者比例仅占调查样本的2.70%。

调查结果表明，绝大多数地方政府行政人员对于自身工作职权是清楚明白的，这为依法行政提供了支持。

**表 8-29　工作职权明晰度**

| 工作职权是否清楚明白 | 频数/人 | 百分比/% |
|---|---|---|
| 非常清楚 | 359 | 50.99 |
| 比较清楚 | 227 | 32.24 |
| 一般清楚 | 99 | 14.06 |
| 不太清楚 | 13 | 1.85 |
| 很不清楚 | 6 | 0.85 |
| 合计 | 704 | 100.00 |

如表 8-30 所示，部门权力清单的知晓度与工作职权的明晰度之间具有明显的相关性。对于部门权力清单“非常了解”的行政人员，有 94.82%的受访者认为工作职权“非常清楚”。对于部门权力清单“比较了解”的行政人员，有 36.08%的受访者认为工作职权“非常清楚”。随着权力清单了解度的降低，认为工作职权“非常清楚”的受访者比例明显降低。比例最低的是无部门权力清单行政人员，仅有 17.83%的受访者认为工作职权“非常清楚”，有 14.82%的受访者认为工作职权“很不清楚”。结果表明，权力清单为地方政府公务员了解行政职权提供了支持，这是权力清单发挥权力约束功能的一个重要途径。

**表 8-30　部门权力清单知晓度与工作职权明晰度的交叉表**

| 工作职权是否清楚明白 | 是否了解部门权责清单 | | | | | |
|---|---|---|---|---|---|---|
| | 非常了解 | 比较了解 | 一般了解 | 比较不了解 | 非常不了解 | 无部门权力清单 |
| 非常清楚/% | 94.82 | 36.08 | 27.27 | 23.08 | 21.25 | 17.83 |
| 比较清楚/% | 4.66 | 60.13 | 40.34 | 41.03 | 41.25 | 28.07 |
| 一般清楚/% | 0.52 | 3.16 | 31.25 | 30.77 | 18.75 | 23.25 |
| 不太清楚/% | 0.00 | 0.63 | 0.57 | 5.13 | 12.50 | 16.02 |
| 很不清楚/% | 0.00 | 0.00 | 0.57 | 0 | 6.25 | 14.82 |
| 计数/人 | 193 | 158 | 176 | 78 | 16 | 83 |

如表 8-31 所示，行政级别与工作职权明晰度之间存在明显的相关性。在行政级别为办事员的公务员中，“非常清楚”工作职权的受访者比例仅为 43.75%。随着行政级别的升高，对工作职权“非常清楚”的受访者比例明显提高，在副科级公务员中，已有 56.76%的人“非常清楚”自己的工作职权；正科级职员中，这一比例达到了 77.19%。正处、副处级由于调查样本量过小，不参与比较。总体的趋势是行政级别越高的公务员，对于自身工作职权的明晰度也越高，一方面是因为行政级别越高，工作责任越大，工作经验越丰富；另一方面是因为行政级别越高，参与权力清单编制工作的比例越高。

**表 8-31　行政级别与工作职权明晰度的交叉表**

| 工作职权是否清楚明白 | 行政级别 | | | | | | |
|---|---|---|---|---|---|---|---|
| | 办事员 | 科员 | 副科 | 正科 | 副处 | 正处 | 编外 |
| 非常清楚/% | 43.75 | 44.33 | 56.76 | 77.19 | 66.67 | 100.00 | 64.29 |
| 比较清楚/% | 31.25 | 35.47 | 31.35 | 19.30 | 22.22 | 0 | 14.29 |
| 一般清楚/% | 21.88 | 16.75 | 10.27 | 3.51 | 0 | 0 | 21.43 |
| 不太清楚/% | 0.00 | 2.71 | 1.08 | 0 | 0 | 0 | 0 |
| 很不清楚/% | 3.13 | 0.74 | 0.54 | 0 | 11.11 | 0 | 0 |
| 计数/人 | 32 | 406 | 185 | 57 | 9 | 1 | 14 |

从表 8-32 可以看出，入职行政机关的时间越长，对工作职权非常清楚的受访者比例越高。入职行政机关的时间在 3 年及以下的受访者中，对工作职权“非常清楚”的比例最低，为 38.81%；入职行政机关的时间在 3~6（含）年的受访者中，对工作职权“非常清楚”的比例上升到 45.33%；入职行政机关的时间在 10~12 年的受访者中，对工作职权“非常清楚”的比例又明显提高，达到 54.90%；在入职行政机关 12 年及以上的受访者中，对工作职权“非常清楚”的比例最高，达到 68.69%，比入职行政机关 3 年及以下受访者的比例高 30 个百分点。

**表 8-32　入职行政机关年限与工作职权明晰度的交叉表**

| 工作职权是否清楚明白 | 入职行政机关年限 | | | | |
|---|---|---|---|---|---|
| | 3 年及以下 | 3~6(含)年 | 6~10(含)年 | 10~12 年 | 12 年及以上 |
| 非常清楚/% | 38.81 | 45.33 | 44.34 | 54.90 | 68.69 |
| 比较清楚/% | 41.79 | 34.00 | 33.02 | 35.29 | 16.16 |

续表

| 工作职权是否清楚明白 | 入职行政机关年限 | | | | |
|---|---|---|---|---|---|
| | 3 年及以下 | 3~6(含)年 | 6~10(含)年 | 10~12 年 | 12 年及以上 |
| 一般清楚/% | 16.42 | 18.00 | 17.92 | 9.80 | 11.11 |
| 不太清楚/% | 2.99 | 1.33 | 3.77 | 0 | 1.01 |
| 很不清楚/% | 0.00 | 1.33 | 0.94 | 0 | 3.03 |
| 计数/人 | 67 | 150 | 106 | 51 | 99 |

与前述分析结果类似，工作于不同政府行政层级的行政人员，对于工作职权的明晰度存在明显差异性。如表 8-33 所示，目前工作于乡镇（街道）的行政人员，有 35.48%的受访者“非常清楚”自己的工作职权，政府行政层级最低，比例也是最低的。随着政府行政层级的升高，到县（区）级，有 50.00%的受访者对于工作职权“非常清楚”；到地市一级，工作职权“非常清楚”的受访者比例又上升了将近 10 个百分点，达到 59.34%。省级、其他层级的样本量过少，由于抽样误差的存在，不参与比较。

**表 8-33　政府层级与工作职权明晰度的交叉表**

| 工作职权是否清楚明白 | 政府行政层级 | | | | |
|---|---|---|---|---|---|
| | 乡镇（街道） | 县（区）级 | 地市级 | 省级 | 其他 |
| 非常清楚/% | 35.48 | 50.00 | 59.34 | 42.11 | 66.67 |
| 比较清楚/% | 37.10 | 31.91 | 29.67 | 47.37 | 16.67 |
| 一般清楚/% | 21.77 | 15.96 | 9.16 | 5.26 | 16.66 |
| 不太清楚/% | 3.23 | 1.77 | 1.47 | 0 | 0 |
| 很不清楚/% | 2.42 | 0.36 | 0.36 | 5.26 | 0 |
| 计数/人 | 124 | 282 | 273 | 19 | 6 |

## 二、政策文件的理解力

如前所述，文件是地方政府行政人员行政权力的重要来源和依据。但是，文件要转化为行政人员行政实践中的权力，前提条件是行政人员必须能够看懂相关政策文件。如表 8-34 所示，在受访的 704 名地方政府行政人员中，有 28 位受访者认为“经常”有看不懂政策文件的情况，有 132

位受访者表示“有时”有看不懂政策文件的情况，表示“没有”有看不懂政策文件的受访者比例只有 20. 17%。说明看不懂政策文件在地方政府行政人员中具有一定的普遍性，只是发生的频率不同。

**表 8-34　地方政府行政人员是否看不懂政策文件**

| 是否看不懂政策文件 | 频数/人 | 百分比/% |
| --- | --- | --- |
| 经常 | 28 | 3. 98 |
| 有时 | 132 | 18. 75 |
| 偶尔 | 208 | 29. 54 |
| 很少 | 194 | 27. 56 |
| 没有 | 142 | 20. 17 |
| 合计 | 704 | 100. 00 |

如表 8-35 所示，当遇到看不懂政策文件时，有 87. 8%的受访者会选择打电话咨询上级部门，是所列选项中比例最高的。其次是向本部门领导反映，选择该项的受访者比例是 66. 3%，还有 66. 2%的受访者选择了咨询其他同事。仅有 7. 0%的受访者选择根据自己理解行事。结果表明，当遇到看不懂政策文件的时候，地方政府工作人员更多地选择与其他相关主体进行沟通。

**表 8-35　地方政府行政人员看不懂政策文件时的应对策略**

| 看不懂政策文件怎么做 | 百分比/% |
| --- | --- |
| 打电话咨询上级部门 | 87. 8 |
| 向部门领导反映 | 66. 3 |
| 咨询其他同事 | 66. 2 |
| 根据自己理解 | 7. 0 |
| 其他 | 7. 1 |

为简化分析过程，我们将“经常”和“有时”看不懂政策文件的情况进行合并，重新赋值为 1，标签为“时常”。将“偶尔”和“很少”看不懂政策文件的情况进行合并，重新赋值为 2，标签为“较少”。将“没有”看不懂政策文件的情况重新赋值为 3，标签仍为“没有”。从表 8-36 可以看出，所处的政府行政层级不同，地方行政人员看不懂政策文件的频率存在明显的不同。在基层乡镇（街道）一级工作的行政人员，“时常”看不

懂政策文件的比例最高，为 28.23%，随着政府层级的提高，“时常”看不懂政策文件的受访者比例明显下降，到地市一级，“时常”看不懂政策文件的比例已经降到 18.68%，比乡镇（街道）一级减少了将近 10 个百分点。

**表 8-36　政府行政层级与是否看不懂政策文件的交叉表**

| 是否看不懂文件 | 政府行政层级 | | | | |
|---|---|---|---|---|---|
| | 乡镇（街道） | 县（区）级 | 地市级 | 省级 | 其他 |
| 时常/% | 28.23 | 24.47 | 18.68 | 21.05 | 16.67 |
| 较少/% | 57.26 | 53.90 | 60.07 | 57.89 | 66.67 |
| 没有/% | 14.51 | 21.63 | 21.26 | 21.05 | 16.66 |
| 计数/人 | 124 | 282 | 273 | 19 | 6 |

对于地方政府行政人员来说，上级部门的政策文件大都与工作内容密切相关。不同性质的行政工作，与行政人员理解政策文件密切关联。如表 8-37所示，在 411 名从事综合管理类工作的受访者中，有 18.73%的人表示“时常”有看不懂上级政策文件的情况，而在 236 名从事行政执法类工作的受访者中，“时常”看不懂政策文件的比例则高达 31.78%，并高于从事专业技术类工作的比例（14.29%）。行政执法类工作人员存在更多看不懂政策文件的情况，可能是因为执法工作的高度程序性和政策文件抽象性之间的张力。

**表 8-37　工作性质与是否看不懂文件的交叉表**

| 是否看不懂政策文件 | 工作性质 | | | |
|---|---|---|---|---|
| | 综合管理类 | 行政执法类 | 专业技术类 | 其他 |
| 时常/% | 18.73 | 31.78 | 14.29 | 13.89 |
| 较少/% | 61.31 | 49.15 | 61.90 | 58.33 |
| 没有/% | 19.96 | 19.07 | 23.81 | 27.78 |
| 计数/人 | 411 | 236 | 21 | 36 |

如表 8-38 所示，除了副处级、正处级由于受访者过少而没有比较意义之外，行政级别越低越容易遭遇看不懂政策文件的情况。在办事员群体中，有 35.00%的受访者表示“时常”遭遇看不懂政策文件的情况，而在副科级和正科级群体中，这一比例分别下降到 18.38%和 15.79%。行政级别越低，工作经验不足，更多地处在基层和一线，面对的问题更复杂，对

来自上级政府的政策文件，更容易出现看不懂的情况。

表 8-38 行政级别与是否看不懂上级政策的交叉表

| 是否看不懂政策文件 | 行政级别 | | | | | | |
|---|---|---|---|---|---|---|---|
| | 办事员 | 科员 | 副科 | 正科 | 副处 | 正处 | 编外 |
| 时常/% | 35.00 | 26.11 | 18.38 | 15.79 | 22.22 | 0.00 | 7.14 |
| 较少/% | 46.88 | 56.40 | 57.84 | 64.91 | 66.67 | 0.00 | 57.14 |
| 没有/% | 18.12 | 17.49 | 23.78 | 19.30 | 11.11 | 100.00 | 35.72 |
| 计数/人 | 32 | 406 | 185 | 57 | 9 | 1 | 14 |

## 三、职权行使的反思性

权力清单制度要求各级政府职能部门全面梳理自身的权力事项，并根据工作要求简化办事程序，提高办事效率。这一过程其实是行政人员集体反思职权行使的过程，反映了职权行使理性化的一面。如表 8-39 所示，在受访的 704 名地方政府行政人员中，有 354 人表示“经常”反思职权行使的合法性，占调查样本的 50.28%；有 166 人表示“有时”反思职权行使的合法性，占调查样本的 23.58%；“很少”和“没有”反思职权行使合法性的受访者比例仅有 12.21%。

表 8-39 是否反思职权行使的合法性

| 是否反思职权行使的合法性 | 频数/人 | 百分比/% |
|---|---|---|
| 经常 | 354 | 50.28 |
| 有时 | 166 | 23.58 |
| 偶尔 | 98 | 13.92 |
| 很少 | 45 | 6.39 |
| 没有 | 41 | 5.82 |
| 合计 | 704 | 100.00 |

从表 8-40 可以看出，在 704 名受访的地方政府行政人员中，有 366 人表示“经常”反思职权行使的合理性问题，占调查样本的 51.99%；有 183 人表示“有时”反思职权行使的合理性问题，占调查样本的 25.99%；“很少”和“没有”反思职权行使合理性问题的受访者比重只有 6.11%。总体

而言，大多数地方政府行政人员对于自身职权的行使有过反思。

**表 8-40　是否反思职权行使的合理性问题**

| 是否反思职权行使的合理性 | 频数/人 | 百分比/% |
|---|---|---|
| 经常 | 366 | 51. 99 |
| 有时 | 183 | 25. 99 |
| 偶尔 | 112 | 15. 91 |
| 很少 | 25 | 3. 55 |
| 没有 | 18 | 2. 56 |
| 合计 | 704 | 100. 00 |

就职权行使合法性问题的反思，不同行政职级的公务员，经常反思的比例存在明显的差异。如表 8-41 所示，在办事员群体中，有 31. 25%的受访者表示“经常”反思职权行使的合法性问题。随着行政职级的升高，经常反思职权行使合法性问题的受访者比重明显上升，副科级公务员已经达到了 55. 14%，正科级公务员达到 57. 89%。副处级和正处级样本量过小，不参加比较。整体而言，行政职级越高的公务员，越经常反思职权行使的合法性问题。

**表 8-41　行政职级与职权行使合法性反思的交叉表**

| 是否反思职权行使的合法性 | 行政职级 | | | | | | |
|---|---|---|---|---|---|---|---|
| | 办事员 | 科员 | 副科 | 正科 | 副处 | 正处 | 编外 |
| 经常/% | 31. 25 | 47. 54 | 55. 14 | 57. 89 | 66. 67 | 100. 00 | 64. 29 |
| 有时/% | 28. 13 | 23. 65 | 23. 78 | 21. 05 | 33. 33 | 0 | 14. 29 |
| 偶尔/% | 21. 88 | 15. 76 | 11. 35 | 10. 54 | 0 | 0 | 0 |
| 很少/% | 6. 24 | 6. 90 | 6. 49 | 5. 26 | 0 | 0 | 0 |
| 没有/% | 12. 50 | 6. 15 | 3. 24 | 5. 26 | 0 | 0 | 21. 42 |
| 计数/人 | 32 | 406 | 185 | 57 | 9 | 1 | 14 |

行政执法类工作更加强调职权行使的合法性问题，这意味着从事行政执法类工作的公务员，更可能去反思自身权力行使的合法性问题。如表 8-42所示，在三类行政工作中，从事行政执法类工作的群体，有 54. 24%的受访者表示经常反思职权行使的合法性问题，明显高于综合管理

类（48.42%）和专业技术类（38.10%）。

表 8-42 工作性质与职权行使合法性反思的交叉表

| 是否反思职权行使的合法性 | 工作性质 | | | |
|---|---|---|---|---|
| | 综合管理类 | 行政执法类 | 专业技术类 | 其他 |
| 经常/% | 48.42 | 54.24 | 38.10 | 52.78 |
| 有时/% | 22.14 | 23.31 | 42.86 | 30.56 |
| 偶尔/% | 15.09 | 13.56 | 14.29 | 2.78 |
| 很少/% | 6.81 | 5.93 | 0.00 | 8.33 |
| 没有/% | 7.54 | 2.97 | 4.76 | 5.56 |
| 计数/人 | 411 | 236 | 21 | 36 |

就职权行使合理性的反思来看，同样存在行政职级上的显著差异。如表 8-43 所示，在办事员群体中，只有 37.50%的受访者表示“经常”反思职权行使的合理性问题。随着行政职级的提高，表示“经常”反思职权行使合理性的受访者比重明显上升，在正科级公务员中，表示“经常”反思职权行使合理性的受访者比重上升到 59.65%，比办事员群体高出 22 余个百分点。

表 8-43 行政职级与职权行使合理性反思的交叉表

| 是否反思职权行使的合理性 | 行政职级 | | | | | | |
|---|---|---|---|---|---|---|---|
| | 办事员 | 科员 | 副科 | 正科 | 副处 | 正处 | 编外 |
| 经常/% | 37.50 | 50.49 | 53.51 | 59.65 | 66.67 | 100.00 | 64.29 |
| 有时/% | 31.25 | 25.37 | 25.41 | 31.58 | 22.22 | 0 | 21.43 |
| 偶尔/% | 25.00 | 17.24 | 15.14 | 7.02 | 11.11 | 0 | 7.14 |
| 很少/% | 0 | 4.43 | 3.78 | 0 | 0 | 0 | 0 |
| 没有/% | 6.25 | 2.46 | 2.16 | 1.75 | 0 | 0 | 7.14 |
| 计数/人 | 32 | 406 | 185 | 57 | 9 | 1 | 14 |

从表 8-44 可以看出，入职行政机关的年限与职权行使合理性的反思之间呈现出一种“U”形曲线关系。入职年限在 3 年及以下的地方政府公务员群体中，有 53.73%的受访者表示经常反思职权行使的合理性问题，随着入职年限的增长，经常反思职权行使合理性问题的受访者比重显著下降。但是到了入职行政机关 12 年及以上的公务员群体中，经常反思职权行

使合理性问题的受访者比重又快速上升，超过了入职行政机关 3 年及以下的公务员群体。

表 8-44　入职年限与职权行使合理性反思的交叉表

| 是否反思职权行使的合理性 | 入职行政机关的年限 | | | | |
|---|---|---|---|---|---|
| | 3 年及以下 | 3~6（含）年 | 6~9（含）年 | 9~12 年 | 12 年及以上 |
| 经常/% | 53. 73 | 47. 33 | 45. 28 | 41. 18 | 57. 58 |
| 有时/% | 26. 87 | 30. 00 | 21. 70 | 33. 33 | 27. 27 |
| 偶尔/% | 16. 42 | 15. 33 | 22. 64 | 21. 57 | 11. 11 |
| 很少/% | 2. 98 | 2. 67 | 6. 60 | 3. 92 | 3. 03 |
| 没有/% | 0 | 4. 67 | 3. 78 | 0 | 1. 01 |
| 计数/人 | 67 | 150 | 106 | 51 | 99 |

## 四、职权行使的民意考量

习近平总书记强调，权为民所赋，权为民所用。政府公职人员在行使职权时，要时刻将群众放在主体的位置上，将自己置身于客体的位置，通过换位思考，以群众的角度和眼光来审视自己的行政行为。从表 8-45 可以看出，在被访的 704 名地方政府行政人员中，有 426 人表示“很在意”群众的反应，占调查样本的 60. 51%。认为“比较在意”群众反应的被访者占调查样本的 27. 41%，“不太在意”和“完全不在意”的受访者只占样本的 2. 70%。这说明绝大多数行政人员对于群众反应有较高的关注和考量。

表 8-45　是否在意群众反应

| 是否在意群众反应 | 频数/人 | 百分比/% |
|---|---|---|
| 很在意 | 426 | 60. 51 |
| 比较在意 | 193 | 27. 41 |
| 一般 | 66 | 9. 38 |
| 不太在意 | 10 | 1. 42 |
| 完全不在意 | 9 | 1. 28 |
| 合计 | 704 | 100. 00 |

从表 8-46 可以看出，行政职级越高的受访者，“很在意”群众反应的比例越高。在办事员群体中，“很在意”群众反应的受访者比例最低，为 49.38%。在科员群体中，“很在意”群众反应的受访者比例显著升高，为 55.42%。在副科级群体中，“很在意”群众反应的受访者比例显著上升到 64.86%。在正科级群体中，“很在意”群众反应的受访者比例最高，达到 75.44%。副处、正处级和编外人员的样本量过少，不做比较。

**表 8-46 行政职级与是否在意群众反应的交叉表**

| 是否在意群众反应 | 行政职级 | | | | | | |
|---|---|---|---|---|---|---|---|
| | 办事员 | 科员 | 副科 | 正科 | 副处 | 正处 | 编外 |
| 很在意/% | 49.38 | 55.42 | 64.86 | 75.44 | 66.67 | 100.00 | 85.71 |
| 比较在意/% | 28.75 | 30.05 | 27.03 | 21.05 | 22.22 | 0 | 7.15 |
| 一般/% | 9.38 | 11.82 | 6.49 | 1.75 | 11.11 | 0 | 7.14 |
| 不太在意/% | 6.25 | 1.48 | 1.08 | 0 | 0 | 0 | 0 |
| 完全不在意/% | 6.24 | 1.23 | 0.54 | 1.76 | 0 | 0 | 0 |
| 计数/人 | 32 | 406 | 185 | 57 | 9 | 1 | 14 |

从表 8-47 可以看出，入职行政机关的年限与是否在意群众反应的概率之间呈现一种非线性的关系。具体而言，在入职行政机关 3 年及以下的受访者中，“很在意”群众反应的比例较高，达到 61.19%。随着入职行政机关年限的增长，“很在意”群众反应的比例逐渐降低，最低的是入职年限 6~9（含）年的行政人员，比例为 49.06%。之后，随着入职年限的增长，“很在意”群众反应的比例逐渐提高，在入职行政机关 12 年及以上的行政人员中，“很在意”群众反应的比例上升到 67.68%，高于入职年限 3 年及以下的初入职者 6.49 个百分点。结果表明，从职业生涯的角度来看，地方政府行政人员与群众的关系呈现新鲜期、疲劳期和成熟期的“U”形发展态势。

**表 8-47 入职年限与是否在意群众反应的交叉表**

| 是否在意群众反应 | 入职行政机关的年限 | | | | |
|---|---|---|---|---|---|
| | 3 年及以下 | 3~6（含）年 | 6~9（含）年 | 9~12 年 | 12 年及以上 |
| 很在意/% | 61.19 | 59.33 | 49.06 | 52.94 | 67.68 |
| 比较在意/% | 28.36 | 25.33 | 37.74 | 33.33 | 26.26 |
| 一般/% | 8.96 | 9.33 | 13.21 | 13.73 | 2.02 |

续表

| 是否在意群众反应 | 入职行政机关的年限 | | | | |
|---|---|---|---|---|---|
| | 3年及以下 | 3~6（含）年 | 6~9（含）年 | 9~12年 | 12年及以上 |
| 不太在意/% | 1.49 | 3.33 | 0 | 0 | 2.02 |
| 完全不在意/% | 0 | 2.67 | 0 | 0 | 2.02 |
| 计数/人 | 67 | 150 | 106 | 51 | 99 |

# 第四节　行政人员依单用权的行为表现

## 一、积极表现

### （一）权力清单的主观感知度较高

了解是依单用权的前提条件。调查发现，地方行政人员对于部门权力清单具有较高的知晓度，有75%的地方政府行政人员对部门权责清单表示“了解”（包括“非常了解”“比较了解”或“一般了解”）。知晓度高的背后反映了地方权力清单制度实施中的两个现象：一是行政人员参与度较高，只有参与了才可能了解；二是权力清单制度的宣传较为到位，通过制度宣传大多数行政人员了解了部门权力清单。了解并不一定代表理解，如果对部门权力清单的内容不理解，就无法促进依单用权的行为。调查发现，有近70%的地方行政人员表示对于部门权力清单能够“看懂”（包括“完全懂”和“部分懂”）。这说明大多数地方政府部门发布的权力清单具有清晰、简单、易懂等特点，保证了行政人员能够看懂，这为地方行政人员正确使用权力清单提供了支持。

### （二）行政自由裁量权明显缩小

如前所述，行政自由裁量权是导致行政权力不当使用的主要原因之一。权力清单制度通过对权力事项和责任事项的精细化设定，以公开的方式接受社会的监督，可以有效地减少地方行政人员在行政活动中的自由裁量空间。调查显示，有一半的地方行政人员认为工作中的自由裁量权“小”（包括“很小”“比较小”），还有30.4%的地方行政人员认为工作的自由裁量权“一般”。

### （三）工作职权明晰度较高

权力清单以细化权责事项的方式帮助地方行政人员搞清楚工作职权的范围。调查显示，80%以上的地方行政人员“清楚”（包括“非常清楚”和“比较清楚”）自己的工作职权，对于部门权力清单知晓度越高的地方行政人员，对工作职权的明晰度也越高。这说明权力清单具有促进行政人员职权明晰化的制度功能。如果对于自身工作职权的范围模糊不清，就无法保证依法行政行为的产生。因此，工作职权的明晰化，对于促进地方行政人员的依法行政具有正向作用。

### （四）行政职权的反思性增强

如前所述，权力清单制度的实施过程其实是地方行政人员梳理、反思部门行政职权合法性、合理性的过程。从理论上讲，权力清单制度的实施能够增强地方行政人员对于自身行政职权的反思，这为权力的约束提供了个体心理结构上的支撑。调查显示，有一半的地方行政人员表示“经常”反思职权行使的合法性问题，有20%以上的地方行政人员表示“有时”反思职权行使的合法性问题。有一半的地方行政人员表示“经常”反思职权行使的合理性问题，有25%的地方行政人员表示“有时”反思职权行使的合理性问题。

### （五）职权行使有更多的民意考量

权力清单制度将部门权责事项晾晒出来，接受人民群众的监督。人民群众通过查阅部门权责清单，可以依据清单维护自身合法权益，对抗行政部门的行政侵权行为。权责清单针对每个权责事项都发布了具体的追责情形和投诉渠道，能够促使地方行政人员在职权行使过程中更加在意人民群众的反应。调查显示，有60%的地方行政人员表示“很在意”群众的反应，有近30%的地方行政人员表示“比较在意”群众反应。这种在意人民群众反应的态度正是权力清单制度加强人民群众监督预想的制度结果，它对于规范行政权力的运行具有重要促进作用。

## 二、消极表现

### （一）权力清单的使用率偏低

权力清单以权责事项的形式澄清了部门行政职权的边界和范围，并通过对行政流程的优化，为行政人员的行政活动提供指导和帮助。从理论上讲，权力清单应该成为地方行政人员了解岗位行政职权的主要工具。但是调查发现，地方行政人员了解岗位行政职权的途径有五个：一是“看文件”，二是“业务培训”，三是“领导交代”，四是“实践中摸索”，五是“权力清单”。这说明在了解岗位行政职权的时候，权力清单是众多选项中的“备选中的备选”。这反映了前述研究中的一个核心问题，即权力清单中的权责事项并不是政府部门“全部权力的家底”，仅是政府部门权力的一小部分。由于只是一小部分，不够全面，也就导致大多数行政人员在了解部门行政职权时并没有首选权力清单。不仅如此，有实证研究表明，地方政府部门的权责清单并没有明显地促进行政执法的质量提升，说明部门权责清单在具体行政执法实践中也没有得到充分运用。

### （二）行政职权减少不明显

中央政府通过取消一批又一批的行政权力，地方政府层面应该能够感受到行政职权减少的效应。但是调查发现，多数地方行政人员并没有感受到岗位职权的减少。仅有30%的地方行政人员感到岗位职权比以前明显减少，有30%的地方行政人员感到岗位职权减少很小，有30%地方行政人员处于“不清楚”的模糊状态，还有10%的地方行政人员认为岗位职权“不减反增”。产生这种现象的原因有二：一是在行政系统内部，权力清单并没有充分发挥出应有的简政放权的制度效应；二是权力清单中列出的行政权力事项仅是地方政府部门行政权力的一部分，权力清单中权力事项数字上的减少不能代表部门行政权力的减少。

### （三）权力清单在基层的效应微弱

如前所述，权力清单制度的实施已经从国务院延伸至村（社区）级层面。但是，随着行政层级的下移，权力清单的制度效应出现了明显的递减趋势。调查结果显示，行政级别越低的行政人员，对于权力清单的知晓度越低。政府行政层级越低的行政人员，对于权力清单的知晓度越低。对权力清单的认知度，也存在行政级别越低、政府层级越低的行政人员，权力清单认知度越低的现象。在通过权力清单了解岗位职权方面，乡镇行政人员的使用比例明显偏低。政府层级越低的地方行政人员，行政自由裁量权越大。工作职权的明晰度，随着政府层级的降低而降低。对于行政职权合法性、合理性的反思，也存在行政级别越低，反思比例越低的现象。行政级别越低的地方行政人员，在意群众反应的比例越低。

# 第九章 人民群众依单制权状况

将清单式管理从企业管理领域引入公共管理领域，并与简政放权和政府职能转变相结合，在政府信息公开的透明化环境下，以互联网等新媒体为平台，走出了一条具有中国特色的依单制权之路。所谓依单制权，就是行政主体通过公开权力清单、责任清单和负面清单，人民群众对照清单对政府职能部门的用权行为实施监督。

## 第一节 政治文化的结构性转变

### 一、公开透明的行政文化

权力清单制度是在公开透明成为主流价值导向的政治文化氛围中实施的，同时，它是政府推进政务公开透明的一部分。2003 年，“非典”疫情防治的经验教训，使全社会认识到政务公开的现实意义，党和国家开始逐步推进政府信息的公开，以政府信息公开提升社会治理的水平和效能。2008 年 5 月 1 日，《中华人民共和国政府信息公开条例》正式实施，推动各级政府的政务公开工作进入法治化轨道。在“自上而下”的行政力量推动下，借助互联网等新技术，中国的阳光政府建设在短时间内走到了世界前列，体现了中国特色社会主义制度的优势。

权力清单制是阳光政府建设细致化的典型体现，极大地促进了各级政府向公开透明型政府转变，在深层次上重构了政民之间的关系。在北大法宝・司法案例库中，以政府信息公开为标题的司法案例就有 34050 条，绝大多数是人民群众起诉相关部门没有按照要求公布相关政务信息的行政案件，且不乏行政机关败诉的情况。

在以权力清单制为代表的政府透明化改革实践中，政府变得越来越开放、越来越透明。除了涉及国家安全的信息之外，一切政务信息都要向社会公开，将政府及其行政人员的行为置于一个“全境敞视”式环境下，促使其从自我走向他人，通过与权力对象的“视域融合”实现政民的互谅互让，最终促成政民共治的高层次主体性的实现。在政府主动推进政务公开的同时，在以大数据为代表的技术治理实践中，民众的行为越来越多地呈现于整个社会面前。在公开透明型的新环境下，政府在群众的“凝视”之下，民众也在政府的“凝视”之下，两者在相互“融合”的实践中走向主体际性（见图 9-1）。

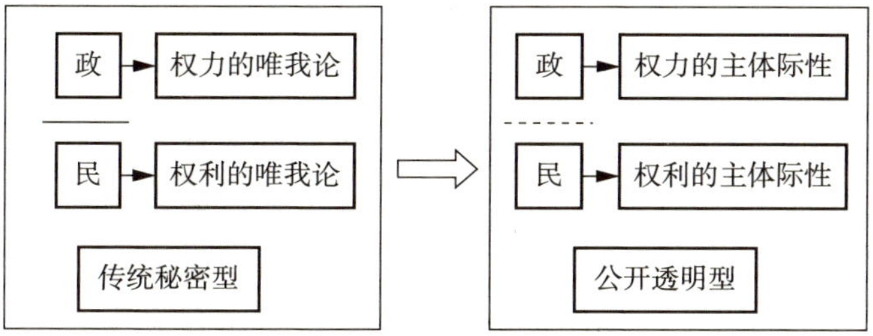


**图 9-1　秘密型和透明型政治文化的主体性差异**

## 二、以人民为中心的政治参与文化

在西方新自由主义话语体系下，只有公民才是民主政治参与的主体，臣民文化是与专制政体相对应的概念。这种概念上的逻辑性区分，如果以马克斯·韦伯理想型的概念构建方法来理解的话，则对于现实具有一定的解释力。但是，如果依此去指导复杂多元的政治实践，则会带来严重的问题，因为现实比概念要复杂得多。阿尔蒙德也认为，公民文化实际上是村民文化（只关心狭小范围内的事情）、臣民文化（消极、服从）和参与者文化（积极、参与）的有机组合。在政治参与的实践中，政治参与主体常常需要在村民、臣民和公民三重角色间进行平衡。公民社会理论将公民的身份理想化，但在实践中，每个政治参与者都是有限理性的行动者，尤其是在所谓“后真相”时代，民主参与的复杂性远远超过了托克维尔对于 20 世纪初美国民主的美好想象。

自进入 21 世纪以来，公民社会理论一度在学术界受到热捧，其认为中国的政治现代化进程需要每个中国人从臣民转化为公民就可以实现了。公民社会理论的意识形态基因是“自由主义”，它预设了国家与社会之间的二元对立关系。在这套话语体系中，公民社会似乎是一块净土，国家仿佛乌烟瘴气；好事似乎都是公民社会干的，坏事仿佛都是国家干的。基于此种逻辑，政府与民间组织的关系只能是一种对立关系：政府作用的扩大必然导致民间组织活动空间的萎缩；反之，如欲拓展民间组织发展的空间，政府的作用就必须受到限制。

公共社会理论上的重大缺陷导致了实践中国家与社会间的深层对立关系，不仅不能解决社会现实问题，反而导致政民之间的对立。以公民社会名义运作的一些所谓的“自治”组织，以“非政府、非官方、非营利”自居，与国外政治势力勾结在一起，干着不可告人的勾当，严重影响党和国家的政治安全。

自党的十八大以来，在中国特色社会主义理论体系指引下，继承和发扬群众路线，强调以人民为中心，将中国社会建设的方向导向人民社会而不是公民社会。首先，将非政府组织、非营利性组织统一改名为社会组织，以减少字面意义上的错误理解。其次，成立国家安全委员会，加强对社会组织的监管，取缔从事危害国家安全的社会组织，整肃了社会组织发展的不良政治风气。最后，通过社会主义核心价值观的教育，以“爱国、敬业、诚信、友善”重塑社会主义新型人际关系。

在此政策导向下，政治参与者的身份是人民。首先，人民与国家不是一种二元对立关系，而是一种相互依赖的关系。国家离不开人民；反过来，人民也离不开国家，“大海航行靠舵手”，党和国家是人民的领导者和掌舵者。习近平总书记多次强调要构建共建共治共享的社会治理共同体，共同体的理念是国家与社会和谐统一的理念。其次，人民所涵盖的范围广，人民的主体是劳动大众，避免了西方民主阶层化、资本化导致的对于底层全体权益的忽视。

综上所述，在以人民为中心的政治参与文化背景下，人民是权责清单制度实施中依单制权的主体。首先，人民是国家的主人，人民有权利对于政府部门权力运行中存在的问题采取制度化的反馈，是积极主动的；其次，人民在政治立场上与党和国家保持一致，服从党的领导，服从国家的法律，是服从的；最后，人民是社会大众的一份子，基于有限理性，以“差序格局”的方式由近及远地践行群众监督的责任。

## 三、从“依法抗争”到“依单抗争”的条件转换

从社会冲突论的角度来看，社会既有和谐统一的一面，也有冲突对立的一面。国家与社会的关系也是如此，两者间的相互依赖，决定了两者有合作共存的一面，但在资源有限和分配失衡的情况下，两者间的冲突也在所难免。政民冲突对于社会的和谐与发展产生重要影响，政民冲突的治理成为国家治理的重要内容。

自改革开放以来，在发展社会主义市场经济过程中，人民群众的个体意识日益增强。当自身权益受到政府部门的侵害时，会通过适当的方式进行抗争。1988 年，浙江省苍南县农民包郑照以县政府侵犯其合法财产权益为由向温州市中级人民法院提起诉讼，该案的最终判决结果是原告败诉，但它成为一个时代的缩影，反映了人民群众开始尝试运用法律渠道以维护私人财产权不受侵害。

由于不同时期的制度环境存在差异，人民群众可利用的资源和条件不同，其采取的方式也具有鲜明的时代特点。李连江、欧博文对 20 世纪八九十年代农民上访行为的调查分析认为，农民上访是一种“依法抗争”的行为，以国家法律和中央政策作为“武器”，抵制地方政府及其行政人员侵害自身的合法权益。

人民群众能够找到维护自己正当权益的法律或政策依据，地方政府部门和行政人员也能够轻易地找到为其不法行为辩护的法律法规和政策文件。这就大大地降低了底层群众“依法抗争”行为的有效性。自进入 21 世纪以来，中国农民的抗争行为又出现了新的形式，如集体上访等。于建嵘将这种新型的抗争行为概念化为“以法抗争”，认为它与“依法抗争”不同的是，它不仅拥护党和国家的政策并要求在地方上得到贯彻执行，而且要求地方政府执行政策，甚至自行解释、宣传并执行中央的政策。当然，不仅农民的抗争出现了这种新的变化，市民的抗争也具有类似的特点。

“依法抗争”在一定程度上维护了人民群众的正当权益，但是它以社会和谐为代价，而且随着抗争群体规模的扩大，容易被某些个人或组织操纵，引起更大范围、更深层次的矛盾。在国家大力推进简政放权改革的背景下，文件得到了系统性的清理，并进一步规范了政策文件、法

律法规制定的流程和约束机制，将法律和政策文件赋予地方政府部门的行政权力以权责事项清单的方式公之于众。此时，“依法抗争”就有了制约公权力行使的条件，并演化为“依单制权”。首先，人民群众能够很容易地知道地方政府部门的职权范围及行使规范，地方政府对此的解释空间大大变小，增加了通过法律渠道胜诉的可能性，相应地也就没有必要通过非正常渠道反映自身诉求了。其次，地方行政人员不能再像以前那样随手拈来一个文件就能为其行为找到合法性的依据，因为文件被大大压缩，而且要进行公开，地方行政人员知道的，群众也知道。再次，当地方政府权力运行处于不透明状态时，人民群众在起诉行政部门时候感觉“无从下手”，难以将其违法行为具体到某一个环节，胜诉的可能性大大降低。在权力清单公布之后，当人民群众对于政府部门职权行使的基本流程非常熟悉之后，就会策略性地选择那些比较容易“攻破”的运行环节，置地方政府部门以“无法辩驳”的境地，大大增加了胜诉的可能性。最后，《中华人民共和国行政诉讼法》经 2014 年和 2017 年两次修正，明确了行政机关及其工作人员不得干预、阻挠人民法院受理行政案件，明显降低了行政案件的撤诉率，审判的独立性显著增强，原告胜诉率大大提高。新修正的法案要求被诉行政机关负责人应当出庭应诉，这对于行政机关依法行政具有重要促进作用。而且，新修正法案还要求被告对作出的行政行为负有举证责任，应当提供做出该行政行为的证据和所依据的规范性文件。被告不提供或者无正当理由逾期提供证据，视为没有相应证据。此时，权责清单是证明其行政行为合法性的重要证据之一。

## 第二节 依单制权的实践形态

在北大法宝·司法案例库中键入“权责清单”以全文模式进行搜索，一共有 820 个与权责清单相关的司法案件，其中刑事案件九件，民事案件 37 件，行政案件 759 件，国家赔偿与司法救助案件 14 件，执行案件一件。在这些司法案件中，大多因行政争议而起，行政争议的焦点是政府部门的权力行使问题，这些案件是人民群众依靠权责清单制约政府行政权力的缩影。

## 一、依单制权的主体

### （一）自然人

“自然人”是一个法律术语，是指具有民事权利与民事义务的人，它的权利与义务是基于出生而自然获得的。在北大法宝·司法案例库中与权责清单有关的820个司法案件中，原告是自然人的占了60%，说明在与权责清单有关的司法实践中，监督行政权力运行主体是群众个体，当然，这些分散化的群众力量一般需要专业律师团队的协助和支持。

当然，在现实社会中不存在纯粹的自然人，法律意义上的自然人都嵌入在复杂的社会关系之中，具有多重的社会身份。从现有司法案例来看，自然人的社会身份具有多样性，既有市民也有农民，分布在全国各地。以个人身份对政府部门的越权行为、不当行为、不作为行为发起诉讼，多以权益受到侵害为导火索。其主要有三种情形：①个人的生命权、健康权受到侵害。生命与健康是最基本的人权，当人民群众的生命权和健康权受到威胁的时候，讨回“公道”的文化动力往往会变得非常强烈，诉诸司法途径解决问题成为最常用的方式。在“连某等生命权、健康权、身体权纠纷案”一审中，原告连某起诉的事由是自己乘坐丈夫驾驶的电动车行驶至商丘市某路段时，被正在施工的挖掘机推倒的电线杆砸伤，遂向法院起诉负有管理职责的睢阳区人民政府、河南省路桥建设集团有限公司等机构。在“简某与广州市卫生和计划生育委员会计划生育行政管理案”中，原告起诉事由是其岳父在广州市红十字会医院由于不当治疗而死亡。②个人财产权受到侵害。在当代中国社会，房子、土地是人民群众最重要的财产，因为房子和土地而引发的财产权纠纷时常发生，如果政府相关职能部门在其中没有及时、正确地行使好自己的职权，就有被群众起诉的可能性。在北大法宝网中，与权责清单有关的行政诉讼案件中，住房和城乡建设局是被起诉最多的行政部门，绝大多数事由与房产权益受侵害有关联。2020年，向北京市第一中级人民法院起诉天津市住房和城乡建设局的案件就有124起，原告的共同起诉事由都是因为房产质量问题，要求天津市住房和城乡建设局公开“名门广场项目的《天津市建设工程施工合同》”而不得。在“张明诉淄博市住房和城乡建设局”一案中，原告由于小区地下室及地下车库漏水问题而向淄博市住房和城乡建设局申请公开工程验收资料信息而不得。③行政执法不当导致的不公平感和被剥夺感。政民矛盾的主要原因是政府执法不当让群众产生了强烈的不公平感和被剥夺感。在“刘某诉河南省司法厅”一案中，原告起诉的主要原因在于刘某参加了全国司法考试，分数合格并向洛阳市司法局提交了申领法律执业资格证的材料，但一直没有收到证书，而和原告同样参加2010年司法考试并且通过合格分数线的考生都拿到了法律执业资格证书。同样合格的分数，同样齐全的申请材料，但有的人如期拿到了证书，而原告却没有拿到，这种不公平感成为原告起诉的主要内在动力。被剥夺感经常因行政处罚而生，在“闫某诉商丘市市场监督管理局”一案中，原告起诉的事由是2018年，商丘市市场监督管理局对闫某涉嫌经营标签不符合规定的剑南春浓香型白酒实施了145500元的罚款。

自然人以自我权益受损为由向行政机关发起行政诉讼，是社会大众最普通、最真实的维权行为。从阿尔蒙德的分类框架来看，这种行为与村民文化具有高度的契合性，即大多数中国老百姓是因为其或小群体内的权益受损而拿起政府部门公布的权责清单来捍卫自己的权利，很少有群众会因为个人、家庭之外的公共利益而拿起权责清单进行公益性的维权行动。其中的原因是多方面的，从文化层面来看，与中国传统伦理道德重私德轻公德的文化有关系，但是这种改变正在发生。特别是，随着社会主义核心价值观教育的持续推进，年轻一代的公共意识越来越强，他们的政治参与动机逐渐超越了个人、家庭等小圈子的束缚。虽然发起诉讼的出发点是小范围内的经济利益，但是在辩护理由的陈述上，无一例外，都是站在抽象规则和公共利益的角度来为自己的行为寻找合法性支持，这体现了公民身份所具有的公共性的一面，而且有利于强化法律法规的权威性和约束力，为依法治国提供基础性支撑。

### （二）法人

法人是指具有民事权利能力和民事行为能力，依法独立享有民事权利和承担民事义务的组织。在高度组织化的现代社会，法人在政治、经济和社会生活中扮演主导性角色。法人有营利法人和非营利法人之分，前者主要指各类工商企业，后者主要指各类社会组织。北大法宝·司法案例库中有关权责清单的司法案例，主要以营利法人为主，说明工商企业是依单制权的另一个重要主体。

政企关系对于一个国家经济发展和政治稳定具有至关重要的作用。在计划经济时期，企业由政府直接经营，由于存在系统性的软预算约束问题，其在技术创新、生产效率方面动力不足。自改革开放以来，中国的政企关系在一步一步地优化，从20世纪80年代的政府直接办企业到90年代的国有企业改革、乡镇企业改制，企业逐渐成为独立的市场竞争主体。但是，由于在基础性制度体系方面不甚完善，政企关系仍然没有完全理顺，某些地方政府部门仍然存在对工商企业的干预行为。

权力清单制度的实施，尤其是负面清单制度的实施，为工商企业运用权责清单维护合法权益、制约政府部门不法行为提供了有力的监督工具。在北大法宝·司法案例库中，以“负面清单”为关键词进行搜索，共有480份案例和裁判文书，以民事案件为主，其中，行政案件有108个。作为原告的工商企业大多数都是中小企业，个体工商户占有较大比重。一方面，中小企业数量多，日常运营与大中型企业相比，不规范的环节多，是政府相关职能部门监管的重点。另一方面，与大中型企业相比，中小企业“势单力薄”，“挑软柿子捏”的逻辑让中小企业成为某些政府职能部门掠夺的主要对象。工商企业以营利为根本目的，所以发起依单制权行动的事因也主要是利益受损，主要有两种情形。

第一种是由于行政不作为导致组织利益受损。工商企业开展市场经营活动，需要政府的支持和保护。但是，由于某些政府部门的行政不作为，直接或间接地导致企业利益的受损。在“上海某有限公司诉上海市宝山区市场监督管理局”一案中，该公司起诉的主要事因是公司于2016年搬迁至宝山区之后，宝山区市场监督管理局对于该公司的装修工程不给予验收，并不给予办理食品经营许可证，给公司造成巨大经济损失。在“某加油站与偃师市环境保护局一审行政诉讼”案件中，原告向偃师市环境保护局提交办理环境影响评价的申请迟迟没有得到答复，对于加油站的持续经营构成威胁。

第二种是由于行政侵权行为导致组织经营出现障碍。权责清单为政府部门的职权范围做了较为全面、清晰的界定，政府部门在权力行使中不能逾越权力边界，否则就是行政越权。尤其是负面清单，将政府禁止事项列入清单管理，负面清单之外的经营活动，政府无权干涉。但是在实践中，仍有政府部门行使负面清单中不允许行使的权力事项，挤压了企业自由经营的空间。在“某二手车交易市场有限公司诉山东省商务厅”一案中，原告称自2017年成立以来，一直经营二手车交易市场服务业。但在2019年8月，被告却发出《山东省商务厅关于取消部分二手车交易市场备案的函》，取消了包括原告在内的部分二手车交易市场备案，并向山东省公安厅、国家税务总局山东省税务局推送。2020年6月，国家税务总局沂南县税务局界湖税务分局向原告发出《税务事项通知书》，告知原告在取消备案名单之内，依据相关规定停止原告二手车销售统一发票使用资格。因不能申领发票，导致原告公司无法正常营业。本案中，二手车交易并不在市场准入禁止或限制准入类目录，各类主体均可依法平等进入，山东省商务厅的行为超越了部门职权范围，影响了市场主体自由经营的机会和空间。在“当阳市住房和城乡建设局与湖北某陶瓷有限公司规划行政许可上诉案”中，原告湖北某陶瓷公司向被告当阳市住房和城乡建设局提出行政许可申请，在申请合法的条件下，应依照《中华人民共和国行政许可法》规定的程序做出准予或不准予行政许可的行政决定，但被告对原告提出的行政许可申请，未做出是否准予行政许可的行政决定，而以回复方式进行处理，建议该陶瓷公司的产业升级项目另选其他地址，导致工程延期，企业经济利益受损。

### （三）公诉机关

在依据权责清单制约行政机关权力运行的实践中，人民检察院的参与也日益增多。人民检察院作为公诉机关，有权对犯罪嫌疑人的犯罪行为向人民法院提出控告，要求法院通过审判确定犯罪事实、惩罚犯罪人。2014年，党的十八届四中全会通过了《中共中央关于全面推进依法治国若干重大问题的决定》，提出了“探索建立检察机关提起公益诉讼制度”这一改革主张。时隔一年，在2015年的中央全面深化改革领导小组第十二次会议上审议通过了《检察机关提起公益诉讼改革试点方案》，将检察机关公益诉讼的类型分为民事公益诉讼和行政公益诉讼两大类。其中，行政公益诉讼的重点领域包括生态环境和资源保护、食品药品安全、国有资产保护、国有土地使用权出让等领域。当负有监管责任的行政机构在上述领域存在违法行使职权或者行政不作为，导致公共利益受到损害，自然人和法人由于没有直接利害关系而无法提起诉讼的，由人民检察院负责提起公诉。本次试点地区包括北京、内蒙古、吉林、广东、甘肃等13个省、自治区、直辖市，由全国人大授权进行改革试点，期限定为二年。

2017年，试点改革完成之后，中央全面深化改革领导小组第三十五次会议又审议通过了《关于检察机关提起公益诉讼试点情况和下一步工作建议的报告》。2017年6月，第十二届全国人民代表大会常务委员会第二十八次会议决定对《中华人民共和国行政诉讼法》和《中华人民共和国民事诉讼法》做出修改。在《中华人民共和国行政诉讼法》中，针对行政公益诉讼专门增加一个条款：人民检察院在履行职责中发现生态环境和资源保护、食品药品安全、国有财产保护、国有土地使用权出让等领域负有监督管理职责的行政机关违法行使职权或者不作为，致使国家利益或者社会公共利益受到侵害的，应当向行政机关提出检察建议，督促其依法履行职责。行政机关不依法履行职责的，人民检察院依法向人民法院提起诉讼。两部法律的修订标志着我国公益诉讼制度正式步入法治化轨道。

立法工作完成之后，最终的执行还需要靠“自上而下”的行政化推动。2017年7月，最高人民检察院开始部署全国范围内公益诉讼开展工作。为了加大执行力度，考核是最直接有效的方法。2017年，江西九江市人民检察院印发《2017年度对基层院检察业务工作考评方案和实施细则》，将办理公益诉讼案件数作为考核指标之一，最高评分为100分。

在考核压力下，全国公益诉讼案件数量快速增多。2019年，最高人民检察院检察长张军在第十三届全国人民代表大会常务委员会第十四次会议上做的《最高人民检察院关于开展公益诉讼检察工作情况的报告》中显示，2017年7月至2019年9月，全国共立案公益诉讼案件214740件，办理诉前程序案件187565件，提起诉讼6353件。

## 二、依单制权的内容

人民群众依单制权主要针对的是行政侵权行为。2010年，《中华人民共和国侵权责任法》颁布实施，从法律上确认了公民具有生命权、健康权、姓名权、名誉权、荣誉权、肖像权、隐私权、婚姻自主权、监护权、所有权、用益物权、担保物权、著作权、专利权、商标专用权、发现权、股权、继承权等基本人身、财产权益。当个人权益受到侵害时，公民有权要求侵权人承担侵权责任。

### （一）行政间接侵权

在中央健全权力约束机制、强化行政问责制度之后，“吃拿卡要”现象减少了，“庸政、懒政、怠政”现象却逐渐多了。与行政“乱作为”相比，行政不作为与人民权益之间的关系较为间接，称为“行政间接侵权行为”，在政府行政职责高度抽象和模糊的情况下，难以通过法律渠道问责。长期以来，由于我国传统行政司法救济制度不完善，对于行政机关不履行职责或未全面履行职责，行政相对人的权利难以获得真正的司法救济。权力清单制度的兴起，在一定程度上为行政不作为的司法救济提供了制度上的保障，为行政相对人的权利救济提供了新的方向。

随着权责清单制度的实施，政府各职能部门的权力以权力事项为基本单位进入清单，社会大众通过权责清单，就能够感知到政府在哪些方面存在行政不作为的问题。特别是城市管理局，最容易被人民群众举报行政不作为，因为城市道路绿化、路边摆摊规范整治、窨井盖管理等，都属于城市管理局的行政职责范围。社区居民对路边哪一棵树倒了没有人扶、哪个窨井盖丢了没有人补是最清楚不过的，最能够感受到城市管理局的职责行使是否到位、及时。

在不同的时代，人民的政治参与目标和手段不同。改革开放后，党和国家的工作重心转向经济建设，群众政治参与也发生了重大变化，参与动机更注重经济利益的维护或获取，参与方式日益多元化，有基层民主选举、信访、检举、向媒体反映问题等。自进入21世纪以来，随着互联网的广泛应用，在世界范围内“新公共参与运动”思潮的影响下，政治参与的方式更加丰富，出现了民主恳谈、参与式预算、居民座谈、听证会等新型参与形式。自党的十八大以来，在全面依法治国的新时代背景下，权责清单在行政诉讼实践中得到广泛使用，不仅政府行政部门运用权责清单为自身职权行使提供合法性支持，人民群众也以权责清单为依据起诉政府行政部门在职权行使中的各种侵权行为，依单制权成为一种新型的权力监督方式。

在北大法宝·司法案例库中，因行政机关不作为导致人民群众生命权、健康权受到侵害，且辩护理由援引政府权责清单的司法案件一共有五起。在辽宁“白某、梁某生命权、健康权、身体权纠纷”一案中，事由是原告亲属白某在正常开车途中压到减速带，致使车辆失控，撞向军区善后办摆放于门前的拒马，导致头部受伤，进而抢救无效死亡。原告的申辩理由是：2018年度市政公用局、城乡建设局网站的权责清单显示，市政公用局、城乡建设局为案涉道路管理及维护人，其对减速带的设立、维护及调整具有法定职责，其未尽到管理及调整职责，使道路通行人看不到减速带的存在，造成白某发生交通事故身亡，市政公用局、城乡建设局应承担侵权损害赔偿责任。

在“屈某诉黑龙江鸡西市公路管理站”一案中，事由发生在2016年10月，原告屈某骑摩托车遭遇冰雪路面，导致车辆发生侧滑，驾驶员屈某和乘车人王某摔倒在地，遭受重伤，经医院治疗共支出医疗费三万余元。上诉人认为，涉案路段大面积结冰多日，但鸡西市公路管理站却没有及时清扫，导致正常行驶的摩托车侧滑致人摔伤，应该承担全部责任。在辩护理由中，原告收集了鸡西市市容环境卫生管理局主要职责、黑龙江省各级政府权责清单和中介清单以证明被诉单位存在职责范围内不作为的问题。

在“赵某诉洛阳市洛龙区人民政府等七部门”一案中，事由发生在2018年4月，赵某和其妻子在洛阳市洛龙区一道路的人行道上正常行走时，被所在路边树上倒塌的一个帐篷砸倒受伤，经120急救中心送至医院治疗，后因伤势过重又转至河南省骨科医院治疗，前后一共支出医疗费用近10万元人民币。而且，事发后倒塌的帐篷被人偷偷运走，帐篷所有人无法找到。在找不到具体责任人的情况下，赵某遂把追责对象放在了政府有关职能部门身上，经过梳理，他认为洛龙区人民政府、洛阳市政建设集团有限公司、洛阳市城市管理局、洛阳市城市综合执法局、洛阳市数字化城市管理监督指挥中心、洛阳市洛龙区城市管理局、洛阳市洛龙区城市综合执法局七个部门对涉案地段负有法定管理职责，由于这些部门的行政不作为才导致倒塌的帐篷无人管理，砸伤了自己。基于此种推理逻辑，赵某在2018年6月，将上述七个部门告上法庭，在递交的证明材料中，各部门权责清单是重要证据之一。具体的辩护陈述如下：

> 政府网站公示的权责清单明确了洛阳市城市管理局所具备的管理职责，而且细化到不同项目的审批、处罚等各个环节，说明该单位有相应的管理职责。虽然庭审中洛阳市城市管理局辩称权力下放，其只是宏观业务指导，但其并没有提供证据证明下放哪些权力，怎样进行业务指导。因此，洛阳市城市管理局应当对其没有按照权责清单履行职责造成的损害承担责任。

由此段陈述可以看出，政府公布的权责清单成为人民群众问责相关职能部门行政不作为的重要证据。如果没有如此明确具体的权责清单，被诉政府部门很容易找到推卸责任的理由。而且，这一证据得到了法院的采信。一审判决认为，其他六个部门不负有具体的管理职责，不承担责任，唯有洛阳市洛龙区城市管理局，由于未尽到相应的审批、监管和清理职责，应承担相应的民事责任，判定洛阳市洛龙区城市管理局对原告的损失承担20%的责任，具体金额是44451.3元，要求被告在判决生效之日起十日内完成。

一审判决做出之后，原告赵某和被告洛阳市洛龙区城市管理局都对此判决不服，前者认为赔偿比例太低，后者认为其没有赔偿责任，其辩护理由的陈述如下。

> 受害人受到的损伤系案外人违法在人行道放置帐篷被风刮倒造成的，而非洛阳市洛龙区城市管理局造成的。首先，洛阳市洛龙区城市管理局对洛龙区范围内的道路行使的是行政监督权，而非所有人的权利，更非“保姆权”；其次，受害人不能举证证明具体的侵权人，理应承担举证不能的法律后果，而不应让洛阳市洛龙区城市管理局代侵权人承担民事赔偿责任；最后，一审判决逻辑错误。假若一审判决洛阳市洛龙区城市管理局承担责任的理由成立，那么凡公民受到不法侵害，在找不到具体侵权人的情况下，都可以起诉公安机关，要求公安机关承担赔偿责任。因为公民受到不法侵害的“事实”，都可以证明公安机关没有尽到保护人民群众生命健康的专门职责，就应该代替不法侵权人承担赔偿责任。这一结论显然是荒谬的，也是不能成立的。

上述的申辩理由代表了大多数行政机关遭遇群众投诉其间接侵权行为时的典型心态：①你遭受的伤害与我没有直接关联；②你找不到具体侵权人是你的问题，不能让我来背锅；③政府部门不是保姆；④如果群众遭遇侵害，在找不到具体责任人时都来起诉政府部门，那政府部门就无法正常运转了。从常理来看，行政机关的这些申辩理由似乎“说得过去”。但是，从法律的角度来看，法定职责没有履行导致群众权益受损，只要事实依据成立，符合法定要件，就应该承担相应的赔偿责任。洛阳市中级人民法院做出的二审判决中，维持了一审判决中认定的洛龙区城市管理局的民事赔偿责任。

上述案件一方面说明人民群众的权利意识在进一步提升，权责清单为人民群众通过法律渠道问责政府部门间接侵权行为提供了证据上的支持，胜诉率大大提高。另一方面说明人民群众起诉政府部门间接侵权行为的案件，对行政部门的职权行使产生极大的震动。它促使相关职能部门不仅要“正确”地行使职权，而且要保证权力行使保障人民群众基本权益不受伤害。

此外，当行政机关的行政不作为导致公共利益受到严重侵害，由于没有具体的侵权人发起行政诉讼，人民检察院作为公诉机关承担依单制权的公共责任。在北大法宝·司法案例库中，以“权责清单、公益诉讼”为关键词一共搜索到30个司法案例，原告都是各级人民检察院，大多数案件是一审终审，有多起案件涉及行政机关不履行法定职责的内容。在“湖北省宜昌市西陵区人民检察院诉湖北省利川市林业局不履行法定职责行政公益诉讼案”中，湖北省某矿业公司非法占用林地开采碳质页岩并露天燃烧煤矸石，向空气中排放大量气体污染物，导致周边林木大片死亡。跨区公诉机关湖北省宜昌市西陵区人民检察院向西陵区人民法院提起公诉，控告负有行政监管责任的湖北省利川市林业局行政不作为。

### （二）行政直接侵权

行政直接侵权是行政主体的行政行为直接导致了行政相对人权益的受损。政府的行政行为，大多数带有强制性，是一种羁束性权力，会对社会大众的自由产生一定的限制和阻碍作用，甚至对行政相对人造成直接的人身或经济伤害。例如，行政处罚和行政征收，行政相对人肯定会在经济上受到损失；又如，行政许可，如果行政机关驳回行政相对人的行政许可申请，会直接导致行政相对人无法从事某种活动；再如，政府机关的行政强制职责，则会直接导致行政相对人人身自由受到限制，或自身财物无法正常使用和实现正常的市场价值。政府行政权力的行使对公民自由的抑制反映了国家与社会之间的内在张力。正如社会契约论所认为的，社会大众为了保持最低限度的社会秩序，主动地将部分权力让渡给政府，让政府通过权力的行使限制部分社会成员的自由以换取整体社会秩序和社会福利的最大化。

在此观念下，如果政府的行政行为是经过全体人民的授权，完全按照社会公认的规则行使的，那么行政相对人即使利益受到损失或人身自由受到限制，政府行政机关不需要对此承担任何责任，且在某种意义上需要鼓励，因为它在更大层面上维护了全社会的根本利益。但是，如果人民的损失是由行政主体不当的行政行为导致的，那就要承担相应的行政侵权责任。恰当与不当的标准如何界定，需要依据特定时期的法律法规。由此可以看出，行政直接侵权行为具有社会性，是社会建构的产物。政府的权力行使行为，在不同的时间和不同的地区，由于社会大众公认的行为规范不同，对行政侵权行为的认定也存在差异。

在全面依法治国的新时代，权责清单为行政机关的权力行使提供了详细的边界范围和运行流程，界定了每个环节行政机关应该承担的责任。如果行政机关在权力行使的某个环节上不符合规定，人民群众就可以依此起诉行政机关的行政侵权行为。

行政处罚直接导致行政相对人经济利益的受损，容易引起人民群众强烈的“被剥夺感”，在行政诉讼案件中占有较大的比重。在“陈某等诉南宁市西乡塘区城市管理综合行政执法局”一案中，原告自建的老房屋被南宁市西乡塘区城市管理综合行政执法局认定为违章建筑，对原告下达了限期自行拆除的《行政处罚决定书》。原告的理由代表了行政侵权案件的一般辩护逻辑：①被告没有这方面的职权；②认定老屋违建的法律适用错误；③执法程序违法。但一审、二审判决都认为原告辩护理由不成立，驳回了原告的诉讼请求。被告依据权责清单为自己的职权行使行为提供有力的支持，说明权责清单不仅可以作为人民群众起诉行政机关行政违法行为的证据，也可以作为行政机关论证职权行使行为合法性的证据。

行政强制是指行政机关为了实现行政目的，依据法定职权和程序做出的对行政相对人的人身、财产和行为采取的强制性措施。在城市管理过程中，因大规模的房屋拆迁引发利益纠纷，行政机关频繁使用行政强制行为，行政强制的行政诉讼案件较为常见。在“王某诉长春市宽城区城市管理行政执法局”一案中，原告位于长春市宽城区的唯一住所被列为政府征收范围，但因补偿价格问题未与征收部门达成补偿协议，宽城区执法局则直接向原告下达了《行政强制执行决定书》并对原告房屋实施了强制拆除。在此案中，长春市宽城区城市管理行政执法局将原告房屋认定为违法建筑，但按照长春市政府部门行政权力清单，违法建筑的处罚权在规划局，被告不具有对原告房屋的行政处罚权。此案中的权责清单，成为原告申辩理由的重要支撑材料。

行政处罚、行政强制直接造成行政相对人利益的受损，激起民怨的理由很容易理解。但是，在助益性权力的行使过程中，由于规则和程序上的问题，也会导致人民群众对于政府行为的不满，进而发起行政诉讼。2014年，安徽省宿松县为鼓励科技创新，制定了专利资助和奖励政策，该县政府办〔2014〕119号文件明确规定：发明专利申请奖励3500元，授权后再奖励6000元；实用新型专利受理奖励1500元，授权后再奖励3000元；外观设计专利申请奖励1000元。自2014年1月1日起执行该标准。

政策支持力度的增强吸引了人们的参与热情。自该政策公布之后，该县朱某、殷某、陈某、吴某、王某等积极申请，其中，吴某一个人在2015年度就获得专利申请受理21件，实用新型专利受理13件并于同年都获得授权。如果按照2014年的奖励标准，吴某的行政奖励金额达到132000元。其他几个上诉人的情况与吴某的情况类似。根据科技创新的一般规律，一个人在一年内不可能有如此多的“成果”，申请行为有很大的“投机”嫌疑，说明宿松县2014年出台的奖励和资助政策存在漏洞。

但是，从纯粹的程序角度来看，上诉人的行为完全合法，宿松县政府既然出台了奖励制度，并在部门网站上向社会公布。基于信守承诺，政府应该为其政策漏洞“买单”，按照原有规定向行政相对人兑现承诺。但是，由于该项目的资金只有200万元，超出部分无法兑现。于是，宿松县人民政府在2015年10月下发了《关于调整专利资助及奖励标准的通知》（松政办〔2015〕54号），将原有的资助和奖励标准大大降低，并按照降低后的标准对专利申请人进行资助和奖励。2016年，宿松县科技局根据调整后的标准核定了吴某的专利资助和奖励金额，发明专利申请受理21件，每件资助1500元，获得实用新型专利授权13件，每件资助1000元，实用新型专利受理不再资助，共计给付资助44500元。与旧政策应支付的132000元相比，新标准下的支付额少了八万多元，申请人发起行政诉讼。虽然，最后法院驳回了原告的诉讼请求，但是该案对于宿松县人民政府的信誉造成极大损害。

## 第三节　依单制权实践的分析

### 一、依单制权的实践特点

依单制权作为新时代人民群众维护自身正当权益、限制政府公权力行使的新方式，体现出鲜明的法治化特征，体现了法治的基本原则和理念，具体表现在以下两个方面。

### （一）政民平等

在全面依法治国的新环境下，政民关系得以重新调整，政民平等。首先，行政机构与人民群众都是平等的权利义务主体。在法律面前，政府行政人员与普通群众都是独立的权利主体，享有基本的民事权益，如生命权、健康权、财产权等，得到法律的保护，不允许任何组织和个人践踏与侵害，任何组织和个人都没有超越法律之上的特权。其次，行政机构与人民群众都是独立的责任主体，在享有基本权利的过程中承担相应的责任和义务，强调责任与权利的对等，不允许出现只享有权利不承担责任的法律主体。最后，行政机构与人民群众在机会面前是平等的，每个人都有利用社会给予的机会平等地发展自身的权利，政府应该尽力维护每个社会成员在机会面前的平等，让每个社会成员都得到发展。当人民群众和政府部门产生纠纷与矛盾时，人民群众具有平等的申诉机会。

总之，在依单制权实践中，人民群众与行政机构双方都是法律法规约束的对象，制胜的重点是其行为是否有坚实的法律法规支持。只要其行为有充足的法律依据，就有胜诉的机会。在行政诉讼案件中，行政部门败诉的比例越来越高，充分说明了在人民群众依单制权实践中，政民双方在法律地位上的平等性。

### （二）规则至上

依单制权采取的是竞争型权益维护模式，政民双方在遵守既有法律规则的前提下，广泛地收集党和国家的法律法规和政策依据，为各自行为的合法性进行证明和辩护。双方竞争的重点不再是吸引上级注意、绑架大众，而是摆事实、讲道理，以权责清单等强有力证据，证明政府部门在哪个环节存在违法行为，依此获得公正判决。

尤其是以权责清单制度为代表的行政权规范运行制度创新，贯彻了行政法中禁止恣意和自我行政拘束原则，通过政务公开和规范权力行使的基本流程，将行政裁量权控制在一个合理的范围内。典型的如警察执法过程中，群众通过拍照的方式对其执法行为进行监督。公安部要求警务人员在群众拍摄不影响执法的情况下不得干涉和禁止群众的拍摄行为。这对警务人员执法的规范性提出了很高的要求，只要有不合规的地方，就要承担一定的法律后果。由此可以看出，在依单制权实践中，个人行动的重要性让位于规则，对于群众和政府部门来说，规则和程序超越了个人，具有最高的合法性和正当性。当个人行为与规则出现了偏离，法律规则的崇高性地位得到共同维护。

## 二、理性平和

依单制权遵循法治逻辑，以实事求是的态度，广泛地收集各方面的证据，用事实证明涉事政府部门的违法行为。在此过程中，主观臆断是毫无意义的，对于双方行为的结论性认定，都要建立在充足的证据之上，没有证据支撑的结论，法院不会采信。在举证和辩护环节，个人的情感冲动不仅起不到正面的助益作用，反而会阻碍理性的辩护行动。在以事实为依据的说理过程中，不仅需要个体理性，也需要哈贝马斯所讲的沟通理性。无论是原告还是被告，要在论辩中获得优势，都必须先理解对方；而要理解对方，就必须站在对方的立场进行换位思考，通过视域的融合，将原来对立的两方重新整合，以平和理性的方式解决双方的矛盾。

## 三、依单制权的权力约束机制

### （一）客体化

当权力不受制约的时候，权力的任性就会凸显。权力的行使一旦任性，决策就容易失误。从心理学的角度来看，任性的背后是自我主义的认知结构在作祟。皮亚杰认为，7 岁之前的婴幼儿都有自我中心主义的倾向。随着年龄的增长，人的抽象思维能力得到提升，逐渐完成从关注自我向关注他人的超越。

但是，在公权力的行使过程中，面对行政相对人，往往会以科层制非人格化的身份行事，缺乏基本的人性关怀。

人民群众的依单制权行动，将行政部门告上法庭，部门负责人没有正当理由必须出庭应诉。而且，行政案件只要不涉及国家秘密和个人隐私，都要求公开审理，社会大众可以旁听。这有利于促使地方行政人员从原告的角度、国家法律法规的角度反思自身行为的合法性与合理性。从实证的角度来看，那些经常应诉的地方政府部门，在行政执法中的“谨慎性”更强，程序更规范。实际上，很多地方政府的负责人都认识到了真实的行政案件庭审对于公务员依法行政的直接教育意义。2020 年 11 月，四川省三台县司法局组织全县行政部门负责人及行政执法人员旁听了该县人民法院公开审理原告谌某某诉三台县综合行政执法局城建其他行政行为一案。

## （二）凝视

正如舒德森所言，参与式民主是一种政治理想主义，在现实的操作层面会遭遇诸多障碍。例如，对于一项公共政策制定，一般人根本无法获得全面的信息，不利于公共理性的达成。在此情况下的政治参与，无法真正实现对公权力的约束。

在此背景下，监督式公民应运而生，监督的公民不需要参与政府权力运行的实际过程，只需要以“局外人”的身份随时“监视”政府的一举一动就可以了。只要发现政府机构的行政行为与国家法律法规不一致的地方，就可以随时发起投诉、举报或行政诉讼，以此实现人民群众监督公权力的功能。与参与式民主相比，监督式民主以“局外人”的身份“监视”行政权力的运行过程和结果，成本低廉，随时随地都可以发起监督行动，可以更加广泛、更加全面、更加持久地监督政府权力的运行。

互联网技术的发展赋予了人民群众无比强大的“监视”能力。在移动互联网时代，政府部门的每一个行政行为都留有“痕迹”，这都可以作为人民群众起诉政府部门违法行为的证据。在前述行政诉讼案件中，原告提供的证据不局限于证人、证言，更多的是各种网络截图，如地方政府部门权力清单截图、提交申请截图、行政回复截图以及微信聊天截图等。因为很多政务服务行为都是通过互联网办理的，这些痕迹得到了法院的支持。特别是，“云公开平台”的开发，部分地方政府将民政、社保、农业、纪律检查等信息整合进云端查询系统，群众在此系统中既可以查询到自己的低保信息，也可以查询到本社区其他方面的低保享受信息，这种“监视”杜绝了低保发放中的违规违纪行为。

在公开透明成为一种行政文化的背景下，人民群众在得不到政府相关信息的时候，可按照《政府信息公开条例》的要求，主动向政府部门申请某些方面的信息公开，如果政府不予回应则可以起诉政府部门在信息公开工作中存在的违法行为。在“徐某诉漯河市市场监督管理局”一案中，原告父亲在漯河市中心医院住院期间死亡，原告认为该医院违反了药品不良反应报告与检测管理的规定，遂向被告投诉。但作为被告的漯河市市场监督管理局始终没有做出回应，原告就向被告申请公开部门权力清单，但被告仍无回应。于是原告将其告上法庭，起诉其信息公开违法行为，审判结果支持了原告的观点。

当公共部门隐私权的范围明显小于社会大众私人隐私权的结构性条件时，人民群众可在互联网上很方便快捷地获取政府权力运行的相关信息，找不到可以申请公开，如果申请没有及时回复还可以举报、投诉或起诉。在此背景下，人民群众处在"暗处"，而行政部门及其工作人员处在"明处"，前者通过对后者行为的"凝视"，对于行政机构的依法用权起到监督作用。在福柯的权力规训理论中，"凝视"扮演了十分重要的角色。在《疯癫与文明》一书中，福柯认为，疯癫者暴露在医生和社会其他"正常人"的"凝视"下，他们的"凝视"形成了一种"巨大的道德监禁"，保证了精神诊疗学对人类行为干预的顺利进行。权力清单将政府职权以可视化的方式公之于众，将政府及其行政人员的公权力使用行为置于大众的"凝视"下，随时接受人民群众的监督，实现以单制权的功能。依单制权是人民群众实施的"以权力制约权力"的新形式，是监督式民主发挥公权力制约功能的鲜明体现。

### （三）惩戒

根据行为主义心理学的理论，个体的行为反应受外界刺激的影响，当某个行为做出反应之后受到了环境的正向回应时，会推动此种行为再次发生，此为"正强化"；当某个行为做出之后受到了环境的负向回应，则会阻止此种行为的再次发生，此为"负强化"。班杜拉的社会学习理论认为，个体行为没有必要亲身体验到行为后果才做出调整，完全可以观察他人相同行为的后果来及时调整自身行动的选择。

在依单制权实践中，政府部门及其工作人员遭到人民群众的投诉，不管在法庭上胜诉与否、有理无理，对于政府部门和行政人员来说，都是一种明显的"负向刺激"。一起行政案件，让被起诉部门在上级政府部门和领导面前、同级政府部门和同事面前、社会大众面前难堪。因为按照社会大众的推理逻辑，它作为一个强有力的信号，代表着该部门和行政人员"肯定"有做得不好的一面。由于这种社会惩戒机制，很多地方行政部门在法院做出判决之前，主动与原告沟通，有错的立即改正，该赔偿的做出赔偿，极力说服原告撤诉，由此挽回"不良影响"。2010 年 1—9 月，山东省德州市两级法院一审、二审民商事案件调解撤诉率分别达到70.63%和53.90%，行政案件调解撤诉率达到88.00%。

除了社会惩戒机制外，在依单制权实践中，人民群众依据权力清单在法庭上质疑地方行政部门权力行使的合法性问题，虽然胜诉率不高。（2016年，全国各级法院审结的一审行政案件中，行政机关败诉率为14.62%）但按照法律法规和政策规定，行政机关败诉，一般要承担几个方面的后果：①赔礼道歉，行政机关及其负责人要向遭受侵害的行政相对人赔礼道歉，造成严重社会影响的，要向社会进行公开道歉。②纠正错误行为，没有履行职权的要限期履行，如群众申请信息公开而没有及时回应的，要及时向原告公开申请的政务信息。履职错误的行为要及时撤销，如有不合法的行政处罚，要予以撤销。③赔偿损失，因行政机关的违法行政行为导致行政相对人人身、财产权受到侵害的，应依法承担赔偿责任。④责任追究，行政败诉造成的各种“损失”不能都由政府部门来“背锅”，行政过错责任追究要具体到人，根据情节轻重处以书面检查、通报批评、调离岗位、辞退、免职等行政处分，情节严重者甚至要承担刑事责任。对于具体行政部门来说，会对其年度考评成绩产生直接影响，领导干部的升迁也因此受到不利影响。总之，多重的不利后果，对于行政部门及其工作人员而言，都是一个深刻的教训，这种负强化效应会有效减少行政部门的不依法用权行为。

## 四、依单制权的权力约束效果

### （一）巩固了简政放权的改革成果

权力清单制度是在中央持续推进简政放权改革过程中推出的，它对于巩固简政放权改革成果具有明显的促进作用。古今中外的历史表明，权力具有扩张的本性。与立法权和司法权相比，行政权具有直接性、主动性和自由裁量性的特点，其自我扩张的动力更强、空间更大。

改革开放以来，国务院分别于1982年、1988年、1993年、1998年、2003年、2008年、2013年和2018年进行了八次规模较大的政府机构改革，简政放权是历次改革的主题逻辑。总体上来看，与计划经济时代的全能型政府相比，政府职能转变正朝着有利于市场经济发展的有限型政府靠近。但是，政府职能错位的问题依然存在，特别是进入21世纪以来，在市场化改革和去市场化改革同步推进的过程中，政府职能错位问题甚至影响经济社会发展的地步。

究其原因，主要在于缺乏完善的权力制约机制。前六次改革，基本上是在政府系统内部封闭进行的，社会参与有限。首先，机构改革方案的制定主体都在国务院系统内部，如为推动1988年的改革，国务院专门成立了机构改革办公室，一般由国务院秘书长根据党中央的部署进行统筹，制定出政府机构改革的草案之后，再经全国人大做出程序性认定，再付诸实施。立法机关缺乏对行政系统简政放权改革的实质性约束。其次，机构改革方案在制定阶段，一般会听取政协委员等社会各界的意见，但在具体执行阶段，却没有相应的配套性制度以加大社会的参与和监督力度。导致改革成效的持续性不强。最后，政府机构改革方案是由国务院制定并“自上而下”推动，从制度层面来看，中央政府与地方政府之间形成一种单向约束关系，地方政府要贯彻执行中央政府的改革方案，但是当中央政府的改革方案与地方政府的特殊情况、特殊利益产生冲突时，往往会催生出“变通性”执行，导致简政放权的成效大打折扣。就机构和人员精简而言，前六次机构改革的统计数据显示，国务院工作部门由100个减至69个，精简约31%；编制人员由511万人减到116万人，精简约68%。但是，现实中政府机构的外部剥离与内部扩张一直相伴而生，具体而言，从外部来看政府正式部门在不断精简，实际上其内部衍生机构却持续膨胀。

有别于前六次的改革，最近的两次改革在完善监督体系方面做了全方面设计。2013年的《国务院机构改革和职能转变方案》与前几次机构改革方案的主要差异在于2014年实施的权力清单制改革，成为其实施的重要配套性改革措施，将简政放权的改革实践放置在一个完全透明的社会环境下。权力清单、责任清单和负面清单并举，以简单、可视、可测的方式，以互联网为媒介，全面接受社会的监督，保障了中央政府的改革方案在各级政府部门得到全面贯彻落实。

首先，行政乱收费现象得到了根本遏制。行政权力的不当使用最突出地反映在行政乱收费上。对于行政乱收费现象的治理，虽然出台了不少政策，想了很多方法，但没有得到根本遏制。权力清单制度实施之后，针对行政部门的每个权力事项，都要注明是否收费，如果是收费项目，就要公开具体的收费标准。部分地区还将所有的行政事业性收费项目以清单的形式公之于众，接受社会大众的监督。人民群众通过多种渠道可以随时查询到某个收费项目是否合法，监督行政收费行为。在此开放、透明、全方位的社会监督体系下，政府行政部门乱收费现象得到了根本遏制。

其次，经济社会活力得以释放。自 2001 年起，国务院开始大力削减行政审批权力。但是，这项改革在 2014 年权力清单制度实施之前，是一种行政体系内部的自我改革，人民群众的知晓度和关注度很低，缺乏有力的监督约束机制，使行政审批权的下放和取消并没有在各级政府部门之间得到切实的贯彻落实。2014 年以来，随着行政审批权限进一步取消和下放，辅之以权责清单制度的全面实施，将取消和下放的行政审批权限以清单的形式向全社会公开，在“自上而下”的纵向行政约束和横向的社会监督机制共同作用下，以行政许可为代表的政府行政权力得以真正压缩，某个事项不再需要审批了、某个事项不再需要证明了等问题才真正走入人民群众的日常生活。在行政权力空间收缩后，经济社会发展的活力得到明显释放，经济发展仍维持了较高的增速，行政约束减少之后的小微企业，在“大众创业、万众创新”中发挥重要作用，新业态不断出现，经济发展不断被注入新动能。尤其是，2020 年新冠肺炎疫情发生以来，全民抗击疫情的社会参与活力得到全方位展现，在疫情过后的经济恢复过程中，经济发展的巨大活力令世界瞩目。

最后，政务服务效率明显提高。简政放权改革对政府部门的行政权力进行了大幅削减，但是权力的运行不仅体现在数量的多少，更体现在权力行使。权力清单把削减之后的权力事项加以梳理，以清单的形式向全社会公开，接受人民群众的监督，确保被减掉的权力不再继续行使。同时，权力清单还对权力运行的流程予以简化和优化，各主体的责任得以明确，既防止了权力在运行环节中的不当使用，又大大提高了政务服务的效率。尤其是，2018 年以来，随着权力清单制度与一体化在线政务服务平台的对接，政务服务的效率得到大幅提升。

### （二）程序正义得到维护和重视

权责清单制度将权力具象化为数字符号，实现了权力主体与权力本身的分离，形式超越主体具有了自足性。问题的解决最终都要落实到人的身上，权力的制约实践也不例外。权力清单制度瞄准的对象是各级各类政府行政职能部门，但行政职能部门是由具体的行政人员组成的，行政权力的行使是由行政人员负责实施的，所以对权力清单制度限权功能的分析，必须落实到行动者身上。

在权力清单制度改革之前，大多数行政人员作为一个“常人”，其岗位职权和个人权力概念是模糊不清的。在调查中发现，一些行政人员认为领导说的就是权力，不清楚自己和部门的权力到底有多大、来源于哪里。更常见的是把模糊的权力私有化，出现“政府权力部门化、部门权力科室化、科室权力个人化”。权力清单制度改革将职能部门所拥有的权力具象化为一串串数字、一张张表格、一幅幅流程图。在人民群众依单制权实践中，这种具象化的符号成为认定行政行为合法与否的“最高证据”。在此过程中，权力与行使主体实现了分离，为权力制约奠定了坚实的心理认知基础。

当权力与权力主体浑然不分时，权力行使就不可避免地表现出“人治”的特点，权力主体以个人的主观意愿行使法定职权。此时，如果主观意愿是以权谋私，就会侵害行政相对人或社会大众的权益，激起人民群众的不满，发起依单制权式的抗争行动。即使主观意愿是好的，也不一定保证所有人都满意。

由此可以看出，当群众监督力度加大时，对于行政执法人员而言，规则和程序不仅代表着约束和限制，也代表着一种保护行政主体免受人民群众起诉的促进性力量。一方面，只有严格按照规定程序行使职权，才能够更大限度地保护更广大群众的最大权益；另一方面，在程序正义和结果正义出现矛盾的时候，程序正义能够保护行政主体的合法权益，必要时可通过程序的优化和完善，减少程序正义与结果正义之间的张力。

当行政权力的行使缺乏群众监督时，权力主体的个人因素深度参与权力运行实践。特别是，城管、警察等执法人员，在行政执法过程中，由于个人因素的深度影响，经常发生激情执法、过激执法的行为。在此过程中，规则、程序被执法人员抛之脑后，人民群众以此为依据提起行政诉讼，行政机关败诉的可能性就非常大。在“开封市某家禽饲养有限公司诉开封市顺河回族区城市管理局”一案中，原告临时搭建的建筑物属于违章建筑，被告也具有行政强制拆除的职责，但是在具体的执行环节上，被告在没有事先向原告下达《行政处罚决定书》的情况下将原告的房屋及基础设施进行了拆除，最终被二审法院认定程序违法，判定被告赔偿原告损失20 余万元。因行政程序违法而导致行政赔偿的案件对于行政执法部门的教训是深刻的，有利于促使其注重程序正义。

### （三）行政权力寻租空间大大压缩

“权力寻租”是一个经济学概念，是指权力所有者通过权力的运作人为地制造出市场稀缺物，抬高其市场利润率，即设租或创租。

权力清单将大批被取消的行政审批和行政许可权力事项排除在外，并以公开的方式接受人民群众的监督。尤其是，针对市场主体的负面清单制度，逐条列出不能对企业行使的权力限制事项，如果哪个部门继续行使负面清单之中的权力事项，涉事企业可以举报和投诉，必要时可发起行政诉讼。在北大法宝·司法案例库中，以“负面清单”为关键词进行全文模式搜索，一共有480份案例和裁判文书，多以民事案件为主，其中，与政府部门有关的行政案件有108件。在“谭某、李某诉大连市沙河口区市场监督管理局”一案中，原告认为，根据《市场准入负面清单（2018年版）》，其经营的麻辣烫项目不在禁止准入和许可准入之列，被告无权撤销其个体工商户注册登记和食品经营许可证。权力清单有效地压缩了行政机关通过禁止性行政权力的行使创设租金的空间，既然租金没有了，权力寻租的机会也就大大减少。

对于保留的行政权力，权力清单中要列明行使流程、责任界定及追责情形。人民群众依据这些规定对权力行使行为进行监督，压缩了权力行使环节的寻租行为。例如，以身份证办理业务来说，行政人员可以利用故意拖延的方式，引导丢失身份证的群众选择“加急”业务，进而提高收费额度。在权力清单制度实施以后，对于身份证办理的流程进行优化，办理时间大幅缩短，这种“小微权力”的腐败空间日益缩小。

# 第十章 结论与讨论

权力清单制度是中央全面深化改革的重要成果。要全面理解权力清单制度，必须将其放置在历史、结构和行动等多维复杂空间中加以审视。权力清单制度内生于改革开放以来的行政体制改革实践，并随着全面深化改革的实践而不断向前发展。

## 第一节　基本结论

### 一、对权力清单概念的准确理解

对于权力清单的概念，学术界仍然存在“望文生义”的思维倾向，即把权力清单简单地理解为政府及其部门公布的权力列表，有的学者称为“行政职权的列表”。但是，打开几个政府门户网站，认真地“观察”其权力清单的“真实表象”，就不难发现，权力清单所列举的并不是政府部门所拥有的权力单子，而是政府部门对于社会大众而言“有权力做出某项干预及其干预责任”的事项清单。所以，权力清单的准确叫法应该是“行政权责事项清单”。

概念厘定偏离了权力清单的基本“社会事实”，不仅会误导权力清单制度的实践，还会对理论上深化权力清单制度认识制造障碍。首先，由于将权力清单中的权力等同于政府权力的全部，而忽视对权力清单之外的权力的监督和制约。如权力清单所列权责事项只涉及政府与公众之间的行政权力关系，而对于政府系统内部上下级之间以及各职能部门之间的权力关系缺乏制度性规范，这也对权力清单制度的实施效果产生直接影响。权力清单虽然把行政职权界定清楚了，但上级政府部门仍然把责任推到下级政府部门，在不对等的权力关系面前，下级政府部门没有反抗能力。同时，根据纳伊姆的观点，权力是指挥或阻止其他团体或个人当前或未来行动的能力，对于政府而言，权力至少有威力（强制）、准则（约束）、游说（说服）、报偿（诱导）四种类型。权力清单中所列的针对社会大众的权责事项，主要属于威力（强制）、准则（约束）和报偿（诱导）三种权力类型，游说（说服）性权力则被排除在外。而且，在民生建设成为政府重要工作之后，针对政府部门服务性权力的监督也没有受到应有的重视。

其次，以权力或者行政职权的标准化，苛责地方政府权力清单中权责事项的“整齐划一”。如果从权力的定义来看，地方政府制定的权力清单不应该有太大的差异性，因为地方政府部门的行政职权都是按照国家统一的法律、法规、规章和“三定”规定。但如果是权力事项，那么地方政府制定的权力清单，在权责事项的数量和类型上表现出差异是很正常的。多数研究文献将权力清单数量差异大、标准不规范作为权力清单制度运行中的核心问题给予重点关注，而忽视权力清单制度运行中行动者的行动逻辑、权力制约机制等更深层的问题。

因此，对于权力清单制度的研究，思考的起点是权力清单的概念界定，从事实角度出发，权力清单并不是政府及其职能部门的行政权力或者行政职权的列表，而是权力和责任事项的列表，它既不是政府及其职能部门权力的全部，也不是政府及其职能部门行政职权的全部。权力清单以权责事项的形式向社会大众承诺在特定时期，政府部门有权力对行政相对人行使的相关事项。

这一更接近事实的权力清单概念的界定，给权力清单的编制以更大的灵活性空间。尽管权力依据相同，但各地权力清单中的权力事项可以千差万别，特别是行政权力事项的具体流程设计，更应该多样化、个性化。目前的问题是为了所谓的标准化和规范化，丧失了权力清单权责事项应该有的多样性和地方性特色，形式的重要性取代了内容的重要性，这与对权力清单概念的误解不无关系。

## 二、权力清单制度的历史脉络

权力清单制度从 2005 年地方试点到 2015 年的全国推广，本书从历史制度主义的分析方法入手，追寻权力清单制度产生的历史脉络。从历史的维度来看，权力清单制度具有清晰的问题意识，就是要解决改革开放以来政府部门的行政权力扩张问题。

行政权力的扩张虽是“二战”后世界各国政治发展的普遍现象，但中国自改革开放以来的行政权力扩张有自身独特的形成原因。其中，部门利益驱动下的文件泛滥、社会观念以及个人利益驱动下的行政职权不法行使是其主要原因。行政权力的扩张伴随着改革开放以来中国经济的高速发展，它的主要问题在于导致国家、市场与社会之间治理格局的失衡，不利于中国经济社会的健康、可持续发展。

进入21世纪之后，在科学发展观指导下，党中央、国务院开启了行政权力自我收缩的改革历程。以行政审批制度改革为突破口，对行政审批权限进行大幅消减。党的十八大以来，随着中国经济发展由高速发展进入中高速发展的新常态，对于通过行政权力的自我收缩来调整国家、市场与社会关系的紧迫性显著增强。在以习近平同志为核心的党中央领导下，继续大规模地取消和下放行政权力事项，开展对文件的清理和整治，通过培育发展社会组织主动地向社会让渡权力。

“自上而下”地主动收缩政府行政职权，是在改革开放以来的历次简政放权实践中，改革力度最大的一次。从世界范围内来看，政商关系、政社关系是影响一国发展的格局性问题，是个人或单个组织难以突破的结构性问题。能够超越多方面的利益掣肘，在较短时间内实现对政府行政权力的全方位“瘦身”，重塑政府、市场与社会的权力格局，充分体现了中国特色社会主义制度的优势。

但是，如何防止减掉的行政权力“反弹”，对于保留的行政职权，如何防止其在执行环节“不变形”，成为巩固和扩大简政放权改革成果的一个关键问题。在此背景下，权力清单制度被正式提出。权力清单制度是在2014年党的十八届四中全会提出全面依法治国之后正式提出的，它的主要制度目标是将行政权力的运行纳入法治轨道，建设法治政府。

权力清单制度不仅是一个行政法学的问题，还是国家简政放权改革进程中的一个重要环节，涉及国家行政权力的分配与正当性问题，因而也是一个政治学问题。同时，它在更深层次上是要调整政府、市场与社会的关系，因而也是一个政治社会学研究议题。从既有研究文献来看，有关权力清单制度的行政法学研究文献很多，但由于视野过于狭窄，纠结于权力清单的法律属性而不能自拔，看不到权力清单背后的复杂社会政治逻辑。因权力清单法律属性的缺失而从根本上否定该制度的做法，更是没有从历史发展的角度去思考权力清单制度。

## 三、对权力清单制度的整体性理解

虽然清单式管理在国际上已经有一定的实践基础和理论研究，但是将清单式管理运用到对政府行政部门的权力制约实践，则是中国政府的首创。由此可以认为，权力清单制度是我党在探索行政权力制约的实践中逐步发展起来的，它内生于中国行政改革的实践过程，是具有中国特色的行政权力制约模式。

权力的人民性观点为权力清单制度的正当性提供了理论上的支持，正是由于政府行政部门的权力来自人民，使得通过权力清单接受人民群众的监督具有了正当性理由。权力清单建构起全方位的权力约束体系，同时，权力清单制度对行政权力的约束不是为了约束而约束，权力有恶的一面，也有善的一面，权力清单制度的最大理想是遏制行政权力之恶、激发行政权力之善。如果权力清单制度把行政权力束缚得死死的，导致行政权力无法发挥推动地方经济社会发展的功能，就不能认为权力清单制度是成功的。所以，对于权力清单制度的评估，要以习近平法治思想为理论依据。目前，部分研究对于权力清单制度认识上出现偏差的主要原因在于缺乏理论的指引。

权力清单制度不仅是理论和思想的产物，更是实践探索的结果。权力清单制度与政府长期以来实施的目录管理具有重要的渊源关系，因为在官方称呼中，有时候将“目录”和“清单”互为通用。两者都以总量调控的方式，有利于中央政府对地方政府的精细化管控。同时，权力清单制度所主张的公开逻辑与21世纪初推动的政务公开实践具有重要的关联性，没有政务公开工作的实践积累，就不可能一下子将政府各部门的权力家底一揽子地向社会大众公开。

权力清单制度是一个完整的体系，它由观念、规范、组织和设施四个方面组成。在观念方面，权力清单制度以依法行政、有限行政、责任行政和阳光行政为基本价值理念。在规范方面，国务院对于地方政府如何推行权力清单制度做出了全方位的规定，按照实施的时间顺序，主要包括全面梳理现有行政职权、清理调整行政职权、审查保留的行政职权、优化运行流程、公布权力清单、建立权力清单动态调整机制、强化权力监督和问责七个方面的内容。在组织方面，权力清单制度的运行内嵌于中国特有的行政组织机构体系中，主要的组织机构有全面深化改革委员会、推行权力清单制工作领导小组、机构编制委员会办公室等，在这样的组织机构体系设计中，既有超越性的组织机构，又有领导性的组织机构，体现了超越性和嵌入性的有机统一。在设施方面，以互联网为代表的物质设施和以民意及党和国家意志为代表的象征设施，为权力清单制度的顺利实施提供了软支持。

权力清单制度自 2014 年起在全国各级政府部门中推广开来，从国务院各部委一直深入乡镇（街道）。在村庄（社区）层面又创新性地实施了小微权力清单制度。针对权力清单制度前期运行中出现的标准不统一、功能发挥受限等问题，2018 年，国务院对于权力清单制度的发展方向进行了调整，将权力清单制度与一体化在线服务平台相结合，以技术治理的逻辑实现权力清单的标准化编制。同时突出发挥权力清单制度的服务功能，并将权力清单扩展到服务清单。这一重大制度转向并没有引起学术界的注意，是一个有待进一步挖掘的研究课题。

权力清单制度对于权力制约产生的积极效果，主要表现在三个方面：一是巩固了简政放权的改革成果；二是完善了行政自制的实现机制；三是打造了规范用权的制度之笼。但是，在实践中，权力清单制度的运行还存在一些问题，现有研究文献已经做了较为全面的呈现。针对这些问题，本书认为应该具体问题具体分析，一些问题是在制度探索中出现的，随着实践的深入，通过不断完善最终都能得到解决。例如，制定标准不规范的问题，通过标准的进一步规范化就可以解决。

但是有些问题，是制度本身的张力所导致的。本书认为，权力清单制度内部存在明显的张力，主要体现在三个方面：一是制度目标与制度实践之间的张力；二是清单属性与清单功能之间的张力；三是职权细分与职权整合之间的张力。针对这些张力，需要在制度实施中积极借鉴马克思主义唯物辩证法的理论智慧，在张力中寻求平衡，在矛盾冲突中寻求和谐一致。

## 四、地方政府编制权力清单的行动逻辑

权力清单制度的实施是一个过程，众多主体参与其中，各个行动主体由于所处的社会位置不同，行动的逻辑也会不同。在权力清单制度的具体运行过程中，地方政府是关键行动者之一，既负责权力清单的编制、公开发布以及动态调整工作，又负责权力清单在地方政府依法行政中的功能实现。因此，理解地方政府的“晒单”逻辑，是全面理解权力清单制度实践的基础。

就地方政府而言，在权力清单编制过程中，面临着时间、知识和考核三大约束环境，为了高效率地完成任务，各地方政府以行政总动员的方式、按照行政发包制度的惯常逻辑，将编制权力清单的任务层层分解、责任层层压实。经过前期的学习、大范围的自查、集中式审核几个关键环节，高效率地完成了权力清单编制工作，并在规定时间内向社会进行了公开发布。目前，我们打开地方政府的门户网站，除极个别外，都能够找到权力清单的信息，不同的只是各地区放置的位置不同。

通过对河南省 104 个县级政府权责清单的量化评估分析发现，县级政府权力清单整体质量处于中等水平，平均得分为 69. 49 分。但内部差异很大，得分最高和得分最低 10 县（市）的平均得分分别为 90. 55 分和 35. 30 分，高低相差 55. 25 分。在权责事项的数量差异方面，以发展改革委为例，全省 104 个县级政府，最少的只列了三项，最多的则达到 139 项。同一政府各部门之间的权责清单质量相似，同一地级市所属的县级政府权责清单质量也具有明显的相似性。说明权力清单的编制，主要是一种政府行政系统内部“自上而下”的行政行为，行政隶属关系越接近，权力清单编制的行政指令越相近，导致权力清单的编制质量越相似。从整体来看，权力名称、权力类型、权力依据、权力主体等基本项目，在绝大多数县级政府公布的权力清单中都有显示，但对于权力运行环节发挥监督功能的权力运行流程图、监督方式等缺失较多，说明大多数县级政府公布的权力清单只是静态地公布了权责事项的内容和数量，对于权力运行环节信息公布则较少，这直接影响其群众监督功能的范围。

从行动层面思考影响地方政府权力清单编制质量的影响因素，需要将权力清单的编制工作和精准扶贫、环境保护、经济发展等工作放在一起进

行比较分析。权力清单制度的实施，无法带来直接的经济效益，上级政府的考核指标相对较“软化”，权力清单制度的实施对于行政人员晋升的信号功能微弱。这促使地方政府在权力清单编制过程中，仅满足于完成文件中规定的形式上的任务，至于权力清单如何在地方行政实践中发挥更大作用则较少考虑，部分地方政府将精力放在了权力清单的纵向延伸和横向扩张的所谓“创新”上。同时，在多任务环境下，对于考核相对较软的权力清单制度实施工作，则遵循了能省则省的效率逻辑，这使多数地方政府编制的权力清单质量不高，付诸实践的则少之又少。此外，由于权力清单工作的制度环境一直处于变动中，导致地方政府采取权变的行动逻辑，导致权力清单在网站“晾晒”的较多、在地方行政实践中落地的较少。

## 五、地方行政人员依单用权的基本状况

通过对 704 名地方行政人员的问卷调查，了解行政人员依据权力清单行使行政职权的基本状况。从权力清单制度实施的效果来看，地方行政人员依单用权的实践，既有积极的表现又有消极的表现。积极的表现有五个方面：一是权力清单的主观感知度较高，有 75%的地方行政人员“了解”部门权力清单，有 69. 46%的地方行政人员表示能够看懂部门权力清单；二是行政裁量权明显缩小，有一半的地方行政人员认为工作中的自由裁量权“小”，还有 30. 4%的地方行政人员认为工作的自由裁量权“一般”；三是工作职权明晰度较高，有 80%多的地方行政人员“清楚”（包括“非常清楚”和“比较清楚”）自己的工作职权；四是行政职权的反思性增强，有一半的地方行政人员表示“经常”反思职权行使的合法性与合理性；五是职权行使有更多的民意考量，有 60%的地方行政人员表示“很在意”群众的反应，有近 30%的地方行政人员表示“比较在意”群众反应。这些积极的表现与权力清单制度在地方的实施具有直接或间接的关联，是权力清单制度发挥其制度效能的重要体现。

尽管如此，地方行政人员的行为表现与权力清单制度的目标实现之间仍然存在明显的差距或偏离，主要表现在三个层面：一是权力清单的使用率偏低，地方行政人员在了解岗位行政职权时，权力清单是众多选项中的“备选中的备选”；二是行政职权减少不明显，部门权力事项在数量上的减

少并没有传导到行政人员的心理感知，仅有 30%的地方行政人员感到岗位职权比以前明显减少；三是权力清单在基层的效应微弱，行政级别越低的行政人员，对于权力清单的知晓度越低。政府行政层级越低的行政人员，对于权力清单的知晓度越低。行政级别越低、政府层级越低的行政人员，对权力清单的认知度也越低。政府层级越低的地方行政人员，行政自由裁量权越大。工作职权的明晰度，随着政府层级的降低而降低。行政级别越低的地方行政人员，在意群众反应的比例越低。

## 六、人民群众依单制权的行动逻辑

权力清单虽然在地方行政系统内部的实践有限，但是并不影响其外部监督功能的发挥。权力清单制度赋予人民群众维权抗争的“新武器”，人民群众通过查看地方政府部门公布的权力清单，很容易知道行政部门的职权和责任范围，凭借权力清单很容易判断政府的某项行政行为是否越权及是否存在行政不作为现象，地方政府对此的解释空间变得很小，大大提高了行政诉讼的胜诉率。

实践中，依单制权的行动主体既可以是自然人也可以是法人。同时，人民检察院对于没有特定受害人的行政侵权行为发起公益诉讼的案件也越来越多，成为依单制权的另一个主体。自然人发起依单制权的行政诉讼，主要有三方面的动因：①个人的生命权、健康权受到侵害；②个人财产权受到侵害；③行政执法不当导致的不公平感和被剥夺感。在社会组织力量仍显弱小的情形下，依单制权的法人组织主要是各类工商企业，以中小企业、个体工商户为主。法人发起行政诉讼主要有两种情形：①行政不作为导致组织利益受损；②由于行政侵权行为导致组织经营出现障碍。人民检察院作为公诉机关，在“自上而下”的考核压力下，开始积极发起行政公益诉讼，且胜诉率比自然人和法人为原告的行政诉讼更高。

依单制权的内容主要是政府部门做出的、侵害人民群众权益的行为，可分为两类。一类是行政不作为导致的间接侵权行为，尤其是导致人员伤亡时，如果找不到特定侵权人，群众就会把“矛头”指向相关政府部门。在此类依单制权案件中，下述的申辩理由代表了大多数行政机关遭遇群众投诉其间接侵权行为的典型心态：①你遭受的伤害与我没有直接关联；②你找不到具体侵权人是你的问题，不能让我来“背锅”；③政府部门不是“保姆”；④如果群众遭遇侵害，在找不到具体责任人时都起诉政府，那政府部门就不能正常运转了。但是，法院的判决大都认定政府部门需要负一定的责任，这有利于促使地方行政部门的依单行政行为。另一类是因为行政处罚、行政征收、行政强制等行政行为导致的直接侵权行为，在市场监管、征地拆迁领域最容易发生。人民群众通过对照地方政府部门的权力清单，发现地方政府行政行为中的偏离行为，进而发起行政诉讼。

与“依法抗争”和“以法抗争”不同，“依单制权”行为具有政民平等、规则至上、理性平和三个鲜明特点，有利于促进和谐共治的社会治理新格局形成。从权力约束机制的角度来看，依单制权的权力约束机制主要包括客体化、凝视和惩戒三个方面。从权力约束的效果来看，依单制权的实践巩固了简政放权的改革成果，程序正义得到空前的维护和重视，行政权力寻租空间大大压缩。

## 第二节　理论探讨

### 一、依单制权与中国式监督民主

在以欧美国家为代表的西式民主出现严重“内卷化”困境时，中国式民主得到了越来越多的关注和讨论。西式民主在精英民主和民粹民主之间挣扎、徘徊，中国式民主则以人民民主的方式超越了两者之间的对立关系。中国式民主主张“全过程民主”，包括回应式民主、参与式民主、协商式民主、监督式民主四大运作形态。

权力清单制度通过“晾晒”部门权力清单，监督和制约行政权力的行使，实现“权为民所用”的人民民主目标。如前所述，权力清单虽然在行政系统内部使用有限，但是它在社会层面促成了人民群众“依单抗争”的新形式，由外而内倒逼地方行政人员依据权力清单约束自身权力行使行为，这种新的权力监督方式是中国式监督民主的生动体现。

约翰·基恩认为，“二战”后，欧美国家政治实践中出现了议会之外的社会力量参与公权力监督和制约的新机制，这种民主的新机制与城邦制下的大会民主和近代以来的代议制民主都不同，是一种监督式民主。权力清单制度催生的依单制权实践也是一种典型的监督式民主，但与西方监督式民主相比，具有鲜明的中国特色。

首先，依单制权的监督式民主实践，是在中国共产党的领导下有序推进的。如前所述，权力清单制度的全面推行直接起因于党的十八届四中全会关于全面推进依法治国的战略。无论是前期的试点工作还是后期的全面实施，都是在党中央的统一部署下、分步骤进行的。以权力清单为中介的监督式民主实践，是党和国家基于发展战略的考量，主动收缩政府行政权力，主动地向社会赋权，主动地接受人民群众的监督。在以权力清单为中介的监督式民主实践中，党扮演了发动者、规划者、引导者的角色，确保了监督式民主实践的有序性、稳定性。这与西方监督式民主凸显的对抗性博弈完全不同，由于缺乏超越性的引领机制，西方监督式民主实践随着社会力量对比关系的变化而变化，最终陷入冲突、混乱甚至虚无的状态，非但没有改善国家的治理效能，反而加剧了社会的冲突和对立。

其次，依单制权的监督式民主实践，是法治框架之下的理性行动。以权力清单为中介的监督式民主实践，处处体现着法治的理念和原则。权力清单的编制突出了权力来源必须有坚实的法律依据，这使权力清单在某种程度上具有了法律属性，行政人员依据权力清单行使职权成为依法行政的代名词，人民群众依据权力清单维护自身正当权益，也主要采取司法途径。同时，人民群众通过权力清单发起针对政府部门的行政诉讼，反过来又倒逼地方政府行为更加遵守法律的规定。这与西方监督式民主实践中的街头抗议、游行示威、罢工罢课等偏离法治轨道的行为明显不同，街头抗议制造了社会的混乱局面，以激情、非理性的方式进行抗争，既无法解决深层的社会结构性问题，也会对经济社会的发展造成不同程度的破坏。

最后，依单制权的监督式民主实践，是以人民群众政治文化为依托。在依单制权的监督式民主实践中，人民群众是行动主体。中国共产党在革命斗争过程中形成了群众路线这一重要的经验和传统，“一切为了群众，一切依靠群众，从群众中来，到群众中去”，体现了中国共产党追求的“人人平等”的社会主义理念。以权力清单为中介的监督式民主实践，是在政民同源、政民平等、政民一体的政治文化理念上展开的实践，它对于建立和谐的政民关系具有重要的促进作用。西式监督民主实践是在公民与国家之间存在极深文化隔阂的背景下实施的，实践的结果不是社会整合，而是社会撕裂。

## 二、依单制权与中国式行政自制

行政权力的制约一方面要依靠立法机构、司法机构以及社会组织等的“他律”，另一方面需要行政系统内部的“自律”。行政自制是指政府部门以及工作人员自觉地按照法律规则行使行政职权。国内外政府改革的经验表明，仅仅依靠外部控制是远远不够的，行政权力的控制在很大程度上需要依靠行政自制机制来实现。权力清单制度是中国政府“自上而下”主动收缩行政权力触角的重要制度安排，体现了中国特色的行政自制机制。

首先，党主导下的政府自我约束。行政自制的最大障碍是利益集团的阻挠。行政权力的扩张主要是利益的驱动，围绕行政权力的扩张会形成特定的利益格局。在此格局中，得利最多的个人和组织会组成利益集团，千方百计地阻挠针对行政权力削减的任何改革措施。此时，如果没有超越性的权威组织强力推动，主动削减行政权限的政府自我约束就不可能真正推进。党以其使命和担当，做出了政府主动收缩行政权限的制度安排，打破了利益集团阻挠行政系统自我约束的僵局，体现了党的领导在中国特色行政权力制约实践中的重要作用。在权力清单制度实施过程中的重要文件，都是党中央、国务院联合发布的，体现了高度的政治性和纪律性，各地在推行过程中从“讲政治”的高度给予权力清单制工作以足够的重视。

其次，中央先行的表率和示范机制。党的十八大以来，在全面约束行政权力重大改革中，大都体现了中央率先垂范的特点，权力清单制度也是如此。2014 年，国务院各部委首“晒”部门行政审批权责事项清单，然后下发地方政府推行权力清单制度的政策文件。这种以中央的“自制”带动地方政府的“自制”，具有鲜明的中国特色。

最后，中央和人民群众联动式的监督机制。权力清单制度以中央政府强制性命令的方式，要求地方政府公布部门权力清单。人民群众凭借权力清单，向上级政府检举、投诉地方政府部门的“越单”权力行使行为，促使地方政府自觉约束自身权力行使行为。

## 三、依单制权实践中国家与社会的关系

国家与社会的关系是理解和解释政治现象及社会现象需关注的核心变量，成为政治学和社会学研究的永恒话题。海外学者在研究中国问题时也将中国国家与社会的关系列入其主要研究议题，但由于受到意识形态和文化背景的影响，研究结论往往导向政府集权主义的僵化教条。受西方主流政治学理论和政治实践的影响，国家与社会关系的理论研究实践，更多地将国家与社会看作一个二元对立的存在。该理论取向对于理解和解释中国国家与社会的关系，存在明显的“水土不服”问题。

首先，权力清单为政府行为“划界”。在国家与社会关系的理论研究中，国家往往是一个积极主动、扩张性因素，而社会往往被看作消极被动、防守性因素。但是，权力清单制度的实施，将政府各部门的行政权力纳入“清单”管理，明确提出“行政权力进清单，清单之外无权力”，将政府对于社会的行政干预限制在一定的“边界”内，在“边界”外不能随意干预社会。权力清单制度的实施重构了国家与社会的关系，政府成为一个有“边界”限制的行动主体，其行为的扩张性、主动性受到明显限制。在“法无禁止皆可为”的理念下，相比于政府而言，社会力量更具有积极性和活力。

其次，权力清单为社会“去边界化”。在政府行政行为划定清晰职权“边界”的同时，权力清单通过“法无禁止皆可为”的法治原则为社会力量的行为“去边界化”。在权力清单制度实施之前，由于政府行政权力的扩张，社会力量在开展活动时面临行政门槛。权力清单砍掉了社会力量开展活动的各种限制性“框框”，自由活动的空间明显增大，且可以依据权力清单抗议政府部门的违法、违规行为。

最后，权力清单将国家与社会关系纳入法治轨道。社会力量的“去边界化”不代表社会力量可以为所欲为。权力清单作为全面依法治国的重要组成部分，把“边界化”的政府和“去边界化”的社会力量重新整合进法治的框架下，以法律这个更具超越性的存在协调国家与社会之间的关系。由此可以看出，在依单制权的实践过程中，国家与社会的关系是在政务公开状态下一个“透明体”对另一个“透明体”的视域调适与融合，最终促使国家与社会的关系走上法治的轨道。

# 第三节　政策建议

## 一、正确处理权力清单标准化与多样性之间的关系

权力清单制度在实施之初，由于各地缺乏统一的编制标准和操作性规范，导致各地公布的权力清单，在数量、内容、形式、渠道等方面表现出极大的差异性。由于把权力清单笼统地理解为地方政府部门的权力列表，进而很自然地从逻辑上推导出了各地方政府权力清单差异巨大是一个“严重的问题”。因为，按照职权法定的原则，相同的行政部门应该有相近的行政权力数量。

如前所述，权力清单所指的并不是政府部门全部权力的列表，而是对于行政相对人而言的权责事项列表。各地方政府部门由于地方性的因素导致权责事项数量的差异性，是一件很正常的事情。而且，由于各地在编制权力清单时的理解差异，导致权力清单外在形式上存在差异更是正常不过的事情，只要权力清单能够在实践中真正起到指导和约束行政人员依法行政的作用，就说明权力清单是“好”的。

权力清单在实现了标准化之后，看起来确实“更整齐”了，但是也因此影响了多样性。尤其是，在国务院重新制定权力清单的全国性规范标准后，各地政府在一体化在线政务服务平台上发布的权力清单事项有很多空的选项。

因此，如何正确处理权力清单标准化与多样性之间的关系，应该成为完善权力清单制度的重要考量。权力清单的编制和完善，需要一定程度的集中和统一，但是应该充分尊重地方的差异性，允许权力清单表现出一定程度的多样化；否则一味地追求标准化、规范化，会加剧权力清单制度实施中的形式主义倾向。权力清单的编制不能过分地追求速度和形式，各地政府机关要在政务服务实践中进行梳理和总结，并在对具体服务实践的反思中实现对权力运行流程的个性化设计。例如，国家规定身份证办理时间是 60 天，各地可以根据自身条件，缩短到 40 天或者更短，以提升地方行政服务的效率。

在激发权力清单制度运行中地方主动性和创新性方面，可以借鉴村级

小微权力清单制度的做法。与各级地方政府推行的权力清单制度相比，村级小微权力清单制度在集中化和标准化方面不甚明显，使得村级小微权力清单的内容更充实，条款更简单、易懂，更接近村庄公共事务管理的实际，制度效果也更加明显。村级小微权力清单的针对性体现在两个方面：一是权责事项的设置针对村两委具体的管理事务；二是权责事项的设置针对村两委主要岗位上的干部。为了提升政府部门权力清单的权力制约功能，应该借鉴村级小微权力清单的这两点经验，针对岗位职责事务和重点岗位领导人设置针对性的权责事项。

目前，权力清单编制中的“其他权责事项”成为一个模糊的“大框”，是地方政府权责事项分类不精准的重要体现。从完善权力清单权力制约功能的角度来看，可以将“其他权责事项”设置为地方政府部门的创新性权责事项，并作为考核的一个重要维度，以此调和权力清单标准化和多样性之间的张力，激励地方政府在权力清单制度运行过程中的创新。

## 二、正确处理权力清单法律属性与服务属性之间的关系

权力清单在制度设计上是具有法律约束力，所谓“行政权力进清单，清单之外无权力”。但是，自 2015 年权力清单制度在全国范围内全面实施后，在人民群众依单制权的行政诉讼案件中，多数司法判决并没有支持权力清单具有法律约束力的观点，这成为权力清单制度权力约束功能发挥的一大阻力，是行政法学界探讨的核心问题。

权力清单在司法实践中的法律属性没有得到全面体现具有多方面的原因，最重要的原因是各地方政府权力清单编制得不够规范和全面，存在诸多疏漏和表述不准确的地方。如果完全按照发布的权力清单来惩罚地方政府部门偏离权力清单的行政行为，可能在短时间内造成行政秩序的混乱。但是，随着权力清单的不断优化和完善，应该以中央政府的名义，明确权力清单的法律属性，将权力清单作为判断地方政府行政行为合法与否的重要证据之一。这样做，一方面可以维护权力清单的地位，激励地方政府行政人员依单用权的自觉性和积极性；另一方面提升人民群众依单制权的胜诉率，强化以权力清单为中介的监督式民主实践。

2018 年的制度转向，将权力清单扩展到服务清单，并通过一体化在线政务服务平台，凸显了权力清单的政府服务功能，这在一定程度上解决了

权力清单制度实施早期权力清单沦为摆设的问题。但是，制度的转向不能丢掉制度的原初目标，权力清单制度的原初目标是规范和限制行政权力的运行。而且，在地方政府层面，已经出现了权力清单被纳入在线政务服务平台后门户网站不再继续发布的现象，这会严重影响权力清单的公众知晓度，不利于权力清单限权功能的发挥。

基于此，权力清单制度的推行宜实行双轨制，即原来由编制部门领导的权力清单制度还要继续推进，在借鉴在线政务服务平台权力清单编制实践经验的基础上，以突出权力清单限权功能为主，完善各部门已经发布的权力清单，并在强化权力清单与具体行政行为结合上完善相关工作机制。一体化在线政务服务平台上的权力清单，应该借鉴原清单的优点，在实现权力清单提升政务服务效能的基础上促进其限权功能的实现。

## 三、正确处理行政系统内部权力与权力清单外部权力之间的关系

权力清单只涉及政府部门对社会大众的权力事项，没有包括行政内部各主体之间的权力关系。这样的制度设计导致权力清单在部门职权的厘定上出现了制度预期与制度现实之间的反差。从理论上讲，权力清单在梳理部门行政职权时，以权责事项的形式明确了部门的行政职权边界和范围，能够有效解决部门职权不清、互相推诿的问题。但是，制度实践六年多来，地方行政部门之间推诿扯皮的问题仍然没有得到解决。

主要原因在于行政体系内部上下级部门之间、同级政府内部各职能部门之间的权力关系没有完全理顺，导致权力清单展现的部门行政职权在实践中被行政系统内部的权力关系所扭曲和干扰，出现行政部门之间推诿扯皮的老问题。最常出现的问题是上下级政府部门之间的不对等关系，导致权力清单规定的部门行政职权范围得不到落实，有好处的权责事项被上级政府部门“越俎代庖”了，没有好处的权责事项被上级政府部门“硬压下来”。

同级政府不同部门之间，由于没有上下级隶属关系，在遭遇群众上访等棘手问题时，也时常发生相互推诿的问题。此时，权力清单无法发挥明晰部门职权的功能。在调研中发现，某些政府部门为了减少政治责任，仍然要求行政相对人在办理行政业务时提交已被中央政府明令取消的各种

“证明”，但是出具证明的政府机关以该项权责事项已被取消而拒绝开具，最终导致人民群众办事难。

造成这种情况并不是权力清单没有对部门职权范围规定清楚，而是由于行政系统内部权力关系不清楚，致使权力清单公布的行政职权范围无法得到切实的贯彻执行。因此，权力清单制度的完善和优化，需要扩大权力关系梳理的范围，除了明晰政府部门与社会的权力边界之外，还要逐步明晰行政系统内部各部门之间的权力关系边界，使两者之间相互促进、相互强化。

# 附　录

## 附录 1

2021 年河南省 104 个县级政府权责清单质量指数及排名

| 县（市） | 质量指数 | 排名 | 县（市） | 质量指数 | 排名 |
|---|---|---|---|---|---|
| 洛宁 | 92. 22 | 1 | 郏县 | 86. 12 | 21 |
| 汝阳 | 92. 15 | 2 | 潢川 | 85. 95 | 22 |
| 新安 | 92. 06 | 3 | 通许 | 85. 93 | 23 |
| 南召 | 91. 86 | 4 | 光山 | 85. 81 | 24 |
| 巩义市 | 91. 82 | 5 | 嵩县 | 85. 52 | 25 |
| 濮阳 | 90. 97 | 6 | 孟州市 | 84. 78 | 26 |
| 伊川 | 89. 62 | 7 | 虞城 | 84. 41 | 27 |
| 新密市 | 88. 54 | 8 | 延津 | 84. 3 | 28 |
| 登封市 | 88. 41 | 9 | 叶县 | 84. 26 | 29 |
| 荥阳市 | 87. 86 | 10 | 博爱 | 83. 52 | 30 |
| 栾川 | 87. 71 | 11 | 原阳 | 83. 23 | 31 |
| 中牟 | 87. 57 | 12 | 修武 | 82. 99 | 32 |
| 民权 | 87. 57 | 13 | 桐柏 | 82. 5 | 33 |
| 固始 | 87. 26 | 14 | 项城市 | 80. 63 | 34 |
| 商城 | 86. 89 | 15 | 确山 | 80. 56 | 35 |
| 罗山 | 86. 89 | 16 | 鲁山 | 79. 95 | 36 |
| 夏邑 | 86. 88 | 17 | 杜旗 | 79. 25 | 37 |
| 新县 | 86. 68 | 18 | 唐河 | 78. 19 | 38 |
| 新郑市 | 86. 66 | 19 | 邓州市 | 78. 06 | 39 |
| 宜阳 | 86. 51 | 20 | 沁阳市 | 77. 61 | 40 |
| 温县 | 76. 93 | 41 | 禹州市 | 64. 93 | 70 |
| 上蔡 | 75. 71 | 42 | 淮滨 | 64. 72 | 71 |
| 淇县 | 75. 67 | 43 | 孟津 | 64. 44 | 72 |
| 遂平 | 75. 35 | 44 | 林州市 | 64. 07 | 73 |
| 辉县市 | 75. 19 | 45 | 卢氏 | 63. 02 | 74 |

续表

| 县（市） | 质量指数 | 排名 | 县（市） | 质量指数 | 排名 |
|---|---|---|---|---|---|
| 泌阳 | 74. 62 | 46 | 方城 | 62. 89 | 75 |
| 宁陵 | 74. 47 | 47 | 尉氏 | 60. 38 | 76 |
| 睢县 | 74. 21 | 48 | 兰考 | 60. 26 | 77 |
| 息县 | 73. 76 | 49 | 新乡 | 59. 07 | 78 |
| 卫辉 | 73. 31 | 50 | 滑县 | 58. 68 | 79 |
| 临颍 | 72. 67 | 51 | 汝州市 | 55. 3 | 80 |
| 获嘉 | 71. 71 | 52 | 偃师市 | 53. 64 | 81 |
| 西平 | 71. 71 | 53 | 安阳 | 53. 58 | 82 |
| 舞阳 | 71. 46 | 54 | 襄坻县 | 53. 19 | 83 |
| 柘城 | 71. 05 | 55 | 正阳 | 52. 02 | 84 |
| 西峡 | 70. 89 | 56 | 台前 | 51. 89 | 85 |
| 杞县 | 70. 52 | 57 | 义马市 | 51. 53 | 86 |
| 宝丰 | 69. 79 | 58 | 淅川 | 51. 21 | 87 |
| 内乡 | 69. 41 | 59 | 渑池 | 50. 3 | 88 |
| 新蔡 | 68. 68 | 60 | 长垣市 | 49. 85 | 89 |
| 镇平 | 68. 49 | 61 | 汤阴 | 49. 01 | 90 |
| 汝南 | 68. 42 | 62 | 灵宝市 | 47. 91 | 91 |
| 永城市 | 67. 81 | 63 | 浚县 | 47. 52 | 92 |
| 新野 | 67. 31 | 64 | 商水 | 47. 4 | 93 |
| 武陟 | 67. 12 | 65 | 范县 | 46. 14 | 94 |
| 平舆 | 66. 56 | 66 | 沈丘 | 43. 07 | 95 |
| 扶沟 | 66. 4 | 67 | 清丰 | 42. 2 | 96 |
| 封丘 | 66. 22 | 68 | 鄢陵 | 41. 99 | 97 |
| 舞钢市 | 65. 56 | 69 | 西华 | 41. 13 | 98 |
| 长葛市 | 39. 53 | 99 | 郸城 | 36. 37 | 102 |
| 南乐 | 38. 89 | 100 | 太康 | 32. 45 | 103 |
| 内黄 | 37. 32 | 101 | 鹿邑 | 0 | 104 |

附录2

# 地方政府机关行政人员依法行政情况调查

亲爱的朋友，您好！感谢您在百忙之中填写此问卷。我们是H大学社会学研究所的研究人员，正在做一项“地方政府机关行政人员依法行政情况”的调查研究，希望获愿您的真实想法。本次调查采用匿名的方式，答案没有正确错误之分，请您放心作答。

**A. 依法行政基本情况**

A1. 您目前的工作单位属于：

1. 党政机关及其派出机构　2. 事业单位　3. 企业　4. 社会组织　5. 其他

A2. 您目前的工作属于：

1. 综合管理类　2. 行政执法类　3. 专业技术类　4. 其他

A3. 您在目前的工作岗位上是否拥有：

| | 有 | 没有 | 不清楚 |
|---|---|---|---|
| 行政审批权 | □ | □ | □ |
| 行政处罚权 | □ | □ | □ |
| 行政检查权 | □ | □ | □ |
| 行政征收权 | □ | □ | □ |
| 行政许可权 | □ | □ | □ |

A4. 在近几年的简政放权改革中，您的岗位职权是否有所减少？

1. 减少很多　2. 减少较多　3. 减少较少　4. 减少很少　5. 不减反增　6. 不清楚

A5. 您认为下列主体的权力大吗？

| | 很大 | 较大 | 一般 | 较小 | 很小 | 不清楚 |
|---|---|---|---|---|---|---|
| 所在部门 | □ | □ | □ | □ | □ | □ |
| 所在科室 | □ | □ | □ | □ | □ | □ |
| 您个人 | □ | □ | □ | □ | □ | □ |
| 部门领导 | □ | □ | □ | □ | □ | □ |

A6. 您是否了解您部门公布的权力清单？

1. 非常了解　2. 比较了解　3. 一般了解　4. 比较不了解　5. 完全不了解　6. 所在部门没有编制权力清单

A7. 您对自身工作职权范围是否清楚？

1. 非常清楚　2. 比较清楚　3. 一般　4. 不太清楚　5. 很不清楚

A8. 您主要通过何种途径了解所在岗位的行政职权？（可多选）

1. 领导交代　2. 业务培训　3. 公布的权责清单　4. 看相关政策文件　5. 同事介绍　6. 实践中摸索　7. 其他

A9. 您在处理公务过程中是否有自由裁量的空间？

1. 很大　2. 比较大　3. 一般　4. 比较小　5. 很小　6. 不清楚

A10. 您在日常行政工作中是否遭遇过群众投诉？

1. 经常　2. 有时　3. 偶尔　4. 很少　5. 没有

A11. 您在行使行政职权时主要依据（可多选）：

1. 科室惯例　2. 对外公布的行政流程　3. 凭感觉或常识　4. 按照领导要求做　5. 模仿同事的做法　6. 遵照法律政策规定　7. 其他

A12. 您在工作中是否遇到看不懂的上级政策文件？

1. 经常　2. 有时　3. 偶尔　4. 很少　5. 没有

A13. 当上级部门转发的文件看不太懂时，您会怎么办？（可多选）

1. 打电话咨询上级部门　2. 向部门领导反应　3. 咨询其他同事

4. 按照自己的理解执行　5. 其他

A14. 在日常行政工作中您是否在意群众的反应？

1. 很在意　2. 比较在意　3. 一般　4. 不太在意　5. 完全不在意

A15. 您是否能看懂部门公布的权力清单？

1. 完全懂　2. 部分懂　3. 懂一点　4. 完全不懂　5. 本部门没有编制权力清单

A16. 您是否反思过您工作方法的合法性问题？

1. 经常　2. 有时　3. 偶尔　4. 很少　5. 没有

A17. 你是否反思过您工作方法的合理性问题？

1. 经常　2. 有时　3. 偶尔　4. 很少　5. 没有

**B. 背景资料**

B1. 您的性别：　1. 男　2. 女

B2. 您出生年份：________年。

B3. 您目前的最高学历：

1. 初中及以下　2. 高中　3. 中专　4. 大专　5. 本科　6. 研究生

B4. 您目前的行政职务级别：

1. 办事员　2. 科员　3. 副科　4. 正科　5. 副处　6. 正处　7. 编外

B5. 您入职行政机关的年份：________年。

B6. 您目前的工作部门属于：

1. 党委系统　2. 政府系统　3. 人大系统　4. 政协系统　5. 群团系统　6. 其他

B7. 您目前的工作部门隶属哪一级政府？

1. 乡镇（街道）　2. 县（区）级　3. 地市级　4. 省级　5. 其他

# 参考文献


［1］伯特兰·罗素．权力论［M］．吴友三，译．北京：商务印书馆，2012：4.

［2］弗朗西斯·福山．历史的终结与最后的人［M］．陈高华，译．桂林：广西师范大学出版社，2014.

［3］托马斯·卡罗瑟斯．转型范式的终结［J］．比较政治评论（第一辑），2014.

［4］马骏．实现政治问责的三条道路［J］．中国社会科学，2010（5）：103-120.

［5］卢梭．社会契约论［M］．李平沤，译．北京：商务印书馆，2017：106.

［6］杨光斌．民主集中制是我国根本政治制度的优势所在［N］．光明日报，2014-09-30（01）.

［7］郝宇青，马婧．观念·制度·社会：实施权力清单制度面临的三大难题［J］．晋阳学刊，2015（5）：120-126.

［8］应克复．从狭义制权到广义制权——西方国家权力制约的历史述评［J］．江海学刊，1999（4）：36-42.

［9］PARKS，WALLACE. Open Government Principle：Applying the right to know under the constitution［J］．George Washington Law Review，1957（26）：1-22.

［10］戴维·伊斯顿．政治生活的系统分析［M］．王浦劬，译．北京：华夏出版社，1989.

［11］艾伯特 J. 梅杰，迪尔德丽·科廷，马顿·希尔布兰德．开放型政府：连接“知情”与“建言”［J］．国际行政科学评论，2012：13.

［12］OECD. Modernising government：The way forward［M］．OECD publishing，2005：29-52.

［13］VVIEC-DINIEC S，LEONID STOIMENOV，BEN-CHARKING. Open Government：An open data perspective ［J］. Government Information Quarterly，2014 （31）：278-290.

［14］PETER PARYCEK，MICHEL SACHS. Open government-information flow in web2.0 ［J］. European Journal of ePratice，2010 （1）：1-11.

［15］MEIJER A J ，LIPS M ，CHEN K. Open governance：A new paradigm for understanding urban governance in an information age ［J］. Frontiers in Sustainable Cities，2019 （1）：1-9.

［16］ANDREW W. On the release of information by governments：Causes and consequences ［J］. Journal of Development Economics，2009，89 （1）：124-138.

［17］斯蒂芬·科萨克．透明化会改善治理吗 ［J］. 中国治理评论，2014 （2）：3-39.

［18］皮纯协，刘杰．知情权与情报公开制度 ［J］. 山西大学学报（哲学社会科学版），2000 （3）：16-22.

［19］WIGGINS，JAMES RUSSELL. Freedom or secrecy ［M］. New York：Oxford University Press. 1956：3-4.

［20］陈宏光．美国联邦信息公开制度研究 ［D］. 沈阳：辽宁大学，2018.

［21］中共中央马克思恩格斯列宁斯大林著作编译局．列宁选集（第 1 卷）. 北京：人民出版社，1984：347.

［22］加布里埃尔·A·阿尔蒙德，小 G·宾厄姆·鲍威尔．比较政治学体系：过程和政策 ［M］. 曹沛霖，郑世平，公婷，陈峰，译．上海译文出版社，1987：29-30.

［23］加布里埃尔·阿尔蒙德，西德·尼维巴．公民文化——五个国家的政治态度和民主制 ［M］. 徐湘林，等，译．北京：东方出版社，2008.

［24］塞缪尔·亨廷顿．文明的冲突与世界秩序的重建 ［M］. 周琪，译．北京：新华出版社，2010.

［25］罗纳德·英格尔哈特．现代化与后现代化 ［M］. 严挺，译．北京：社会科学文献出版社，2013.

［26］迈克尔．舒德森．知情权的兴起：美国政治与透明文化（1945—1975）［M］. 郑一卉，译．北京：北京大学出版社，2018：15.

［27］托克维尔．旧制度与大革命［M］．冯棠，译．北京：商务印书馆，1992.

［28］陈建胜．论托克维尔“以社会制约权力”思想［J］．海南大学学报（人文社会科学版），2004（2）：189.

［29］罗伯特·达尔．谁统治？［M］．范春辉，张宇，译．南京：江苏人民出版社，2011.

［30］夏军．多元民主的构成—关于罗伯特·达尔的多元民主理论研究［D］．长春：吉林大学，2012：43.

［31］韩德平．罗伯特·达尔社会制约权力思想研究［D］．保定：河北大学，2019：28.

［32］约翰·基恩．生死民主［M］．安雯，译．北京：中央编译出版社，2016：588-589.

［33］SCHUDSON，M. Reply to Chris Schroll［J］. Critical Studies in Mass Communication，1999，16（1）：107.

［34］SCHUDSON，M. The Good Citizen：A history of american civic life［M］. New York：Free Press，1998：311.

［35］程文浩．国家治理过程的“可视化”如何实现——权力清单制度的内涵、意义和推进策略［J］．人民论坛·学术前沿，2014（9）：90-95.

［36］麻宝斌，贾茹．权力清单制度的理论分析与现实检视［J］．求索，2016（3）：111-117.

［37］罗亚苍．行政审批权力清单制度评析及完善———以国家税务总局2014年第10号公告为分析模板［J］．中国行政管理，2014（8）：22-25.

［38］陈向芳，邓薇．行政权力清单制度评析及完善———以制度价值为研究视角［J］．广东行政学院学报，2015（3）：10.

［39］孙柏瑛，杨新沐．地方政府权力清单制度：权力监督制约的新探索［J］．行政科学论坛，2014（6）：29-33.

［40］林孝文．地方政府权力清单法律效力研究［J］．政治与法律，2015（7）：64-70.

［41］王春业．论地方行政权力清单制度及其法治化［J］．政法论丛，2014（6）：26-33.

［42］关保英．权力清单的行政法价值研究［J］．江汉论坛，2015（1）：114-121.

[43] 申海平．权力清单的定位不能僭越法律［J］．学术界，2015（1）：126-134.

[44] 秦德君．矫正权力清单认识误区［J］．中国党政干部论坛，2015（4）：72-74.

[45] 蒋德海．“权力清单”应慎行——我国政务管理之法治原则反思［J］．同济大学学报（社会科学版），2015（5）：67-74.

[46] 莫于川．推行权力清单，不等于“依清单行政”［N］．人民日报，2014-04-23（17）.

[47] 张希．我国政府权力清单制度运行困境与对策［D］．上海：上海师范大学，2017.

[48] 李丽萍．论权力清单制的限权功能［J］．经济与社会发展，2015（2）：59-62.

[49] 麻宝斌，贾茹．权力清单制度的理论分析与现实检视［J］．求索，2016（3）：111-117.

[50] 关保英．权力清单的行政法价值研究［J］．江汉论坛，2015（1）：117.

[51] 廖业扬，李丽萍．论权力清单制的监督功能［J］．领导科学.2015（8）：31-33.

[52] 付建军．清单制与国家治理转型：一个整体性分析框架［J］．社会主义研究，2017（2）：73-80.

[53] 罗亚苍．权力清单制度的理论与实践——张力、本质、局限及其克服［J］．中国行政管理，2015（6）：29-33.

[54] 李卉，刘晓峰，余平平．县乡关系视角下的权力清单制度改革——基于安徽省繁昌县的实证调查［J］．东岳论丛，2017（6）：64-69.

[55] 周庆智．控制权力：一个功利主义视角——县政“权力清单”辨析［J］．哈尔滨工业大学学报（社会科学版），2014（3）：1-11.

[56] 唐亚林．权力分工制度与权力清单制度：当代中国特色权力运行机制的建构［J］．理论探讨，2015（3）：5-10.

[57] 刘延海．地方政府权力清单构建中的演化博弈行为——面向压力、竞争与回应条件的探索［J］．经济体制改革，2015（5）：36-43.

[58] 孔卫拿，何云婷．双重生存理性与地方政府权力清单建设质量——基于安徽省跨县数据的计量分析［J］．福建行政学院学报，2017

(1)：9-19.

[59] 陈罡．A 市集成改革背景下的市镇权力清单制度研究 [D]. 上海：华东政法大学，2018：33.

[60] 邹东升，陈思诗．党的十八大后中国省级政府权力清单制度创新的扩散——基于政策扩散理论的解释 [J]. 西部论坛，2018 (2)：26-34.

[61] 张盛霞．政策创新枕散视角下我国权力清单制度研究：基于省市维度的分析 [D]. 武汉：武汉大学，2018.

[62] 付建军．清单制与国家治理转型：一个整体性分析框架 [J]. 社会主义研究，2017 (2)：73-80.

[63] 马鞍山市政府法制办课题组．推行政府权力清单制度建设的实践与思考——以安徽省马鞍山市为例 [J]. 中国机构改革与管理，2017 (9)：28-31.

[64] 李海英．推行权力清单制度的新问题、新情况——以北京市档案局为例 [J]. 中国档案，2018 (10)：36-37.

[65] 何炜．省级政府权力清单制度建设的评析及路径选择 [J]. 成都行政学院学报，2015 (5)：4-8.

[66] 邱雨．县级政府权力清单制度实施现状研究——以行政许可为例 [D]. 广州：暨南大学，2018.

[67] 夏海峰．地方政府权力清单制度的实施现状及改进空间 [J]. 中州学刊，2016 (7)：16-20.

[68] 张敏，刘海峰．地方政府行政权力清单的优化———基于合肥市的实证分析 [J]. 辽宁行政学院学报，2019 (4)：22-25.

[69] 赵敏．吉林省基层政府权责清单制度的实践与完善——以双辽市为例 [D]. 长春：吉林大学，2018.

[70] 谭炎恒．衡阳市推进权力清单制度建设的实践与思考 [J]. 管理观察，2015 (32)：14-16.

[71] 何炜．省级政府权力清单制度建设的评析及路径选择 [J]. 成都行政学院学报，2015 (5)：4-8.

[72] 杜敏．权力清单制度：理论维度、现实困境与发展展望 [J]. 科学社会主义，2015 (5)：99-102.

[73] 楼育诚．贵阳市政府权力清单制度的实践与完善 [D]. 贵阳：贵州大学，2019.

［74］郑俊田，部媛莹，顾清．地方政府权力清单制度体系建设的实践与完善［J］．中国行政管理，2016（2）：6-9.

［75］沈建平．浏阳市权力清单制度的实践与完善研究［D］．长沙：湖南师范大学，2019.

［76］赵敏．吉林省基层政府权责清单制度的实践与完善—以双辽市为例［D］．长春：吉林大学，2018.

［77］李海英．推行权力清单制度的新问题、新情况——以北京市档案局为例［J］．中国档案，2018（10）：36-37.

［78］肖李玥．西昌市安宁镇政府权力清单实施问题研究［D］．昆明：云南师范大学，2020.

［79］付建军．清单制与国家治理转型：一个整体性分析框架［J］．社会主义研究，2017（2）：75.

［80］魏宏．权力论——权力制约与监督法律制度研究［M］．上海三联书店，2001：21.

［81］景跃进．中国特色的权力制约之路——关于权力制约的两种研究策略之辨析［J］．经济社会体制比较．2017（4）：33-44.

［82］彼得·豪尔，罗斯玛丽·泰勒．政治科学与三个新制度主义［J］．经济社会体制比较，2003（5）：20-29.

［83］高柏．经济意识形态与日本产业政策［M］．上海人民出版社，2007.

［84］何俊志．结构、历史与行为——历史制度主义的分析范式［J］．国外社会科学，2002（5）：25-33.

［85］STEINMO S，THELEN K，LONGSTRETH F. Structuring politics：Historical institutionalism in comparative analysis［M］. New York：Cambridge University Press，1992.

［86］靳亮，陈世香．中国政府文化管理机构变迁中的结构、历史与行为——基于历史制度主义的分析［J］．西南交通大学学报（社会科学版），2018（2）：147-154.

［87］彼得·豪尔，罗斯玛丽·泰勒．政治科学与三个新制度主义［J］．经济社会体制比较，2003（5）：20-29.

［88］孙立平．迈向实践的社会学［J］．江海学刊，2002（3）：84-90.

［89］刘世定，周飞舟．田野调查的洞察力和想象力——刘世定教授访

谈录［J］. 清华社会科学，2020（2）：191-217.

［90］郑杭生．中国和西方社会转型显著的不同点［J］. 人民论坛，2009（5）：48.

［91］张璁．让“红头文件”更加规范［N］. 人民日报，2018-02-14（19）.

［92］湖北汉川市政府发红头文件下达喝酒任务［OL］. 新华网，2006-04-07.

［93］黄庆畅．1.3 万件法规规章挨个“体检”［N］. 人民日报，2007-03-28（013）.

［94］贺卫，王浣尘．市场经济与转型期经济中的寻租比较［J］. 经济科学，1999（6）：14-20.

［95］叶边．郑州火车站厕收费起争执，皆因管理混乱［N］. 广州日报，1999-10-18.

［96］王斌．男子网上选中“G88C88”车牌被索 8 万靓号费［N］. 华商日报，2016-07-28（A04）.

［97］王建芳．工商执法：从割资本主义尾巴到监管市场［N］. 河南法制报，2009-09-28（12）.

［98］雅诺什·科尔内．社会主义体制［M］. 张安，译．北京：中央编译出版社，2006：52.

［99］胡怀亮．街头官僚理论与我国基层公务员的自由裁量权［J］. 兰州学刊，2005（2）：227-228.

［100］交通运输部《关于规范交通运输行政处罚自由裁量权的若干意见》（交政法发［2010］251 号）［EB/OL］. http：//www.gov.cn/gzdt/2010-06/10/content_ 1624880.htm.

［101］政府机关办事难，刁难民众症结究竟在哪里［N］. 新京报，2013-10-13（A02）.

［102］肖春苹．市纪委通报 3 起破坏营商环境典型问题［N］. 沈阳日报，2017-02-15.

［103］谢佳宁．海南公布 7 起不当执法司法行为典型案例［N］. 国际旅游岛商报，2021-06-19.

［104］赵娟．关于中国立法法——应松年教授学术报告［J］. 南京大学法律评论，2000（13）：221.

［105］黄庆畅．1.3万件法规规章挨个“体检”［N］．人民日报，2007-03-28（013）．

［106］中国到底有多少“红头文件”？河南清理67万件废止4.5万件［J］．领导决策信息，2009（2）：7．

［107］郄建荣．国土部叫停20件红头文件［N］．法制日报，2009-11-10（006）．

［108］吴兢．十次集中清理法规规章［N］．人民日报，2007-03-28（013）．

［109］舒象连．行政审批管理制度改革势在必行［J］．湖南经济，2002（6）：11-12．

［110］赵之林．李克强斥责中介评估乱象：都被编成了笑话．中国政府网，2015-04-21．

［111］美国金融危机引发乱收费［J］．天津支部生活，2009（6）：54．

［112］孙立平．转型与断裂：改革以来中国社会结构的变迁［M］．北京：清华大学出版社，2004：5．

［113］白伟．我市事业单位改革进展顺利［N］，太原日报，2011-03-05（001）．

［114］湛江市委编办．精准理好“三笔账”，湛江事业单位分类改革出实效［J］．中国机构改革与管理，2021（1）：27．

［115］施从美．公益二类事业单位改革新思路［N］．中国社会科学报，2017-12-27（006）．

［116］王羚．民政部：四类社会组织试点直接登记［N］．第一财经日报，2013-12-06．

［117］薛彤彤，任建明．法官员额制改革及其对国家监察官制度的启示［J］．河南社会科学，2021（1）：68-75．

［118］最高人民法院．中国法院司法改革（2013—2018）［M］．北京：人民法院出版社，2019：56．

［119］汤嘉琛．谨防行政审批改革变成“割韭菜”［N］．广州日报，2013-08-23（F02）．

［120］江西省人民委员会关于下达一九六三年农产品派购目录的通知［J］．江西政报，1963（3）：47-51．

［121］陈国权．论我国政治监督体系的整合优化［J］．社会主义研究，

1999（3）：53-56.

［122］王柱国．论扩张行政与有限行政［J］．行政与法，2000（4）：6-9.

［123］毕晓梅．体制性分权：全面深化改革中政府、市场与社会的关系调适［J］．中共杭州市委党校学报，2021（3）：48-58.

［124］江小涓．江小涓学术自传［M］．广州：广东经济出版社，2020.

［125］钦州市人民政府办公室关于成立钦州市推行政府部门权力清单制度工作领导小组的通知［EB/OL］．钦州市人民政府网，2015-10-08.

［126］安阳市建立推行权力清单和责任清单制度工作领导小组例会制度［EB/OL］．中共河南省委机构编制委员会办公室网，2015-05-28.

［127］广西工商局成立推行权力清单制度工作领导小组［EB/OL］．广西新闻网，2015-01-24.

［128］刘世昕，卢义杰．政府工作报告对吃拿卡要“放狠话”，优化营商环境需政府自我革命［N］．中国青年报，2018-03-08.

［129］田禾，吕艳滨．中国政府透明度2020［M］．北京：中国社会科学出版社，2020.

［130］万静．省级政府全部公布权力清单，数量甚至差异一倍多［EB/OL］．法制网，2016-02-01.

［131］孟庆国．省级权力清单差异性分析［J］．行政科学论坛，2015（5）：15-16.

［132］范向阳．从一起案例谈行政奖励［J］．政府法制，2001（8）：40.

［133］朱光磊，张志红．“职责同构”批判［J］．北京大学学报（哲学社会科学版），2005（1）：102-112.

［134］崔卓兰，刘福元．行政自制的可能性分析［J］．西北政法大学学报，2009（6）：85-94.

［135］丹提斯，刘刚．宪制中的行政机关—结构、自治与内部控制［M］．北京：高等教育出版社，2006.

［136］黄学贤，刘益浒．权力清单法律属性探究—基于437份裁判的分析［J］．法治研究，2019（1）：139-151.

［137］王锡锌．有些权力清单在玩数字游戏［J］．领导文萃，2015（23）：1.

［138］黄学贤，刘益浒．权力清单法律属性探究—基于437份裁判的

分析［J］. 法治研究，2019（1）：139-151.

［139］刘雅菲. 部门责任门清，专治推诿扯皮［N］. 齐鲁晚报，2015-08-01（C01）.

［140］张茜. 着重解决权责交叉、边界不清、遇事推诿、执行不力等问题，济南实施“三年行动”明晰部门职责边界［N］. 济南日报，2020-06-239（A01）.

［141］安东尼·唐斯官僚制内幕［M］. 郭小聪，译. 北京：中国人民大学出版社，2006.

［142］人民日报读者来信：已取消的证明为啥还要开［N］. 人民日报，2020-06-08.

［143］喻锋，梁绮琪. 行政执法有否依据权责清单？——基于G市案例的实证分析［J］. 党政研究，2020（2）：79-89.

［144］林存光. 观念与体制背反的历史生存悖论——“官本位”的政治文化解读［J］. 学术前沿，2012（10下）：10.

［145］王绍光. 社会建设的方向是“人民社会”而不是“公民社会”［J］. 开放时代，2014（6）：26-48.

［146］沈绍真，1988：新中国首例“民告官”案［J］. 温州瞭望. 2006（19）：35-37.

［147］李连江，欧博文. 当代中国的农民抗争［M］. 香港：太平洋世纪研究所，1997.

［148］于建嵘. 当代中国农民的以法抗争——关于农民维权活动的一个解释框架［J］. 文史博览（理论），2008（12）：62-65.

［149］最高人民检察院关于开展公益诉讼检察工作情况的报告［EB/OL］. https：//www. spp. gov. cn/spp/tt/201910/t20191024_ 435925. shtml.

［150］易申波，聂平平. 当代中国公民政治参与70年回顾：发展历程、逻辑与动力［J］. 上海行政学院学报，2019（4）：33-43.

［151］古斯塔夫·勒庞. 乌合之众：大众心理研究［M］. 冯克利，译. 北京：中央编译出版社，2014.

［152］斯蒂芬·韦尔. 权力的任性：人类历史上最糟糕的决策［M］. 夏建兰，译. 北京：党建读物出版社，2015.

［153］张宽明，等. 海安7年206位行政领导出庭应诉［N］. 人民法院报，2011-05-08（001）.

[154] 赵瑞轩．以案释法！行政机关工作人员旁听行政诉讼案件庭审[EB/OL]．三台县融媒体中心，2020-11-10. http：//www. santainews. com/data/v/202011/62282. html.

[155] 郑春笋．行政案件调解撤诉率达 88% [N]．德州日报，2010-10-01（002）．

[156] 张蕾．去年全国法院行政案件行政机关败诉率 14.62% [N]．北京晚报，2017-06-13（J009）．

[157] 王诚．简政放权：行政体制改革的内在逻辑，行政管理体制改革的法律问题 [A]．中国法学会行政法学研究会 2006 年年会．

[158] 张小劲、古明明．隐性膨胀：政府机构改革灰色地带 [J]．人民论坛，2014（04 下）：46-51.

[159] 莫伊塞斯·纳伊姆．权力的终结：权力正在失去，世界如何运转 [M]．王吉美，牛晓萌，译．北京：中信出版社，2013.

[160] 唐亚林．"全过程民主"：运作形态与实现机制 [J]．江淮论坛，2021（1）：68-75.

[161] 王毅杰，乔文俊．中国城乡居民政府信任及其影响因素 [J]．南京社会科学，2014（8）：73-79.

[162] 肖文明．超越集权主义模式：关于"前三十年"国家与社会关系的海外中国研究述评 [J]．开放时代，2018（6）：207-223.

# 索 引